建築工事標準仕様書・同解説
JASS 21　ALC パネル工事
2018

Japanese Architectural Standard Specification
JASS 21 ALC Panel Work

1975 制 定
2018 改 定（第 4 次）

日本建築学会

本書のご利用にあたって

本仕様書は，材料施工委員会・鉄筋コンクリート工事運営委員会・JASS 21 ALCパネル工事改定小委員会による審議を経た原案に対して，公平性・中立性・透明性を確保するために査読を行い，取りまとめたものです．本仕様書は，作成時点での最新の学術的知見や長年蓄積されてきた経験・実績をもとに，目標性能やそれを具体化する技術的手段の標準を示したものであります．利用に際しては，本仕様書が最新版であることを確認いただき，かつ，規定の前提条件，範囲および内容を十分に理解ください．なお，本会は，本仕様書に起因する損害に対して一切の責任を負いません．

ご案内

本書の著作権・出版権は(一社)日本建築学会にあります．本書より著書・論文等への引用・転載にあたっては必ず本会の許諾を得てください．

Ⓡ＜学術著作権協会委託出版物＞

本書の無断複写は，著作権法上での例外を除き禁じられています．本書を複写される場合は，学術著作権協会（03-3475-5618）の許諾を受けてください．

一般社団法人　日本建築学会

JASS 21　ALC パネル工事標準仕様書改定の趣旨
—— 2018 年 9 月改定 ——

　前回の『建築工事標準仕様書・同解説 JASS 21 ALC パネル工事』の改定（2005 年）では，ALC 建物の品質・性能を確保するために，外壁用パネルの取付け構法について耐震性能の観点から見直し，各種基準類に対する性能規定化の動きを受け「要求性能」を新設するなど，内容を充実させた．その後，建築基準法（構造関係規定，防火関係規定），JIS および ALC 協会によって制定された ALC パネル構造設計指針などの改定により，それら基準・規準類との整合を図る必要が生じた．また，2011 年に発生した東日本大震災における ALC 建物の被害状況を総括し，ALC パネル工事仕様への内容を検討する必要もあった．

　今回の改定は，このような状況を背景に，JASS 21 を最新の情報を反映した技術標準とすることを目的に行ったものである．以下に主な改定点を示す．

・第 2 節第 4 項第 3 目に耐震安全性の総合的検討を新設し，これまでの地震被害を踏まえ計画時に配慮すべき留意点をまとめた．

・外壁用パネルの取付け構法について，横壁ボルト止め構法を，基本的な納まりはそのままに，施工性と耐震性を向上させた横壁アンカー構法に名称変更した．

・間仕切壁用パネルの取付け構法について，要求性能の多様化に対応できるよう，間仕切壁ロッキング構法を追加した．

・外壁用および間仕切壁用パネルの取付け構法について，施工性および市場性の点から見直し，縦壁スライド構法および間仕切壁アンカー筋構法を削除した．

・屋根用および床用パネルの取付け構法について，学校などの木造建築物への適用に対応できるよう，木造用敷設筋構法および木造用ねじ止め構法を追加した．

・付録に，本改定より削除された取付け構法を新たに掲載した．

・重複する内容となっていた部分の整理を行い，全体にわたって見直した．

・引用された各 JIS の改定に内容を整合させた．

・引用する他の JASS の改定を盛り込んだ．ただし，シーリング材の選定目安において，一部，他の JASS と相違した内容としているが，ALC パネルに対しよりふさわしいと確認されているため，その旨を記載した．

　本仕様書は，ALC パネル工事の品質向上に役立つことはもちろん，ALC パネルを用いた建物の品質向上にも寄与するといえ，ALC パネル工事に携わる関係者各位にご活用いただき，有益なものとなれば幸いである．

　　2018 年 9 月

日本建築学会

JASS 21　ALC パネル工事標準仕様書改定の趣旨
—— 2005 年 10 月改定版 ——

　前回の『建築工事標準仕様書・同解説 JASS 21 ALC パネル工事』の改定（1998 年）では，「ALC 工事の品質の向上」を基本方針とし，ALC 建物の品質・性能を確保するために，各種の計画，施工にかかわる部分を新設または充実させた．その後，建築基準法が改正され，各種規準の改定など，パネル工事を取り巻く環境が変化し，JASS 21 の記述も改定する必要が生じた．例えば，建築基準法の改正では，風荷重などの荷重関係規定や，防耐火関係規定が大きく改正された．また，建築基準法第 38 条に関連して，「ALC 構造設計基準」の付録であった「ALC 取付け構法規準」に替わり，「ALC 取付け構法標準」が ALC 協会によって制定された．それらに関連して，耐震性への考慮や建築工事全体の乾式化の傾向から，ALC パネルの取付け構法の見直しが必要とされた．また，性能規定化の動きより，「要求性能」を明確化し品質向上に資することも必要とされた．

　このたびの改定は，以上の内容の充実を図るとともに体裁の刷新を行ったものである．以下に主な改定点を示す．

・第 2 節に性能を新設し，これまで取付け構法の節に記述していた性能に関する内容をまとめるとともに，不足する部分を補完した．

・外壁用パネルの取付け構法について耐震性能の点から見直し，挿入筋構法などを削除した．

・アンケート調査の結果では，ALC パネル工事に関連する他の工事の記述を求める声が多かったため，前回の改定で取り入れた関連工事に関する付録を充実させた．

・解体に関する記述を一部取り入れた．本来，新築工事時の仕様書である JASS において解体についての記述は不用と思われるが，今後の要求をにらんで記載した．

・付録に，「ALC パネル構造設計指針・同解説」，「ALC 取付け構法標準・同解説」，風荷重の計算例，旧 JASS より削除された取付け構法を新たに掲載した．

・下地関連用語の整理を行い，全体にわたって見直した．

・引用された各 JIS の改定に内容を整合させた．ただし，試験等で旧 JIS で行ったものは，新旧の内容を確認し，問題のないものについては，旧 JIS のままでもよしとし，その旨を記載した．

・引用する他の JASS の改定を盛り込んだ．

　以上のように今回の改定は ALC 建物の品質向上に大きく寄与するものと確信している．

　本仕様書が ALC パネル工事に携わる関係各位に有益なものとなれば幸いである．

　2005 年 10 月

日本建築学会

JASS 21　ALCパネル工事標準仕様書改定の趣旨
―― 1998年9月改定版 ――

　ALCがわが国に技術導入されたのは，1962年ごろであり，本格的に生産され建築工事に使用されるようになったのは1965年ごろからである．当初，パネル工事はメーカー各自の仕様で施工されていたが，工事量の増加に伴い工事の標準化，合理化が要求されるに至り，1975年，JASS 21 ALCパネル工事標準仕様書の最初の版が制定されている．この版は，その後も増加の一途をたどるALCパネル工事の施工技術の向上に極めて重要な役割を果たしている．

　この間，ALCパネルのJIS，関連の深いJASSや指針類，ALC協会で規定した基準類などの整備，ALC工事に携わる技術者の技能検定制度などが制定，改正および改定され，ALC工事を取り巻く諸情勢も次第に変化をみせはじめていた．

　1989年の改定版は，このような状況を背景にして発刊されたもので，ALC工事における施工品質の向上を第一の目的に，部位別の施工方法について，それぞれの取付け構法ごとに詳述している．

　この版は，工事量の増加のみならず，高層化・大型化するALC工事において標準化・合理化を推進し，工事の施工品質を高めるとともに，ALCパネルを用いた建物の質的向上にも貢献した．このように，ALCパネル工事については，工事の施工品質を高める段階を経て，建物としての品質を高める段階に移行しており，JASS 21もそのような内容が要求される時期に至っていた．

　このような状況を鑑み，1994年4月，小委員会を設置して改定のための検討を開始した．ALCパネル工事における施工品質はこれまでのJASS 21の範囲で，すでに十分に確保できているという認識のもとに，改定の基本方針を，「ALC工事を通じて建物としての品質の向上に直結する仕様書とする」こととした．

　作業はまず，ALCに関わる広範囲な調査，例えば，兵庫県南部地震被害の状況，ALC建物の仕上げ状況，ALC工事やALCを用いた建物に関するアンケートなどの実施とその解析から着手した．

　全体構成としては，性能設計への移行を見据えたうえで，ALC建物の品質・性能を確保するための条件として，設計上の配慮すなわち各種の計画に関わる部分を新設したり，充実させている．また，サブコンとゼネコンの責任区分，見積り，仕上げなどについても，工事との関わりを明確にさせている．さきに述べた調査は，これらの本文および解説などに活用されている．

　1997年11月，これらの成果を取りまとめた本文の改定案（抜粋）が建築雑誌に掲載され，引き続き本文，解説文に付録を含めた形で改定版の出版の運びとなった．

　以上の経緯からもわかるように，この改定版は，ALCを用いる建物において，ALCパネル工事が適切に行われたうえで，建物としての最終品質の向上につながることを目的としている．ALCおよびALC建物に携わっておられる多くの関係各位，とりわけ設計者・施工者にご活用いただければ幸いである．

　1998年9月

日本建築学会

JASS 21　ALC パネル工事標準仕様書改定の趣旨
—— 1989 年 5 月改定版 ——

　JASS 21 ALC パネル工事の最初の版（旧版）は，ALC が日本国内に広く行き渡り，建築材料として定着した昭和 50 年に制定され発刊された．この JASS は，その後も増加の一途をたどる ALC パネル工事の標準仕様を定めたものとして，きわめて重要な役割を果たしてきた．

　ところで，その後約 10 年を経る間に，ALC の基本的な規格である JIS A 5416（軽量気泡コンクリートパネル（ALC パネル））の名称を含む改定や，関連の深い他の JASS（例えば JASS 5 鉄筋コンクリート工事，JASS 8 防水工事等）の改定が行われた．また，一方では，地震による被害を教訓として，あるいは現場における施工の合理化をめざして，ALC パネルを用いた部位別の施工方法の整備・改良が進められ，ALC 協会で「ALC 取付け構法基準」等としてまとめたものが発刊されている．

　このような状況を背景にして，本 JASS の全面的な見直しを行うことになり，1986 年 11 月に小委員会を設置して，改定のための検討を進めてきた．そして，この成果をとりまとめた本文の改定案（抜粋）は，建築雑誌の 1988 年 6 月号に掲載された．引続き小委員会では，解説の執筆を進めながら本文改定案についても細部のつめを行ってきたが，このほど，本文，解説に付録を含めた形で，改定版出版の運びとなった．

　以上のような経過からもわかるように，この改定版の基本的な考え方は旧版における JASS 21「ALC パネル工事制定の趣旨」と同じである．ただし，具体的な内容に関していえば，全体の構成を再検討して節立てを改め，特に屋根，床，外壁，間仕切の各部位別の施工方法については，それぞれの取付け方ごとに記述するなど，全体にわたって新たな書き直しを行っている．また，解説も，現時点における技術的情報を極力盛り込むように努めて全面的に書き改めたため，旧版に比べ，より詳しいものになっている．なお，本 JASS の利用にあたってしばしば参照すべき文献等については，紙面の許す範囲で，巻末に付録として掲載した．

　本 JASS が，ALC パネル工事そのものにおいて役立つだけでなく，ALC パネルを用いた建物の質の向上に寄与することを期待するとともに，関係者各位の御協力をお願い申し上げる次第である．

　　1989 年 5 月

日本建築学会

JASS 21　ALC パネル工事制定の趣旨

わが国に ALC（Autoclaved Lightweight Concrete）の技術導入がされたのは昭和 37 年ごろであり，ALC 製品が市場に出てからすでに 10 年以上の実績が積み重ねられている．この間，技術導入と同時に狩野春一博士を主査とした「ALC 研究会」が日本建築学会内につくられ，多方面の研究者によった ALC 製品の性能についての総合的な研究が行われ，ALC の発展の基礎固めがされた．そして，昭和 42 年には建設省が「ALC 構造設計基準」を認定し，さらに昭和 47 年には ALC 製品のJIS（JIS A 5416 オートクレーブ養生した軽量気泡コンクリート製品）が制定された．このような背景のもとに ALC パネルは，他にあまりその例をみないような急速な工事量の伸びを続けてきており，今日では建築材料としての十分な評価を確立するに至っている．

この評価は，ALC が軽量で加工性・断熱性に優れ，しかも普通コンクリートにほぼ匹敵する比強度をもっていることなどによるものである．しかし，このような材料的な特長は，それに適した施工法が伴って，はじめて建築物の性能として十分に生かせられるものである．このため，かねがねALC パネル工事の標準仕様の制定が，強く要望されていた．これにこたえるため，昭和 47 年度に，日本建築学会材料施工委員会第 1 分科会に ALC 工事小委員会が設置され，ALC パネル工事の標準仕様書の作成作業が始められ，2 年余にわたる審議を経て，昭和 49 年 6 月号の「建築雑誌」にその成案が掲載された．引続いて解説を執筆してここに本文と合わせ出版の運びとなった．

一般に ALC 製品というと，パネルとブロックがあるが，パネルの工事量が圧倒的に多いので，この仕様書は標題のようにパネルだけについてのものとした．そして，適用する工事の範囲はパネルの組立てまでであって，パネルの防水工事や仕上げ工事は含まないこととした．それらの工事については関連の JASS 中に記されており，そちらに譲ってある．

現在，JIS 製品として生産されている ALC パネルは，4 銘柄だけである．いずれも外国から技術導入され，それぞれ独自の材料・工法によって仕事が行われている．このため，工事の細部については，本文で普遍的な記述のできない箇所のあることはある程度やむをえない．このような点については解説書に譲ってある．

したがって，この解説書は解説と同時に技術指針の役割を果たす内容ももっている．本書を使用する場合は，このことを勘案して使用下さるよう願うものである．

　昭和 50 年 1 月

日本建築学会　材料施工委員会第 1 分科会 ALC 工事小委員会

建築工事標準仕様書制定の趣旨と執筆方針

(1) 日本建築学会は，建築工事標準仕様書を制定し，社会に対して刊行する．この仕様書は，JASS（Japanese Architectural Standard Specification）と略称し，工事種別毎に章名をつけた番号を付す．

(2) 日本建築学会が建築工事標準仕様書を刊行する目的は，わが国で造られる建築物の品質の確保，使用材料・工法・構法の標準化に資することにある．

(3) 建築工事標準仕様書は，建築物の施工（一部，設備等の製作・施工を含む）に際して，目標性能やそれを具体化する技術的手段に関する標準モデルを示すものとする．

(4) 建築工事標準仕様書は，工事請負契約図書を構成する設計図書の一部として使用・引用できるものとする．

(5) 建築工事標準仕様書および同解説は，設計者が建築工事の具体的な仕様書を作成する際の参考となるものとする．また，機関・団体がそれぞれの標準仕様書を作成する際の参考ともなるものとする．

(6) 建築工事標準仕様書および同解説は，中立性を保ちながら合理的・経済的な技術水準を示すものとする．また，その内容は会員間に広く合意を持って受け入れられるものとする．

(7) 建築工事標準仕様書および同解説は，技術に関する研究の進展，使用材料・工法・構法の進歩，法令・規格の改正などを反映するものとする．

(8) 建築工事標準仕様書および同解説は，法令に適合するものとする．すなわち，法令で許容される水準は満足するものとする．

(9) 建築工事標準仕様書および同解説は，公的な諸規格をできる限り引用するものとする．

(10) 建築工事標準仕様書および同解説は，教育・啓発に役立つものとする．

2017 年 11 月

日本建築学会　材料施工委員会

序

本会は，去る大正 12 年に建築施工技術の向上を図るため，委員会を設けて，仕様書の標準化に着手致しました．以来昭和 16 年までの間に，建築主体工事に関しては 16 の標準仕様書が作られ逐次会誌をもって発表されたのであります．その間においても技術の進歩，材料の変遷等に即して，改正が企てられましたが，当時緊迫化を辿りつつあった内外の諸情勢は，それを果たさしめないまま遂に終戦を迎えたので，仕様書の改正を断念し，委員会も廃止して終わったのであります．

終戦後の混乱無秩序は，応急需要と相俟って，低劣な質の建築生産がなされて，真の建築復興の将来は実に暗澹たるものでありました．しかるに進駐軍施設の建築需要が盛んになるに及んで，否応なしに海外技術の移入が行われるようになって，これが戦時中に低下したわが建築技術の恢復に多大の刺戟を与えたことは事実として認めない訳には行かなかったのであります．昭和 24 年頃からは，国力も稍恢復を見せたので，従って建築物の質的改善の要請が起って参り，翌 25 年 5 月には，建築基準法が制定実施に移されて質の向上が法的にも要求されるようになりました．

それに先だって，いわゆるビルブームの兆が現われ始めましたが，25 年 2 月建築制限がほとんど廃止されてからは，永らく抑制下にあったビル建築が一斉に勃興したので，これに対処するためにも，施工技術の高度化が要求されるに至ったのであります．そればかりでなく，わが国が戦争のために空白にした 10 年間と，この間の海外における建築技術の著しい進歩に鑑みても，当然施工技術の合理的改善を行わなければならない情勢にあったのであります．即ち経済性を基調に，移入技術の応用，わが国における研究成果の活用等によって，簡易化・機械化を図ることが当面の重要な課題となって来たのであります．

本会においては，これらの重要性を考慮し，昭和 26 年 5 月には，標準仕様書の全面的更改と材料企画の調査を目的とする「材料施工規準委員会」を設け，広く建築界各層の技術者および設備技術者等約 230 名を委員に御依頼して発足願ったのであります．

幸に委員長始め委員各位の熱誠なる御努力が実を結び，逐次発表を見るに至りましたことは建築界のためにも，誠に欣ばしいことであります．この仕様書が一段階となって，今後益々施工技術の進歩改善が期待される点は決して尠くないと信じます．

本会においても，本事業が建築界に大きな期待をもたれていることを察知致しまして，28 年度事業としてこの仕様書による講習会を全国的に催し，速かな普及に資することに致しました．そのため解説の執筆など委員各位の御多忙を知りつつも相当御無理を願った点の多くあることを恐縮に存じております．

本書の刊行に当たりまして，委員各位の御尽力はさることながら，これを御支援御協力せられました会員初め官民各方面の職場に対しましては深甚な謝意を表しますとともに，この仕様書の普及実行に一層の御協力をたまわらんことを望んで已まない次第であります．

昭和 28 年 11 月

日本建築学会

「建築工事標準仕様書」（JASS）の発刊に際して

標準仕様書を作成することは，施工標準を決めようとすることであります．即ち合理的で経済的な施工の一定標準を定め，これが普遍化を期待し，それによって一般建築物の質の向上を図ろうとするのが，その目的であります．

先ず，その根本的方針としては，技術の進歩に即応し，新材料の利用，規格の尊重，新決定用語の採用によって，時代に適合し，しかも飛躍に過ぎることのない様，官庁と謂わず，民間と謂わず，建築界全体を通じて使用し得られる仕様書の決定版を得ようとするところに，目標を置いたのであります．

この仕様書を成るべく短期間にまとめたく思ったためと，また専門中の専門知識を動員するために，調査委員会の構成は，細分科制を採り，14 の分科会を設け，独り建築主体工事に限らず機械，電気などの設備工事をも含めた 33 章に亘る工事別仕様書の調査執筆に着手したのであります．

審議の方法は，前記 14 の分科会の外に，主査も参加する運用調整委員会を設け，分科会で作られた夫々の原案を更に運用調整委員会にかけて，精粗・軽重などについての分科会相互間の均衡を考え，総合的に検討を加え，その結果を，広く建築界の興論に問うため，会誌に発表するほか，全支部を始め全国に亘り 65 ヶ所の連絡機関を設けて，忌憚のない御意見を求めたのであります．それ等の結果は，再びこれを委員会に戻して，再検討を行ない，斯くして得た最終案を，本決定に運ぶような方法をとったのであります．

幸に委員各位には公私共に御多忙であるにも拘らず，全く献身的な努力を傾けられまして，御蔭をもって，昨 27 年 8 月号の会誌から逐次原案を発表することができたのであります．本書に載せた仕様書は上記の方法によって得た最終本決定の一部であります．

未だ全部の完成には到りませんが，一応成果をあげたものをもって学会が講習会を全国的に開かれることになったため，原案作成委員の方々に重ねてその解説の執筆を煩わしました．時間の関係もあって，それは執筆委員各自の責任において書かれたものでありますが，これによって，細目についての制定の意図，内容などが正しく御理解願えることと思います．本委員会としては，将来仕様書の完璧を期するために，実施上の御経験などを御申越戴いて，改善に改善を重ねる考えでありますから，今後とも格別の御協力を御願い致したいのであります．

なお，委員長を扶けられて，非常な御尽力を払われた委員各位を始め資料の御提供に，あるいは連絡機関として成案に対しても貴重な御意見を御寄せ下さった全支部及び官公庁，建築事務所，建築業者等の方々に対し，この機会をかりて厚く御礼申上げる次第であります．

　　昭和 28 年 11 月

　　　　　　　　日本建築学会　材料施工規準委員会

　　　　　　　　　　　　　　委員長　下　元　　　連

日本建築学会建築工事標準仕様書
制定調査方針

（目　　的）

1．建築の質的向上と合理化を図るための適切な施工標準を作ることを目的とし，次の点を考慮して標準仕様書を体系づけた．

　　a．建築設計を拘束したり，統制したりしないが，統一して差支えない程度のものはなるべく一定するように努めた．しかしそのため，施工技術の最低限度を割らないよう注意した．

　　b．施工技術の専門細分化が近来特に甚しい傾向にあるので建築技術者を始め多数の専門家の密接な協力を得て，各専門分野の技術の有機的な繋りを保つと同時にそれ等専門技術の建築技術への浸透を仕様書を通じて図ることにした．

　　c．技術に関する研究の進展，材料の進歩等に即応し，検討を経て成果を得たものは，なるべく速やかに仕様書に織り込み，研究とその成果の活用とを直結して技術に進歩性をもたせた．

（用　　途）

2．広く各方面の意見を徴して，官公庁，民間を問わず中央と地方とに拘らず各種構造の建物のいずれにも適応できるものとした．

（規格，計量，法令）

3．度量衡はメートル法を主とし，その他の計量が慣用されているものについては，括弧内に併記した．

4．日本工業規格（JIS），日本標準規格（JES），その他の規格にあるものは規格を用い，公定規格のないもので特に業界規格等を必要とするものについては，こだわらずに採用して，それ等との調整と活用とを図った．なお場合によっては，暫定的に日本建築学会規格をも作った．

5．建築基準法その他法令に関係ある事項は，法令に定められたところと背馳しないようにした．

（体裁，略称）

6．建築工事における一般的かつ共通的なものについて記述し，特殊な材料，工法，寸法ならびに工法その他が数種類あるものはこれを羅列し，各工事毎に特記仕様書を附加してこれに設計者が所要の事項を記入することにした．

7．この仕様書は JASS（Japanese Architectural Standard Specification）と略称し，章名の番号と併記して用語の簡明化を図った．

「建築工事標準仕様書（JASS）」は学術，技術の進歩，材料の改善に即応せしめて，絶えず改訂を行おうとするものであるから，本仕様書を使用された経験による御意見を本会に御寄せ願い，その完璧を期することに特に御協力願いたい．

仕様書（第4次改定版）関係委員 (2018年8月)

——（五十音順・敬称略）——

材料施工委員会本委員会

委　員　長　　早　川　光　敬

幹　　　事　　橘　高　義　典　　黒　岩　秀　介　　興　石　直　幸　　山　田　人　司

委　　　員　　（略）

鉄筋コンクリート工事運営委員会

主　　　査　　橘　高　義　典

幹　　　事　　一　瀬　賢　一　　杉　山　　　央　　野　口　貴　文

委　　　員　　（略）

JASS 21　ALCパネル工事改定小委員会

主　　　査　　小　山　明　男

幹　　　事　　清　家　　　剛　　田　村　雅　紀

委　　　員　　石　原　　　直　　江　口　　　亨　　遠　藤　利　二　　大　迫　勝　彦

　　　　　　　（大須賀　正　実）　小　川　晴　果　　橘　高　義　典　（塩　出　有　三）

　　　　　　　（谷　　　正　明）　中　山　　　淳　　名　知　博　司　　松　沢　晃　一

　　　　　　　松　下　健　一　　三　浦　謙　二　　脇　山　善　夫

JASS 21改定原案作成ワーキンググループ

主　　　査　　清　家　　　剛

幹　　　事　　田　村　雅　紀

委　　　員　　江　口　　　亨　（遠　藤　利　二）　長　田　茂　樹　（塩　出　有　三）

　　　　　　　白　倉　賢　治　　田　口　　　尚　　仲　川　ゆ　り　　中　山　　　淳

　　　　　　　松　尾　隆　士　　松　沢　晃　一　　水　上　卓　也

（　　）内は元委員

解説原案担当

1節	小山明男	清家 剛	三浦謙二
2節	石原 直	田村雅紀	松下健一
3節	脇山善夫	江口 亨	田口 尚
4節	橘高義典	松沢晃一	遠藤利二
5節	大迫勝彦	水上卓也	長田茂樹
6節	名知博司	仲川ゆり	白倉賢治
7節	小川晴果	松尾隆士	中山 淳
8節	小山明男	松沢晃一	三浦謙二
9節	小山明男	田村雅紀	松下健一

付4～11

	遠藤利二	長田茂樹	白倉賢治
	田口 尚	中山 淳	松下健一
	三浦謙二		

建築工事標準仕様書・同解説

JASS 21　ALC パネル工事

目　　　次

	本文ページ	解説ページ
1節　総　　　則		
1.1　適 用 範 囲	1	17
1.2　用　　　語	1	18
2節　性　　　能		
2.1　総　　　則	3	30
2.2　耐 火 性 能	3	31
2.3　耐 荷 重 性 能	3	34
2.4　耐 震 性 能	4	37
2.5　その他の性能項目	4	41
3節　取付け構法		
3.1　外　　　壁	5	49
3.2　間 仕 切 壁	5	52
3.3　屋根および床	5	55
4節　材　　　料		
4.1　パ ネ ル	5	57
4.2　下地鋼材，補強鋼材，取付け金物および鉄筋	6	64
4.3　充填モルタル	6	65
4.4　補修用モルタル	6	68
4.5　その他の材料	6	68
5節　パネルおよび下地等の計画		
5.1　一 般 事 項	7	75
5.2　パネルの計画	7	75
5.3　下地の計画	8	85
5.4　補強鋼材の計画	9	93
5.5　特殊な条件の計画	10	96

6節　施工計画

6.1　一般事項 ……………………………………………………… 10……99

6.2　施工計画書 …………………………………………………… 10……100

6.3　施工図 ………………………………………………………… 10……102

6.4　工程計画 ……………………………………………………… 10……103

6.5　仮設計画 ……………………………………………………… 10……104

6.6　安全計画 ……………………………………………………… 10……105

6.7　パネル搬入計画 ……………………………………………… 11……107

7節　施工

7.1　施工管理 ……………………………………………………… 11……109

7.2　共通事項 ……………………………………………………… 11……109

7.3　外壁 …………………………………………………………… 12……115

7.4　間仕切壁 ……………………………………………………… 12……122

7.5　屋根および床 ………………………………………………… 13……127

8節　検査

8.1　一般事項 ……………………………………………………… 13……134

8.2　下地の確認 …………………………………………………… 13……134

8.3　受入検査 ……………………………………………………… 14……138

8.4　工事検査 ……………………………………………………… 14……140

8.5　完了検査 ……………………………………………………… 14……142

9節　特記

9.1　総則 …………………………………………………………… 14……143

9.2　特記事項 ……………………………………………………… 14……143

付録

付1．ALCパネル構造設計指針・同解説 ………………………………………147

付2．ALCパネル取付け構法標準・同解説 ……………………………………168

付3．ALCパネル取付け金物等規格（抜粋） …………………………………208

付4．耐火防火構造一覧 …………………………………………………………219

付5．JASS 21：2005より削除した取付け構法 ………………………………223

付6．JASS 21：1998より削除した取付け構法 ………………………………226

付7．風圧力の計算例 ……………………………………………………………228

付8．開口補強鋼材およびパラペット部補強鋼材の部材検討例 ………………………………230

付 9．施工計画書および施工要領書の例 ……………………………………………235

付 10．施工図の例 …………………………………………………………………247

付 11．関 連 工 事 …………………………………………………………………254

JASS 21　ALC パネル工事

日本建築学会建築工事標準仕様書

JASS 21　ALC パネル工事

1 節　総　　則

1.1　適用範囲

a．本仕様書は，JIS A 5416：2016（軽量気泡コンクリートパネル（ALC パネル））に規定する厚形パネル（以下，パネルという）を建築物または工作物などの屋根，床および帳壁（非耐力壁の外壁および間仕切壁）に使用する工事に適用する．

b．建築工事に共通な一般事項に関しては，JASS 1：2002（一般共通事項）による．

c．本仕様書の規定と本仕様書に関連する規格・基準・指針類の内容で異なることが生じた場合は，監理者と協議する．

1.2　用　　語

本仕様書に用いる用語を次のように定める

A　　L　　　C：Autoclaved Lightweight aerated Concrete の略で，セメント，石灰質原料およびけい酸質原料を主原料とし，高温高圧蒸気養生された軽量気泡コンクリートをいう．

パ　　ネ　　ル：JIS A 5416：2016 に規定する厚さ 75 mm 以上の厚形パネル．小口面の形状により一般パネルとコーナーパネルとに区分される．

一　般　パ　ネ　ル：小口面の形状が四角形であるパネルをいう．

コーナーパネル：小口面の形状が L 形で主として建物の出隅などに用いるパネルをいう．

平　パ　ネ　　ル：パネルのうち表面に意匠加工のないもの．

意　匠　パ　ネ　ル：パネルのうち表面に模様または傾斜の意匠加工を施したもの．

短　　　　　辺：パネル内の主筋に直角方向の辺．

長　　　　　辺：パネル内の主筋に平行方向の辺．

補　　強　　材：パネル内に配置され，パネルを補強する棒鋼，鉄線をいう．一般に，パネルの支点間方向に配置される主筋と，主筋に交わる方向に配置される横筋とで構成される．

パ ネ ル 厚 さ：パネルの最も厚い部分の厚さをいう．

パネル有効厚さ：パネル表面に模様または傾斜の意匠加工を施した意匠パネルの最も薄い部分の厚さをいう．

下　　　　　地：パネルが取り付けられる部材で，支持構造部材および下地鋼材ならびに下地木材をいう．

支 持 構 造 部 材：パネルを支持する部材の総称で，梁（受け梁ともいう），柱（受け柱ともいう），

—2— JASS 21 ALCパネル工事

基礎，鉄筋コンクリートのスラブなどがある．

下 地 鋼 材：パネルを取り付けるための下地となり，支持構造部材に取り付けられている鋼材で，かさ上げ鋼材，定規アングルなどがある．

か さ 上 げ 鋼 材：屋根用および床用パネルの設置面を確保するため，大梁の上などに設ける下地鋼材．

定 規 ア ン グ ル：壁用パネルの取付け位置を調整（出入り調整という）するため，梁および柱などに設ける下地鋼材．

下 地 木 材：パネルを取り付けるための下地となり，木造建築物において屋根用および床用パネルのかかり代を確保するため，梁や小屋組などに設ける木材．

補 強 鋼 材：開口部およびパラペット・下がり壁などのパネルを支持するために用いる鋼材．

開 口 補 強 鋼 材：補強鋼材のうち，特に窓，出入口などの開口部および開口部まわりのパネルを支持するための鋼材．

取 付 け 金 物：パネルを下地に取り付けるために用いられる金物．

目 地 鉄 筋：パネルの長辺目地に沿って埋設される鉄筋．

充 填 モ ル タ ル：屋根用および床用パネルの目地部などに充填するモルタル．

補 修 用 モ ル タ ル：パネルの欠損部の補修や座掘りによるパネルの凹部などを埋め戻すための専用モルタル．

伸 縮 目 地：地震時などの躯体変形時にパネルが損傷を受けないように，パネル間やパネルと他部材の間などに隙間を設けた目地．

耐 火 目 地 材：耐火性能を確保するため，パネル間などに設けた伸縮目地に充填する材料．

設 計 荷 重：パネルおよび取付け構法に要求される荷重．

許 容 荷 重：「ALCパネル構造設計指針・同解説」（ALC協会）により確認され，かつパネル製造業者により保証される荷重．

取 付 け 構 法：外壁・間仕切壁・屋根・床の各部位におけるパネルの取付け方法．

縦 壁：パネルの長辺を鉛直方向にして取り付けられる壁．

横 壁：パネルの長辺を水平方向にして取り付けられる壁．

ロ ッ キ ン グ：外壁用および間仕切壁用パネルの取付けにおいて，パネルが1枚ごとに面内方向に微小回転し，躯体の層間変形に対して追従する機構．

ス ラ イ ド：パネル下部が固定され，パネル上部が面内方向にスライドすることにより，地震などによる躯体の層間変位に対して追従する機構．

縦壁ロッキング構法：外壁用および間仕切壁用パネルの取付け構法の一種で，パネルがロッキングする縦壁の取付け構法．

横壁アンカー構法：外壁用および間仕切壁用パネルの取付け構法の一種で，パネル相互が水平方向にずれて躯体の層間変形に対し追従する横壁の取付け構法．

間仕切壁ロッキング構法：間仕切壁用パネルの取付け構法の一種で，RFプレートなどを用いパネル下

部を固定し，パネルがロッキングする縦壁の取付け構法．

縦壁フットプレート構法：間仕切壁用パネルの取付け構法の一種で，フットプレートなどを用いパネル下部を固定し，パネルがスライドする縦壁の取付け構法．

敷 設 筋 構 法：屋根用または床用パネルの取付け構法の一種で，パネル間の長辺目地部に取付け金物を用いて目地鉄筋を敷設（ふせつ）し，この溝部にモルタルを充填する取付け構法．なお，木造建築物に用いる敷設筋構法を木造用敷設筋構法という．

木造用ねじ止め構法：木造建築物の屋根用または床用パネルの取付け構法の一種で，木ねじなどを用いて梁や下地木材などに固定する取付け構法．

は ね 出 し 部：パラペットなどにおいて，パネルの取付け部から補強鋼材などを設けることなくパネルを持ち出した部分．

か か り 代：パネル短辺が下地に接する部分のパネル長辺方向の長さ．

座 掘 り：パネルを取り付けるために，パネル面を掘り込む作業およびその作業によって加工された孔．

2節 性　　　能

2.1　総　　　則

2.1.1　適 用 範 囲

本節は，パネルによって構成される各部位の性能項目および性能値を設定する場合に適用する．

2.1.2　性能項目および性能値

ａ．パネルによって構成される各部位に必要な性能項目および性能値は，特記による．

ｂ．パネルを使用する各部位に必要な性能項目および性能値を他の構成材料との複合により満たす必要がある場合の必要な材料・納まりは，設計図書による．

2.2　耐 火 性 能

ａ．パネルによって構成される各部位は，火災に対して所要の耐火性能を有するものとする．

ｂ．耐火性能の性能値は，耐火時間によって表示する．

ｃ．各部位に必要な性能値は，特記による．

2.3　耐荷重性能

ａ．パネルによって構成される各部位は，設計荷重に対して所要の耐荷重性能を有するものとする．

—4— JASS 21 ALCパネル工事

　ｂ．耐荷重性能の性能値は部位ごとの設計荷重によって示し，その単位は N/m²とする．

　ｃ．部位ごとに検討すべき設計荷重は下記のものとし，特記による．

　（１）　外壁にあっては，風荷重の値とする．

　（２）　間仕切壁にあっては，地震による慣性力の値とする．

　（３）　屋根にあっては，固定荷重，積載荷重，積雪荷重および風荷重の値とする．

　（４）　床にあっては，固定荷重および積載荷重の値とする．

2.4　耐 震 性 能

　ａ．外壁および間仕切壁は，地震の作用に対して所要の耐震性能を有するものとする．耐震性能は，慣性力に対する安全性能および変形追従性能で表す．

　ｂ．上記それぞれの耐震性能を確保するとともに，耐震安全性の総合的検討を行う．

2.4.1　慣性力に対する安全性能

　ａ．パネルによって構成される外壁および間仕切壁は，地震による慣性力に対して所要の安全性能を有するものとする．

　ｂ．安全性能はパネルが脱落しないこととし，その性能値は設計用水平震度で示す．

　ｃ．性能値は特記による．特記のない場合は，設計用水平震度 $K_{Hi}=1.0$ とする．

2.4.2　変形追従性能

　ａ．パネルによって構成される外壁および間仕切壁は，所要の変形追従性能を有するものとする．

　ｂ．安全性能はパネルが脱落しないこととし，その性能値は層間変形角で示す．

　ｃ．性能値は特記による．特記のない場合は，1/150 とする．

2.4.3　耐震安全性の総合的検討

　パネルによって構成される外壁および間仕切壁は，2.4.1 および 2.4.2 に対し，それぞれの設計目標を満足することを確かめるとともに，以下の事項も考慮して総合的に耐震安全性を検討する．

　ａ．パネルを支持する部材の選定は，地震動に対して生じる慣性力や変形に対して，パネルの取付け耐力上の支障が生じないように，剛性などに配慮した計画を行う．

　ｂ．パネルと取り合う他部材や仕上げ材の納まりは，地震時のパネルに生じる変形を阻害しないように，その納まりなどに配慮した計画を行う．

2.5　その他の性能項目

　その他の性能項目として，以下のものがある．

　（１）　遮音性能

　（２）　断熱性能

　（３）　水密性能

（4） 耐久性能

（5） 環境負荷低減性能

3節　取付け構法

3.1　外　　壁

ａ．外壁用パネルの取付け構法は，縦壁ロッキング構法または横壁アンカー構法とし，その種類は特記による.

ｂ．上記以外の構法による場合は，特記による.

3.2　間仕切壁

ａ．間仕切壁用パネルの取付け構法は，間仕切壁ロッキング構法，縦壁フットプレート構法および外壁の取付け構法である縦壁ロッキング構法ならびに横壁アンカー構法とし，その種類は特記による.

ｂ．上記以外の構法による場合は，特記による.

3.3　屋根および床

ａ．屋根用および床用パネルの取付け構法は，表3.1に示す構法とし，その種類は特記による.

表3.1　屋根用および床用パネルの取付け構法

鉄骨造，鉄筋コンクリート造などの建築物に用いる構法	敷設筋構法
木造建築物に用いる構法	木造用敷設筋構法
	木造用ねじ止め構法

ｂ．上記以外の構法による場合は，特記による.

4節　材　　料

4.1　パ　ネ　ル

パネルは，JIS A 5416：2016に規定する厚形パネルとする．パネルの種類，寸法，設計荷重，長辺側面の加工形状，耐火性能および特殊処理（パネル表面の下地処理等）などは，特記による.

―6―　JASS 21　ALC パネル工事

4.2　下地鋼材，補強鋼材，取付け金物および鉄筋

a．下地鋼材および補強鋼材は，JIS G 3101：2017（一般構造用圧延鋼材），JIS G 3136：2012（建築構造用圧延鋼材），JIS G 3350：2017（一般構造用軽量形鋼）およびそれらの鋼材と同等以上の品質を有するもので，適切な防せい処理を施したものとする．

b．取付け金物の材質，形状，寸法，および防せい処理は，「ALC 取付け金物等規格」に該当するもの，またはパネル製造業者の指定するものとし，それ以外のものを使用する場合には，監理者の承認を得て用いる．

c．パネルの取付けに用いる鉄筋は，JIS G 3138：2005（建築構造用圧延棒鋼）または JIS G 3112：2010（鉄筋コンクリート用棒鋼）に示す鉄筋と同等以上の品質を有するもので，その径は丸鋼で 9 mm 以上，異形棒鋼では呼び名 D10 以上とする．

4.3　充填モルタル

a．セメントは，JIS R 5210：2009（ポルトランドセメント）の普通ポルトランドセメントまたは早強ポルトランドセメントとする．それ以外のセメントを用いる場合は，監理者の承認を得て用いる．

b．砂は，有害量のごみ，土，有機不純物・塩化物などを含まないものとし，その最大粒径が 5 mm 未満で適度な粒度分布のものとする．それ以外の砂を用いる場合は監理者の承認を得て用いる．

c．水は，鉄筋およびモルタルに悪影響を及ぼす有害量の不純物を含まないものとする．

d．モルタルの調合は，セメント：砂の割合を容積比で 1：3.5 とし，それ以外のモルタルを用いる場合には，監理者の承認を得て用いる．また，既調合モルタルや混和材を用いる場合には，その性能を確認して用いる．

e．モルタルは，パネル間の目地部などへの充填に適した流動性を有するものとする．

4.4　補修用モルタル

a．補修用モルタルは，ALC との付着性が良く，かつ施工性の良いものでパネル製造業者の指定するものとする．それ以外の補修用モルタルを用いる場合は，監理者の承認を得て用いる．

b．補修下地となる ALC 面をシーラーにより処理する．その場合に用いるシーラーは，パネル製造業者の指定するものとする．

4.5　その他の材料

a．パネル間の目地部に用いるシーリング材は，JIS A 5758：2016（建築用シーリング材）に規定されるシーリング材を用いることとし，その種類は特記による．それ以外のシーリング材を用いる場合は，監理者の承認を得て用いる．

b．耐火目地材は JIS A 9504：2017（人造鉱物繊維保温材），もしくは JIS R 3311：2008（セラミックファイバーブランケット）の品質と同等以上のロックウール保温板または高温断熱ウー

ルとし，その種類は特記による．それ以外の耐火目地材を用いる場合は，監理者の承認を得て
用いる．

c．パネル相互の接合に用いる接着材は，パネル製造業者の指定するものとし，それ以外の接着
材を用いる場合は，監理者の承認を得て用いる．

d．施工現場で使用するさび止め塗料は，パネル製造業者が指定した JIS K 5674：2008（鉛・ク
ロムフリーさび止めペイント）を用いる．それ以外のさび止め塗料を用いる場合は，監理者の
承認を得て用いる．

e．溶接棒は，JIS Z 3211：2008（軟鋼，高張力鋼及び低温用鋼用被覆アーク溶接棒）を用いる．
それ以外の溶接棒を使用する場合は，監理者の承認を得て用いる．

f．木ねじは，JIS G 3507-1：2005（冷間圧造用炭素鋼―第1部：線材）SWCH16A～22A および
SWCH16K～22K または JIS G 4315：2000（冷間圧造用ステンレス鋼線）を用いる．ステンレ
ス鋼以外のものについては，有効な防せい処理を施すものを用いる．また，それ以外の木ねじ
を使用する場合は，監理者の承認を得て用いる．

g．あと施工アンカーおよび打込みピンは，要求性能および使用条件に応じて選定し，監理者の
承認を得て用いる．

5節　パネルおよび下地等の計画

5.1　一 般 事 項

施工者は，パネルおよび下地等の計画に関して，以下に示す項目の内容を設計図書などと照合し，
適切に計画されていることを確認し，必要に応じて監理者と協議する．

（1）　パネルの計画
（2）　下地の計画
（3）　補強鋼材の計画
（4）　特殊な条件の計画
（5）　その他必要な項目の計画

5.2　パネルの計画

5.2.1　共 通 事 項

施工者は，パネルの計画に関して，以下に示す項目の内容を設計図書などと照合し，適切に計画
されていることを確認し，必要に応じて監理者と協議する．

（1）　パネルの割付けならびに開口部の計画は，標準寸法（600 mm 幅のモジュール）が考慮され
ていること．
（2）　パネルの長さは，使用可能な長さの上限の範囲内であること．

―8― JASS 21 ALCパネル工事

（3） パネルの支持方法は，両端支持の単純梁となっていること．

（4） パネルは直接大きな集中荷重，衝撃または損耗を受けないこと．

（5） パネルには強度上有害な溝掘り，孔あけ，切欠きがないこと．

（6） 屋上または吸水，吸湿のおそれがある場所に使用するパネルおよびそれらの接合部には，防水，防湿上有効な処理が施されていること．

（7） 仕上げ材や設備，建具などを含む他部材との取合いは，構法ごとに生じるパネルの挙動を阻害しない適切な納まりであること．

5.2.2　外壁および間仕切壁のパネル計画

施工者は，外壁および間仕切壁のパネル計画に関して，以下に示す項目の内容を設計図書などと照合し，適切に計画されていることを確認し，必要に応じて監理者と協議する．なお，構法は，3.1および3.2により特記された取付け構法とし，パネルは4.1により特記されたパネルとする．

（1） パネルの厚さおよび長さ

（2） 設計荷重

（3） 伸縮目地の設置

（4） パネルの支持方法

（5） パネルの割付け

5.2.3　屋根および床のパネル計画

施工者は，屋根および床のパネル計画に関して，以下に示す項目の内容を設計図書などと照合し，適切に計画されていることを確認し，必要に応じて監理者と協議する．なお，構法は，3.3により特記された取付け構法とし，パネルは4.1により特記されたパネルとする．

（1） パネルの厚さおよび長さ

（2） 設計荷重

（3） パネルの支持方法

（4） パネルの割付け

5.2.4　外壁用パネルと屋根および床の取合い部の納まり

施工者は，外壁用パネルと屋根および床との取合い部が，外壁用パネルの躯体の変形に対する追従性を阻害しない適切な納まりであることを確認し，必要に応じて監理者と協議する．

5.3　下地の計画

5.3.1　共 通 事 項

施工者は，下地が十分な強度と剛性を有し，パネルの取付けに支障のないように計画されていることを確認し，必要に応じて監理者と協議する．

5.3.2　外壁および間仕切壁の下地計画

　施工者は，外壁および間仕切壁の下地計画に関して，以下に示す項目の内容を設計図書などと照合し，適切に計画されていることを確認し，必要に応じて監理者と協議する．

（1）　風荷重などの面外方向の荷重を負担する下地は，パネルの両端を支持するように配置されていること．

（2）　支持構造部材は，パネルとの間に，施工上必要なクリアランスを設けて配置されていること．

（3）　中間梁や間柱の断面算定にあたっては，パネル自重，風荷重および地震力などが考慮されていること．

（4）　パネルを支持する布基礎などの鉄筋コンクリートによる立上りの高さは，パネルが雨水，積雪などの影響を受けない高さとなっていること．

（5）　間仕切壁用パネル上部および下部には，パネル取付けに十分な強度と剛性を有する梁，鉄筋コンクリートのスラブなどの支持構造部材が配置されていること．

5.3.3　屋根および床の下地計画

　施工者は，屋根および床の下地計画に関して，以下に示す項目の内容を設計図書などと照合し，適切に計画されていることを確認し，必要に応じて監理者と協議する．

（1）　屋根および床の下地の構造は，面内せん断力をパネルに負担させないよう，充分な面内剛性と面内強度を有していること．

（2）　下地は，パネルの両端を支持するように配置されていること．なお，木造用ねじ止め構法においては，パネルの両端を含めた3点以上で支持する場合がある．

（3）　集中荷重が作用する部分では，その直下にパネル受け梁を設け，パネルは分割して割り付けされていること．

（4）　パネルを支持する下地は，かかり代が確保できる寸法のものとなっていること．

（5）　排水口までの水勾配は，パネルの受け梁で設けられていること．

（6）　屋根面に設置された開口には，耐力上有効な受け梁が配置されていること．

（7）　柱まわりなどは，耐力上有効な下地鋼材や下地木材が設けられていること．

5.4　補強鋼材の計画

5.4.1　開口部の補強鋼材

　窓および出入口などの開口部のまわりには，耐力上有効な開口補強鋼材を設ける．

5.4.2　パラペット部などの補強鋼材

　パラペット部などを補強する場合は，パネルが両端支持の単純梁となるように，耐力上有効な補強鋼材を設ける．

—10— JASS 21 ALCパネル工事

5.5 特殊な条件の計画

a．隣棟間隔が狭い場所に外壁用パネルを使用する場合には，施工方法を考慮し，施工上必要な隣棟間隔を確保の上，防水上有効な防護策を施す．

b．パネルが有害な影響を受けるおそれのある環境で使用する場合は，特記による．

c．常時振動を受ける場所に使用する場合は，特記による．

6節　施 工 計 画

6.1　一 般 事 項

施工者は，設計図書などに基づいて設計条件，要求性能を把握し，現場の施工条件を明確にして施工計画を立案する．

6.2　施工計画書

a．施工者は，施工計画に基づき施工計画書を作成し，監理者の承認を受ける．

b．施工者は，専門工事業者を選定し，施工計画書に基づき必要に応じて専門工事業者に施工要領書を作成させ，その内容を確認する．

c．施工計画書の内容を変更する場合は，監理者の承認を受ける．

6.3　施 工 図

施工者は，ALCパネル工事に先立ち施工図を作成し，監理者の承認を受ける．

6.4　工 程 計 画

施工者は，ALCパネル工事に先立ち工程表を作成し，監理者に提出する．

6.5　仮 設 計 画

a．施工者は，ALCパネル工事に先立ち，パネルの搬入，揚重，取付けなどの作業に必要な仮設を計画する．

b．施工者は，事前に使用機械などを確認し，必要な電気設備を計画する．

6.6　安 全 計 画

a．施工者は，ALCパネル工事に伴う事故防止に留意する．

b．施工者は，ALCパネル工事に先立ち，必要に応じて専門工事業者に安全作業手順書を作成させ，その内容を確認する．

7.4.2　パネルの取付け

a．出隅部・入隅部のパネルの縦目地および外壁・柱・梁・上部スラブとパネルとの間には，伸縮目地を設ける．

b．間仕切壁ロッキング構法の場合は，下記による．

（1）　パネルの下部は，RFプレートにより床面に固定し，面内方向にロッキング可能なようにパネルの下部にクリアランスを設ける．なお，必要に応じてクリアランスに耐火目地材を充填する．

（2）　パネルの上部は，パネル内部に設置されたアンカーにボルトを使って締結されたイナズマプレートなどの取付け金物を用いて，下地鋼材に取り付ける．

c．縦壁フットプレート構法の場合は，下記による．

（1）　パネルの下部は，フットプレートにより床面に固定する．

（2）　パネルの上部はかかり代を確保し，面内方向に可動となるよう下地鋼材に取り付ける．

d．縦壁ロッキング構法および横壁アンカー構法の場合，パネルの取付けは，7.3に準じて行う．

e．パネルに作用する正圧方向と負圧方向の設計荷重が異なる場合，パネルの表裏を確認して取り付ける．

7.5　屋根および床

7.5.1　屋根用および床用パネルの取付け

a．パネルは表裏を確認し，有効なかかり代を確保して，通り良く敷き並べる．

b．敷設筋構法および木造用敷設筋構法は，長辺目地に挿入した目地鉄筋および充填モルタルにより，取付け金物を用いて下地に取り付ける．なお，木造用ねじ止め構法においては，木ねじを用いて支持構造部材や下地木材に取り付ける．

8 節　検　　査

8.1　一般事項

a．本節は，施工現場内におけるALCパネル工事の検査を対象とする．

b．施工者は，施工計画時に検査の項目および範囲などを監理者と協議して施工計画書に明記し，それに基づいて検査を実施する．

8.2　下地の確認

施工者は，パネル工事の着手前に下地の精度を確認し，パネル取付けに支障がある場合は，手直し方法などを監理者と協議して処置する．

―14― JASS 21 ALCパネル工事

8.3 受入検査

a. 施工者は，パネルおよび下地鋼材などの搬入される材料について，特記仕様書・施工計画書および施工図に適合していることを，目視，納品書などにより確認する．

b. 施工者は，受入検査結果を記録し，監理者の求めに応じて報告する．

8.4 工事検査

a. 施工者は，工事の進捗状況に合わせて工事検査を行い，施工計画書および施工図に適合していることを確認する．また，必要に応じて監理者の立会いにより検査を実施する．

b. 施工者は，必要に応じて専門工事業者に自主検査を行うよう指示する．

8.5 完了検査

施工者は，ALCパネル工事完了後，完了検査を行い，施工計画書および施工図に適合していることを確認する．また，監理者の求めに応じて検査結果を報告する．

9節 特 記

9.1 総 則

a. 本節は，本仕様書における特記事項を示す．

b. 本節は，本仕様書の一般的な規定に優先する．

9.2 特記事項

a. 外壁，間仕切壁，屋根および床の各部位における特記事項は，以下に示すとおりである．なお，＊印を付した項目は，必ず特記事項の内容を定めなければならない．

(1) 性 能

　＊耐火性能 (2.2 c)

　＊耐荷重性能 (2.3 c)

　　耐震性能 (2.4)

(2) 取付け構法

　＊外壁用パネルの取付け構法の種類 (3.1 a)

　＊間仕切壁用パネルの取付け構法の種類 (3.2 a)

　＊屋根用パネルの取付け構法の種類 (3.3 a)

　＊床用パネルの取付け構法の種類 (3.3 a)

(3) 材 料

　パネル (＊種類，寸法 (＊厚さ)，製造業者) (4.1)

9節 特　　記　—15—

　　　シーリング材（＊種類）（4.5 a）

　　（4）　パネルと下地等の計画

　　　有害な影響を受けるおそれのある環境で使用する場合（5.5 b）

b．上記以外の構法による場合は，特記による．

JASS 21　ALC パネル工事

解　　説

日本建築学会建築工事標準仕様書

JASS 21　ALCパネル工事（解説）

1節　総　　則

1.1　適用範囲

> a．本仕様書は，JIS A 5416：2016（軽量気泡コンクリートパネル（ALCパネル））に規定する厚形パネル（以下，パネルという）を建築物または工作物などの屋根，床および帳壁（非耐力壁の外壁および間仕切壁）に使用する工事に適用する．
> b．建築工事に共通な一般事項に関しては，JASS 1：2002（一般共通事項）による．
> c．本仕様書の規定と本仕様書に関連する規格・基準・指針類の内容で異なることが生じた場合は，監理者と協議する．

　a．本仕様書は，JIS A 5416：2016（軽量気泡コンクリートパネル（ALCパネル））[1]に規定する厚形パネルを屋根，床および帳壁（非耐力壁の外壁および間仕切壁）の部材として鉄骨造，鉄筋コンクリート造，木造などの躯体に取り付ける工事に適用する．また，遮音壁などの工作物にも準用することができる．本仕様書で示すALCパネル工事の範囲は，パネルの取付け工事およびそれに付随する定規アングルなどの下地鋼材や補強鋼材の取付け，パネル間のシーリング工事などである．なお，躯体工事，建具工事などALCパネル工事ではない部分は，適用範囲外とする．また，JIS A 5416：2016では厚さ75 mm以上のパネルを厚形パネル，厚さ75 mm未満のパネルを薄形パネルと規定しているが，本仕様書の適用範囲には薄形パネルは含めないこととした．これは，薄形パネルと厚形パネルの取付け方法や構成などが異なるためである〔解説図1.1参照〕．薄形パネルの取付け

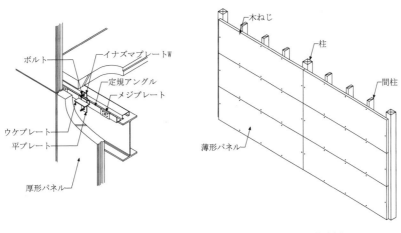

厚形パネルの構成例　　　　　　　薄形パネルの構成例

解説図1.1　厚形パネルと薄形パネルの構成例

－18－　JASS 21　ALC パネル工事（解説）

方法は，主に外壁として下地胴縁にビスなどで固定される構法である．それに対し，厚形パネルの取付け方法は，パネル単独で外壁，間仕切壁，屋根，床として使用され，柱，梁などの支持構造部材に専用金物（木造の屋根，床に厚形パネルを使用する場合は，木ねじも含む）を用いて取り付けられる構法である．なお，薄形パネルに関しては，本会「建築工事標準仕様書・同解説　JASS 27　乾式外壁工事」[2]があるので，それを適用する．

　b．本仕様書は本会の定める建築工事標準仕様書の第 21 章に相当するものであり，仕様書全体にかかわる共通事項は，「建築工事標準仕様書・同解説　JASS 1　一般共通事項」[3]（以下，JASS 1 という）に定めてある．したがって，本仕様書を用いる場合は，JASS 1 と併せて用いなければならない．JASS 1 に記載されているもののうち，ALC パネル工事に特に必要な事項については本仕様書の中に組み入れた．

　c．本仕様書に関連している規格・基準・指針類とは，「日本工業規格(JIS)」，「日本建築学会　建築工事標準仕様書（JASS）」，「ALC パネル構造設計指針・同解説」[4]（監修　（独）建築研究所　発行　ALC 協会），「ALC パネル取付け構法標準・同解説」[5]（ALC 協会），「ALC パネル防耐火構造（告示仕様）設計施工標準」[6]（監修　（国研）建築研究所　発行　ALC 協会），「ALC パネル取付け金物等規格」（ALC 協会）[7]などをいう．本仕様書の改定にあたっては，これらの内容とできるだけ整合性を保つように留意したが，改正・改定時期の違いなどから，両者の規定に食い違いを生じる場合がある．その場合は，監理者と協議して，対処方法を定めることとする．

1.2　用　　　語

本仕様書に用いる用語を次のように定める

A　　L　　C：Autoclaved Lightweight aerated Concrete の略で，セメント，石灰質原料およびけい酸質原料を主原料とし，高温高圧蒸気養生された軽量気泡コンクリートをいう．

パ　　ネ　　ル：JIS A 5416：2016 に規定する厚さ 75 mm 以上の厚形パネル．小口面の形状により一般パネルとコーナーパネルとに区分される．

一　般　パ　ネ　ル：小口面の形状が四角形であるパネルをいう．

コーナーパネル：小口面の形状が L 形で主として建物の出隅などに用いるパネルをいう．

平　パ　ネ　ル：パネルのうち表面に意匠加工のないもの．

意　匠　パ　ネ　ル：パネルのうち表面に模様または傾斜の意匠加工を施したもの．

短　　　　　辺：パネル内の主筋に直角方向の辺．

長　　　　　辺：パネル内の主筋に平行方向の辺．

補　　強　　材：パネル内に配置され，パネルを補強する棒鋼，鉄線をいう．一般に，パネルの支点間方向に配置される主筋と，主筋に交わる方向に配置される横筋とで構成される．

パ　ネ　ル　厚　さ：パネルの最も厚い部分の厚さをいう．

パネル有効厚さ：パネル表面に模様または傾斜の意匠加工を施した意匠パネルの最も薄い部分の厚さをいう．

下　　　　　地：パネルが取り付けられる部材で，支持構造部材および下地鋼材ならびに下地木材をいう．

支　持　構　造　部　材：パネルを支持する部材の総称で，梁（受け梁ともいう），柱（受け柱ともいう），

基礎，鉄筋コンクリートのスラブなどがある．

下　地　鋼　材：パネルを取り付けるための下地となり，支持構造部材に取り付けられている鋼材で，かさ上げ鋼材，定規アングルなどがある．

かさ上げ鋼材：屋根用および床用パネルの設置面を確保するため，大梁の上などに設ける下地鋼材．

定規アングル：壁用パネルの取付け位置を調整（出入り調整という）するため，梁および柱などに設ける下地鋼材．

下　地　木　材：パネルを取り付けるための下地となり，木造建築物において屋根用および床用パネルのかかり代を確保するため，梁や小屋組などに設ける木材．

補　強　鋼　材：開口部およびパラペット・下がり壁などのパネルを支持するために用いる鋼材．

開口補強鋼材：補強鋼材のうち，特に窓，出入口などの開口部および開口部まわりのパネルを支持するための鋼材．

取付け金物：パネルを下地に取り付けるために用いられる金物．

目　地　鉄　筋：パネルの長辺目地に沿って埋設される鉄筋．

充填モルタル：屋根用および床用パネルの目地部などに充填するモルタル．

補修用モルタル：パネルの欠損部の補修や座掘りによるパネルの凹部などを埋め戻すための専用モルタル．

伸　縮　目　地：地震時などの躯体変形時にパネルが損傷を受けないように，パネル間やパネルと他部材の間などに隙間を設けた目地．

耐火目地材：耐火性能を確保するため，パネル間などに設けた伸縮目地に充填する材料．

設　計　荷　重：パネルおよび取付け構法に要求される荷重．

許　容　荷　重：「ALCパネル構造設計指針・同解説」（ALC協会）により確認され，かつパネル製造業者により保証される荷重．

取付け構法：外壁・間仕切壁・屋根・床の各部位におけるパネルの取付け方法．

縦　　　　　　壁：パネルの長辺を鉛直方向にして取り付けられる壁．

横　　　　　　壁：パネルの長辺を水平方向にして取り付けられる壁．

ロ ッ キ ン グ：外壁用および間仕切壁用パネルの取付けにおいて，パネルが1枚ごとに面内方向に微小回転し，躯体の層間変形に対して追従する機構．

ス ラ イ ド：パネル下部が固定され，パネル上部が面内方向にスライドすることにより，地震などによる躯体の層間変位に対して追従する機構．

縦壁ロッキング構法：外壁用および間仕切壁用パネルの取付け構法の一種で，パネルがロッキングする縦壁の取付け構法．

横壁アンカー構法：外壁用および間仕切壁用パネルの取付け構法の一種で，パネル相互が水平方向にずれて躯体の層間変形に対し追従する横壁の取付け構法．

間仕切壁ロッキング構法：間仕切壁用パネルの取付け構法の一種で，RFプレートなどを用いパネル下部を固定し，パネルがロッキングする縦壁の取付け構法．

縦壁フットプレート構法：間仕切壁用パネルの取付け構法の一種で，フットプレートなどを用いパネル下部を固定し，パネルがスライドする縦壁の取付け構法．

敷　設　筋　構　法：屋根用または床用パネルの取付け構法の一種で，パネル間の長辺目地部に取付け金物を用いて目地鉄筋を敷設（ふせつ）し，この溝部にモルタルを充填する取付け構法．なお，木造建築物に用いる敷設筋構法を木造用敷設筋構法という．

木造用ねじ止め構法：木造建築物の屋根用または床用パネルの取付け構法の一種で，木ねじなどを用いて梁や下地木材などに固定する取付け構法．

は ね 出 し 部：パラペットなどにおいて，パネルの取付け部から補強鋼材などを設けることなくパネルを持ち出した部分．

か　か　り　代：パネル短辺が下地に接する部分のパネル長辺方向の長さ．

— 20 — JASS 21 ALC パネル工事（解説）

座　　掘　　り：パネルを取り付けるために，パネル面を掘り込む作業およびその作業によって
　　　　　　　　　加工された孔．

A　　L　　C：Autoclaved Lightweight aerated Concrete の略で，セメント，石灰質原料およ
　　　　　　　びけい酸質原料を主原料とし，高温高圧空気養生された軽量気泡コンクリートを
　　　　　　　いい，耐火性や断熱性に優れた特徴を有している．
パ　　ネ　　ル：JIS A 5416：2016 に規定する厚さ 75 mm 以上の厚形パネルをいい，厚さ 75 mm
　　　　　　　未満の薄形パネルは本仕様書では適用外とする．その種類には，形状の違いによ
　　　　　　　り一般パネルとコーナーパネルがあり，さらにおのおの表面加工の有無により，
　　　　　　　平パネルと意匠パネルがある．解説表 1.1 にパネルの種類の例を示す．
一 般 パ ネ ル：小口面の形状が四角形であるもので，JIS A 5416：2016 に規定されたものをいう
　　　　　　　〔解説表 1.1 参照〕．
コーナーパネル：小口面の形状が L 形であるもので，JIS A 5416：2016 に規定されたものをいう．
　　　　　　　主として建物の出隅などに用いられる〔解説表 1.1 参照〕．
平 パ ネ ル：表面に意匠加工のないもので，JIS A 5416：2016 に規定されたものをいう〔解説
　　　　　　　表 1.1 参照〕．
意 匠 パ ネ ル：表面に模様または傾斜の意匠加工を施したパネルで，JIS A 5416：2016 に規定さ
　　　　　　　れたものをいう〔解説表 1.1 参照〕．

解説表 1.1 パネルの種類の例

短　　　辺：パネル内の主筋に直角方向の辺をいう．一般に短辺の長さはパネル幅と呼ばれ，標準幅は 600 mm である〔解説図 1.2 参照〕．

長　　　辺：パネル内の主筋に平行方向の辺をいう．長辺部分には，パネルの種類に応じて取付けおよびシーリングのための溝加工が施されている．一般に，長辺の長さはパネル長さと呼ばれる〔解説図 1.2 参照〕．

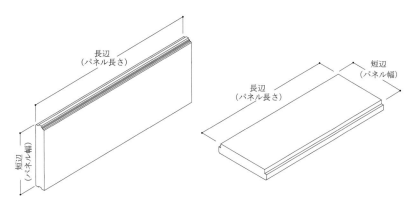

解説図 1.2　パネルの短辺および長辺

補　強　材：パネル内に配置され，パネルを補強する棒鋼，鉄線を補強材といい，JIS A 5416：2016 にも定義されている．一般に，パネルの支点間方向に配置される主筋と，主筋に交わる方向に配置される横筋とで構成される〔解説図 1.3 参照〕．

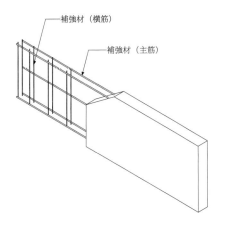

解説図 1.3　パネルの補強材

パネル厚さ：パネルの最も厚い部分の厚さをいう〔解説図 1.4 参照〕．
パネル有効厚さ：パネル表面に模様または傾斜の意匠加工を施した意匠パネルの最も薄い部分の厚さをいう〔解説図 1.4 参照〕．

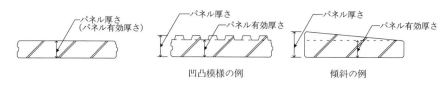

解説図 1.4 パネルの厚さおよび有効厚さ

下　　　　地：パネルが取り付けられる部材で，支持構造部材および下地鋼材ならびに下地木材をいい，パネルに作用する荷重などを支持する部材をいう．

支持構造部材：パネルを支持する下地のうち，梁（受け梁），柱（受け柱）などの総称であり，その中には中間梁，耐風梁，間柱などが含まれる．

その他，本仕様書ではパネルが取り付く基礎，鉄筋コンクリートのスラブなども支持構造部材に含むこととした．

下 地 鋼 材：パネルを取り付けるための下地となり，支持構造部材に取り付けられている鋼材で，かさ上げ鋼材，定規アングル，持出し鋼材などがある〔解説図1.5参照〕．

かさ上げ鋼材：主に鉄骨造などで屋根用および床用パネルを両端支持の単純梁とし，パネルの設置面を確保するために大梁の上などに設ける下地鋼材をいう．通常，リップ溝形鋼などの軽量形鋼が用いられる〔解説図1.5参照〕．

定規アングル：外壁用および間仕切壁用パネルを通り良く建て込み，かつ壁面が受ける荷重を支持構造部材に伝達するための下地鋼材をいう．通常，等辺山形鋼および不等辺山形鋼が用いられる〔解説図1.5参照〕．

下 地 木 材：パネルを取り付けるための下地となり，木造建築物において屋根用および床用パネルのかかり代を確保するため，梁や小屋組などに設ける木材〔解説図1.6参照〕．

補 強 鋼 材：開口部およびパラペット・下がり壁などに用いる鋼材のことをいう．補強鋼材は，パネルを取り付けるための下地の役割も有しているが，主として，開口部やパラペット・下がり壁などのパネルの荷重を支持構造部材に伝達するために設置する部材である．このことから，本仕様書ではこれらを補強鋼材と呼び，下地とは分類を異にしている〔解説図1.5参照〕．

開口補強鋼材：補強鋼材のうち，特に窓や出入口などの開口部の建具にかかる荷重を支持構造部材に伝え，かつ開口部の上下（縦壁の場合）や左右（横壁の場合）のパネルを支持するための補強鋼材である．通常，等辺山形鋼および不等辺山形鋼が用いられる〔解説図1.5参照〕．

1節 総 則 —23—

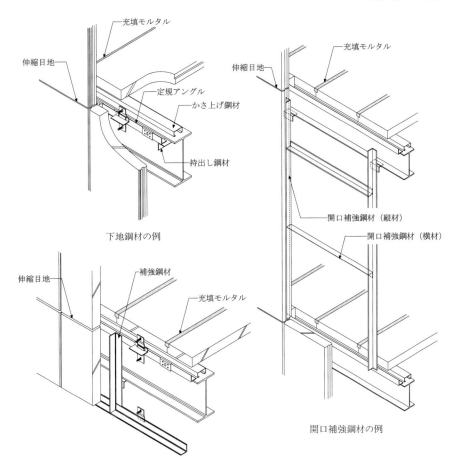

解説図 1.5 下地鋼材・補強鋼材の例

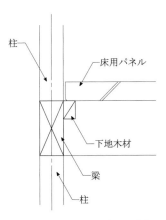

解説図 1.6 下地木材の例

取付け金物：パネルを下地に取り付けるためのALCパネル工事専用の金物のことをいい，ウケプレート，イナズマプレートW，イナズマプレートR，RFプレート，フットプレートなどがある．なお，これらの取付け金物は，「付3．ALCパネル取付け金物等規格」に示されているが，それらのうちから抜粋を解説図1.7に示す．

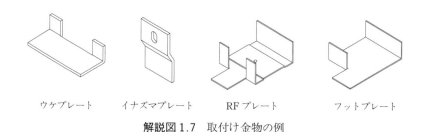

　　　ウケプレート　　イナズマプレート　　RFプレート　　　フットプレート

解説図 1.7　取付け金物の例

目地鉄筋：敷設筋構法など，長辺目地に沿ってモルタルを充填する構法に用いられ，モルタル充填前に，目地部に設置する鉄筋をいう〔解説図1.8参照〕．

充填モルタル：屋根用および床用パネルの目地部などに充填するモルタルをいう〔解説図1.8参照〕．

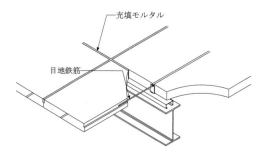

解説図 1.8　目地鉄筋と充填モルタルの例

補修用モルタル：施工現場で小運搬，敷込みおよび建込みなどの作業中に生じたパネルの欠損部の補修や座掘り部分を埋め戻すために，専用に調合されたモルタルをいう．吸水性や強度などの物性および色などがパネルに比較的近くなるようにセメント，ALC粉末やパーライトなどを主原料としている．

伸縮目地：地震時などの躯体変形時に外壁用および間仕切壁用パネルが損傷を受けないように，パネル間やパネルと他部材の間などに隙間を設けた目地をいう．一般に，伸縮目地の幅は10〜20mmである〔解説図1.9参照〕．

耐火目地材：耐火性能を確保するためパネル間などに設けた伸縮目地に充填する材料をいい，伸縮性があり，パネルの挙動を阻害しない材料が用いられる〔解説図1.9参照〕．

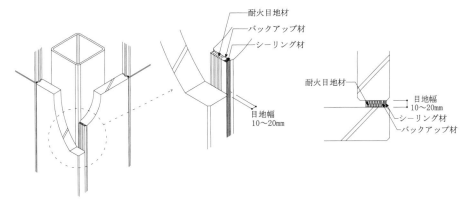

解説図 1.9　伸縮目地の例

設　計　荷　重：パネルおよび取付け構法に要求される荷重であり，一般的に面外方向の荷重である．設計荷重は固定荷重，積載荷重，積雪荷重，風荷重などであり，関係法令に適合するものでなくてはならない．

許　容　荷　重：「ALC パネル構造設計指針・同解説」により確認され，かつパネル製造業者により保証される荷重をいい，JIS A 5416：2016 に示されている単位荷重に相当する．

取 付 け 構 法：外壁・間仕切壁・屋根・床の各部位におけるパネルの取付け方法を指す．取付け構法および取付け金物は，標準化されている．構法の種類を解説表 1.2 に示す．なお，本仕様書より削除された過去の構法を解説表 1.3 に示し，その詳細は「付 5．JASS 21：2005 より削除した取付け構法」および「付 6．JASS 21：1998 より削除した取付け構法」を参照する．

解説表 1.2　取付け構法の種類

部　位	構　法　名
外　壁	縦壁ロッキング構法
	横壁アンカー構法（名称変更）
間仕切壁[*1]	間仕切壁ロッキング構法（新設）
	縦壁フットプレート構法
屋根・床	敷設筋構法
	木造用敷設筋構法（新設）
	木造用ねじ止め構法（新設）

［注］*1　間仕切壁は外壁の取付け構法も用いることができる．

－26－ JASS 21 ALC パネル工事（解説）

解説表 1.3 本仕様書より削除された取付け構法の種類

部　位	構法名	備　考
外　壁	縦壁挿入筋構法	1998 年版まで記載されていたが 2005 年版にて削除
	縦壁スライド構法	2005 年版まで記載されていたが 2018 年版にて削除
	横壁カバープレート構法	1998 年版まで記載されていたが 2005 年版にて削除
	横壁ボルト止め構法	2018 年版にて横壁アンカー構法に名称変更
間仕切壁	アンカー筋構法	2005 年版まで記載されていたが 2018 年版にて削除

縦　　　壁：パネルの長辺が鉛直方向となるように取り付けられる壁をいう〔解説図 1.10 参照〕.

横　　　壁：パネルの長辺が水平方向となるように取り付けられる壁をいう〔解説図 1.10 参照〕.

ロ ッ キ ン グ：外壁用および間仕切壁用パネルの取付けにおいて，パネルが 1 枚ごとに面内方向に微小回転し，躯体の層間変形に対して追従する機構をいう．本仕様書における縦壁ロッキング構法および間仕切壁ロッキング構法が該当する．

ス ラ イ ド：パネル下部が固定され，パネル上部が面内方向にスライドすることにより，地震などによる躯体の層間変位に対して追従する機構をいう．本仕様書における縦壁フットプレート構法が該当する．

縦壁ロッキング構法：外壁用パネルの取付け構法の一種で，パネルがロッキングする縦壁の取付け構法をいう〔解説図 1.10 参照〕．なお，間仕切壁用パネルの取付け構法としても用いることができる．

横壁アンカー構法：外壁用パネルの取付け構法の一種で，パネル相互が水平方向にずれて地震などによる躯体の層間変形に対し追従する横壁の取付け構法をいう〔解説図 1.10 参照〕．なお，間仕切壁用パネルの取付け構法としても用いることができる．今回の改定より横壁ボルト止め構法の名称を変更し，横壁アンカー構法としている．

間仕切壁ロッキング構法：間仕切壁用パネルの取付け構法の一種で，RF プレートなどを用いパネル下部を固定し，パネルがロッキングする縦壁の取付け構法をいう〔解説図 1.10 参照〕．

縦壁フットプレート構法：間仕切壁用パネルの取付け構法の一種で，フットプレートなどを用いパネル下部を固定し，パネルがスライドする縦壁の取付け構法をいう〔解説図 1.10 参照〕．

1節 総 則 —27—

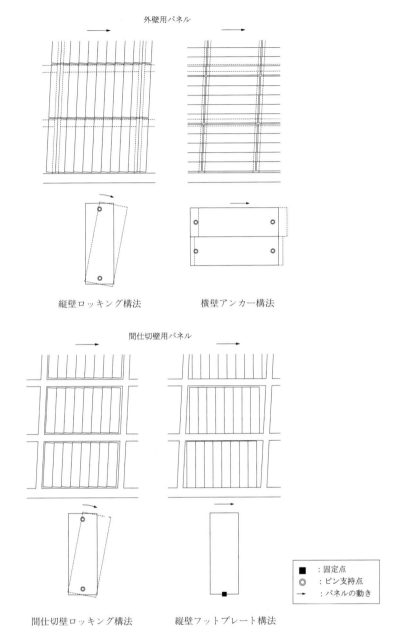

解説図 1.10 取付け構法の概念図

敷設筋構法：屋根用および床用パネルの取付け構法の一種で，パネル間の長辺目地部に目地鉄筋を敷設（ふせつ）し，この溝部にモルタルを充填し，スラブプレートおよびマルカンなどの取付け金物で支持構造部材に取り付ける構法をいう〔解説図7.28参照〕．なお，木造建築物に用いる敷設筋構法を木造用敷設筋構法という〔解説図7.30参照〕．

木造用ねじ止め構法：木造建築物の屋根用および床用パネルの取付け構法の一種で，木ねじなどを用いて梁や下地木材などに取り付ける構法をいう〔解説図7.31参照〕．

は ね 出 し 部：パラペットなどにおいて，パネルの取付け部から補強鋼材などを設けることなくパネルを持ち出した部分をいう〔解説図 1.11 参照〕．

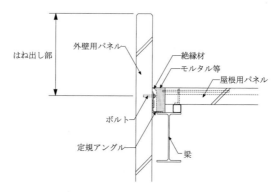

解説図 1.11　はね出し部の例

か か り 代：パネル短辺が下地に接する部分のパネル長辺方向の長さをいう〔解説図 1.12 参照〕．

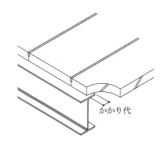

解説図 1.12　パネルのかかり代の例

座 掘 り：パネルを取り付けるために，パネル面を掘り込む作業およびその作業によって加工された孔をいう．加工された孔はフックボルトなどの座金部分がかかるような形状をしており，座金より表面側は，補修用モルタルで埋め戻される〔解説図 1.13 参照〕．

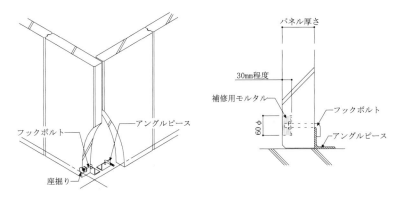

間仕切壁における座掘りの例（外壁にも適用可）

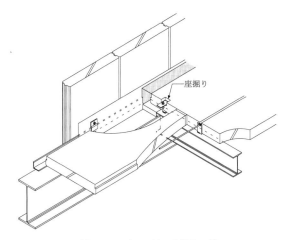

屋根および床における座掘りの例

解説図 1.13　座掘りの例

参 考 文 献

1) 日本規格協会：日本工業規格 JIS A 5416（軽量気泡コンクリートパネル（ALC パネル）），日本規格協会，2016
2) 日本建築学会：建築工事標準仕様書・同解説　JASS 27　乾式外壁工事，日本建築学会，2011
3) 日本建築学会：建築工事標準仕様書・同解説　JASS 1　一般共通事項，日本建築学会，2002
4) ALC 協会，監修　(独)建築研究所：ALC パネル構造設計指針・同解説，ALC 協会，2013
5) ALC 協会：ALC パネル取付け構法標準・同解説，ALC 協会，2013
6) ALC 協会，監修　(国研)建築研究所：ALC パネル防耐火構造(告示仕様)設計施工標準，ALC 協会，2017
7) ALC 協会：ALC パネル取付け金物等規格，ALC 協会，2017

2節 性　　能

2.1　総　　則

2.1.1　適用範囲

> 本節は，パネルによって構成される各部位の性能項目および性能値を設定する場合に適用する．

　本節は，パネルによって構成される各部位に要求する性能項目および性能値を特記する場合に，必要となる項目について記述するものである．

2.1.2　性能項目および性能値

> ａ．パネルによって構成される各部位に必要な性能項目および性能値は，特記による．
> ｂ．パネルを使用する各部位に必要な性能項目および性能値を他の構成材料との複合により満たす必要がある場合の必要な材料・納まりは，設計図書による．

　部位には要求される性能項目があり，その項目は設計者が設計図書に特記することにより示す．

　性能項目には，耐火性能，耐荷重性能，耐震性能，遮音性能，断熱性能，水密性能，耐久性能，環境負荷低減性能などがある．

　性能項目のうち，耐火性能，耐荷重性能，耐震性能は，その目標とする性能値を必要に応じて定量的に特記する．

　各部位に必要な性能項目および性能値を他の構成材料との複合により満たす必要があるものとしては遮音性能，断熱性能，水密性能があり，これらについては目標とする性能値が得られるよう，材料・納まりを設計図書に適切に指示する．なお，耐久性能，環境負荷低減性能は，その目標とする性能値を定量的に把握することが難しいが，近年こうした要求が高まりつつあり，必要に応じて特記する場合がある．

　各性能項目において特記する性能値は設計者が示す．なお，建築基準法など法令に関係する性能項目については，法令を遵守することが前提である．

　パネルの設計は「ALC パネル構造設計指針・同解説」に，またパネルの取付け構法は，「ALC パネル取付け構法標準・同解説」に標準が定められている．そのため，パネルおよび取付け構法により構成される部位の性能値は，実験や計算などで確認されていることが多い．したがって，一般的には，性能項目および性能値を設定することは，目標とする性能値に応じてパネルおよび取付け構法を選択することになる．

2.2 耐火性能

> a．パネルによって構成される各部位は，火災に対して所要の耐火性能を有するものとする．
> b．耐火性能の性能値は，耐火時間によって表示する．
> c．各部位に必要な性能値は，特記による．

a．建築物における耐火性能は，火災時の安全確保において重要な性能である．必要な耐火性能の性能値は建築基準法によって規定されており，建築物の各部位はその規定に従い耐火性能を有する構造とすることが義務付けられている．耐火性能が必要とされる例として，耐火建築物では主要構造部を耐火構造とする必要があり，主要構造部は外壁，屋根，最下階以外の床などの部位が該当する．

b．耐火性能の性能値の表示は，耐火時間で表示する．また，耐火性能はその要求性能として，非損傷性，遮熱性および遮炎性が求められ，構造種別および部位により，その項目および性能値は異なる．なお，非損傷性，遮熱性および遮炎性は，建築基準法施行令第107条により耐火性能に関する技術的基準が定められている〔解説表2.1参照〕．

解説表2.1 耐火性能に関する技術的基準

要求性能	耐火性能に関する技術的基準
非損傷性	火熱が要求される耐火時間加えられた場合に，構造耐力上支障のある変形，溶融，破壊その他の損傷を生じない
遮熱性	火熱が要求される耐火時間加えられた場合に，当該加熱面以外[*1]の面の温度が可燃物燃焼温度[*2]以上に上昇しない
遮炎性	火熱が要求される耐火時間加えられた場合に，屋外に火炎を出す原因となるき裂その他の損傷を生じない

[注] ＊1 屋内に面するものに限る．
　　 ＊2 当該面に接する可燃物が燃焼するおそれのある温度として国土交通大臣が定める温度．

c．各部位に必要とされる性能値を以下に示す．

（1） 個々の建築物の各部位で必要とされる耐火性能の性能値は，設計者によって判断されるものである．よって，必要な耐火性能の性能値は設計者が必ず特記しなければならない．建築基準法によって規定されている各部位の性能値を以下に示す〔解説表2.2参照〕．

（ⅰ） 外　　壁

耐火構造を要求される非耐力壁としての外壁は，建築基準法施行令第107条（耐火性能に関する技術的基準）に，延焼のおそれのある部分で1時間，延焼のおそれのある部分以外の部分で30分間の遮熱性と遮炎性が要求されている．

（ⅱ） 間仕切壁

耐火構造を要求される非耐力壁としての間仕切壁は，建築基準法施行令第107条（耐火性能に関する技術的基準）に1時間の遮熱性が，また，建築基準法施行令第109条の5（大規模建築物

—32— JASS 21 ALC パネル工事（解説）

の壁等の性能に関する技術的基準）に火災の延焼を防止する性能を満たす壁等で90分間の遮熱性と遮炎性が要求されている．

（iii）屋　　根

耐火構造を要求される屋根は，建築基準法施行令第107条（耐火性能に関する技術的基準）に30分間の非損傷性と遮炎性が要求されている．

（iv）床

耐火構造を要求される床は，建築基準法施行令第107条（耐火性能に関する技術的基準）に1時間または2時間の非損傷性と1時間の遮熱性が要求されている．

解説表2.2 耐火構造等に要求される技術的基準

構造種別	要求性能		部　　位	
耐火構造	1時間	遮熱性 遮炎性	外　壁 （非耐力）	延焼のおそれのある部分
	30分間	遮熱性 遮炎性		延焼のおそれのある部分以外の部分
	1時間	遮熱性	間仕切壁 （非耐力）	―
	30分間	非損傷性 遮炎性	屋　根	―
	2時間	非損傷性	床*	最上階から数えた階数が5以上14以内の階
	1時間	非損傷性		最上階および最上階から数えた階数が2以上で4以内の階
		遮熱性		全ての階
法第21条第2項第二号に規定される「壁等」	90分間	遮熱性 遮炎性	間仕切壁 （非耐力）	壁タイプ（間仕切壁・柱・梁＋防火設備）における間仕切壁

上記のほか，令第108条の3（耐火建築物の主要構造部に関する技術的基準）第1項1号（耐火性能検証法）および同項2号（大臣認定）により上記と異なる性能値が要求される場合は，特記による．

（2）パネルによって構成される各部位は，平成12年建設省告示第1399号および平成27年国土交通省告示第250号に規定されている仕様（以下，告示仕様という）と，建設大臣または国土交通大臣による認定を受けているものがある〔解説表2.3参照〕．具体的には，以下の耐火構造の告示仕様および認定がある．

2 節 性 能 —33—

解説表 2.3　各部位の告示・認定番号

構造種別	要求性能	部位	告示・認定番号	厚さ
耐火構造	1 時間	外壁	平成 12 年 5 月 30 日 建設省告示第 1399 号	75 mm 以上
	1 時間	間仕切壁	平成 12 年 5 月 30 日 建設省告示第 1399 号	75 mm 以上
	30 分間	屋根	平成 12 年 5 月 30 日 建設省告示第 1399 号	—
	2 時間	床	認定番号　FP120FL-9120	120 mm 以上
	1 時間		平成 12 年 5 月 30 日 建設省告示第 1399 号*1	100 mm 以上
法第 21 条第 2 項第二号に 規定される「壁等」	90 分間	間仕切壁	平成 27 年 2 月 23 日 国土交通省告示第 250 号*2	75 mm 以上

[注] ＊1　認定番号　FP060FL-9119 も必要に応じて用いることができる．
　　 ＊2　本仕様書（2018 年時点）から追加された．

（ⅰ）外　　　壁

「平成 12 年建設省告示第 1399 号　耐火構造の構造方法を定める件」において，非耐力の外壁の
1 時間の耐火性能を有する構造として，パネル厚さ 75 mm 以上が告示仕様として定められてい
る．よって，パネルによって構成される外壁は，必要とされる耐火性能を有している．なお，取
付け構法の種別による耐火性能の法令上の扱いに区別はない．

（ⅱ）間　仕　切　壁

「平成 12 年建設省告示第 1399 号　耐火構造の構造方法を定める件」において，非耐力の間仕切
壁の 1 時間の耐火性能を有する構造として，また，「平成 27 年国土交通省告示第 250 号　壁等の
構造方法を定める件」において，大規模木造建築物を 3000 m²以内に区画する壁等の構造方法とし
て，同告示第 2 第二号イにパネル厚さ 75 mm 以上が告示仕様として定められている．よって，パ
ネルによって構成される間仕切壁は，それぞれに必要とされる耐火性能を有している．なお，取
付け構法の種別による耐火性能の法令上の扱いに区別はない．

（ⅲ）屋　　　根

「平成 12 年建設省告示第 1399 号　耐火構造の構造方法を定める件」において，屋根の 30 分間
の耐火性能を有する構造として，パネルが告示仕様として定められている．よって，パネルによっ
て構成される屋根は，必要とされる耐火性能を有している．なお，取付け構法の種別による耐火
性能の法令上の扱いに区別はない．

（ⅳ）床

「平成 12 年建設省告示第 1399 号　耐火構造の構造方法を定める件」において，床の 1 時間の耐
火性能を有する構造としてパネルの厚さ 100 mm 以上が告示仕様として定められている．なお，

―34― JASS 21 ALCパネル工事（解説）

取付け構法の種別による耐火性能の法令上の扱いに区別はない．また，国土交通大臣による「認定番号　FP120FL-9120」において，床の2時間の耐火性能を有する構造としてパネルの厚さ120mm以上が認定されている．

（ⅴ）　上記の耐火性能を確保するために，部位ごとに必要な措置を行う．その主なものを以下に示す．

・パネル間に設けた伸縮目地などの隙間となる部分には，ロックウールなどの耐火目地材を充填する．本仕様書4.5bおよび7.2.5を参照する．

・建設大臣または国土交通大臣による認定を受けた仕様を用いる場合には，取付け下地などの耐火被覆に関する規定がある．おのおのの耐火構造認定書の「別添」を参照する．

・その他の留意事項および防耐火仕様の詳細は，「ALCパネル防耐火構造（告示仕様）設計施工標準」を参照する．

2.3　耐荷重性能

> a．パネルによって構成される各部位は，設計荷重に対して所要の耐荷重性能を有するものとする．
> b．耐荷重性能の性能値は部位ごとの設計荷重によって示し，その単位は N/m² とする．
> c．部位ごとに検討すべき設計荷重は下記のものとし，特記による．
> 　（1）　外壁にあっては，風荷重の値とする．
> 　（2）　間仕切壁にあっては，地震による慣性力の値とする．
> 　（3）　屋根にあっては，固定荷重，積載荷重，積雪荷重および風荷重の値とする．
> 　（4）　床にあっては，固定荷重および積載荷重の値とする．

　a．耐荷重性能は各部位において，荷重を受けるパネル自体の耐荷重性能と，パネルが受けた荷重を躯体に伝えるパネルの取付け部の耐荷重性能それぞれが必要となる．

　b．建築基準法では，建築物の部位によって必要となる荷重を N/m² で規定しているため，本仕様書においても N/m² で表示する．

　c．設計荷重は，部位に応じて設計者が設計図書に特記することにより示す．

　特記すべき設計荷重は，以下の種類とする．また，解説表2.4に建築基準法に規定される荷重を示す．

　なお，パネル自体の強度は，指定された設計荷重に対し安全となるよう，パネル製造業者によって配筋設計されており，その方法は「ALCパネル構造設計指針・同解説」に示されている．

　また，部位および構法ごとの取付け部強度は，実験などにより確認されている．例えば，取付け部のアンカー部分の強度は実験により，取付け金物は実験または許容応力度計算により確認されている．

　それらを踏まえて「ALCパネル取付け構法標準・同解説」に記載されている範囲では，パネル強度および取付け部強度の確認がされている．「ALCパネル取付け構法標準・同解説」に記載されている範囲を超える場合には，個別に検討する必要がある．

2節 性　能 ―35―

解説表 2.4　建築基準法に規定される荷重

部　位	荷　重	法　令	告　示
外　壁	風荷重	建築基準法施行令第 82 条の 4	平成 12 年建設省告示第 1458 号
間仕切壁	地震力	―	―
屋　根	固定荷重[*1]	建築基準法施行令第 84 条	―
	積載荷重	建築基準法施行令第 85 条	―
	風荷重	建築基準法施行令第 82 条の 4	平成 12 年建設省告示第 1458 号
	積雪荷重[*2]	建築基準法施行令第 86 条	平成 12 年建設省告示第 1455 号
床	固定荷重[*1]	建築基準法施行令第 84 条	―
	積載荷重	建築基準法施行令第 85 条	―

[注]＊1　特記する固定荷重には，パネル自重は含まない．
　　＊2　積雪荷重は，特定行政庁によって垂直積雪量，雪の単位荷重，多雪地域などが
　　　　　指定されているので，確認する必要がある．

（1）　外壁にあって特記すべき設計荷重は，風荷重の値とする．建築基準法においては，風荷重の値は建築基準法施行令第 82 条の 4 の規定に基づく平成 12 年建設省告示第 1458 号に風圧力として規定されている．

　外壁の耐荷重性能は「ALC パネル取付け構法標準・同解説」において，解説表 2.5 の標準的な数値が定められている．その範囲においては，取付け強度上の安全性が確認されており，パネルの最大長さまで使用できる．設計荷重がこの数値を超える場合は，パネル長さや取付け金物の選択などの検討が必要であり，荷重により使用できるパネル長さが制限されることがあるが，その長さはパネル製造業者の資料を参照して定める．

　また，外壁には地震時の慣性力も作用するが，パネルは軽量であるため，一般的に風荷重を下回る．

　なお，外壁用パネルに作用する風荷重には建築物の内部方向に作用する正圧と外部方向に作用する負圧があり，そのいずれにおいても設計荷重を特記する必要がある．

解説表 2.5　取付け構法別の標準的な耐荷重性能（単位：N/m²）

取付け構法の種類	正　圧	負　圧
縦壁ロッキング構法	2000	1600
横壁アンカー構法	2000	1600

（2）　間仕切壁にあって特記すべき設計荷重の値は，地震による慣性力の値とする．なお，エレベーターシャフトやガス消火設備を有する室の壁など，慣性力以外の荷重を受ける可能性がある場合，その荷重が慣性力を超える場合には荷重の種類と値を特記する．

間仕切壁に作用する慣性力は，設計用水平震度を1.0とした場合，パネル重量相当の荷重が水平に作用することになる．間仕切壁用パネルは，この荷重に対して安全であるように強度設計されている．よって，地震時の慣性力に対しての安全性は確保されていると見なせる．併せて2.4.1を参照するとよい．また，取付け部については，実験などで強度が確認されている．

パネルをエレベーターシャフトやガス消火設備を有する室の壁などに使用する場合で，上記慣性力を上回る別種の荷重が作用するときは個別に検討し，その荷重値に対して安全なパネルと取付け構法を採用する．

（3）屋根にあって特記すべき設計荷重は，固定荷重，積載荷重，積雪荷重および風荷重の値とする．建築基準法においては，固定荷重は建築基準法施行令第84条に，積載荷重は同令第85条に，積雪荷重は同令第86条に，風荷重は同令第82条の4の規定に基づく平成12年建設省告示第1458号に風圧力として規定されている．なお，屋根用パネルの場合，パネル自重はパネル設計時に考慮されるため，特記する固定荷重には含まない．

屋根に作用する荷重は鉛直下向きの荷重と上向きの荷重の2つがあり，以下のとおりに分けられる．

① 固定荷重・積載荷重・積雪荷重

固定荷重・積載荷重・積雪荷重は，鉛直下向きにのみ作用するため，これらの荷重に対する屋根部材としての強度はパネルの曲げ強度によって確保され，その設計は「ALCパネル構造設計指針・同解説」による．

② 風荷重

風荷重は，一般的に負圧として上向きに作用し，パネルの曲げ強度および取付け部強度の検討が必要である．「ALCパネル取付け構法標準・同解説」において，敷設筋構法における耐荷重性能は，負の風荷重3000 N/m^{2}に耐えられることが定められている．また，木造用敷設筋構法および木造用ねじ止め構法は，負の風荷重2212 N/m^{2}に耐えられることが定められている．

その範囲においては，取付け強度上の安全性が確認されており，パネルの最大長さまで使用できる．設計荷重がこの数値を超える場合は，個別の検討が必要であり，荷重により使用できるパネル長さが制限されることがあるが，その長さはパネル製造業者の資料を参照して定める．

なお，水平力はパネルが負担しないよう，構造躯体に斜材の併用その他の措置を講ずる必要があることが平成19年国土交通省告示第599号に規定されている．

（4）床にあって特記すべき設計荷重は固定荷重および積載荷重とする．建築基準法においては，固定荷重は建築基準法施行令第84条に，積載荷重は同令第85条に規定されている．床にあってはおのおのの数値の合計を特記する．なお，床用パネルの場合，パネル自重はパネル設計時に考慮されるため，特記する固定荷重には含まない．

固定荷重・積載荷重は，鉛直下向きにのみ作用するため，これらの荷重に対する床部材の強度はパネルの曲げ強度によって確保され，その設計は「ALCパネル構造設計指針・同解説」による．

なお，屋根と同様に，水平力はパネルが負担しないよう，構造躯体に斜材の併用その他の措置を講ずる必要がある．

2.4 耐 震 性 能

> a．外壁および間仕切壁は，地震の作用に対して所要の耐震性能を有するものとする．耐震性能は，
>   慣性力に対する安全性能および変形追従性能で表す．
> b．上記それぞれの耐震性能を確保するとともに，耐震安全性の総合的検討を行う．

　地震時には，外壁および間仕切壁は水平方向の慣性力と，層間変位による変形を受ける．これらに対して，パネルによって構成される外壁および間仕切壁は，2.4.1 および 2.4.2 を有するとともに，2.4.3 に基づき，耐震安全性について総合的に検討を行う必要がある．

2.4.1 慣性力に対する安全性能

> a．パネルによって構成される外壁および間仕切壁は，地震による慣性力に対して所要の安全性能を
>   有するものとする．
> b．安全性能はパネルが脱落しないこととし，その性能値は設計用水平震度で示す．
> c．性能値は特記による．特記のない場合は，設計用水平震度 $K_{Hi}=1.0$ とする．

　ａ．地震時にパネルに生ずる慣性力は，主体構造や中間梁などの支持構造部材の地震応答にパネルの相対的な応答が加わったものである．パネルおよびその取付け部は，このような慣性力に対して安全でなければならない．

　ｂ．慣性力に対する安全性能は，パネルが脱落しないこととし，その性能値は設計用水平震度で示す．

　ｃ．設計用水平震度は，設計者が特記する．

（１）　本会編「非構造部材の耐震設計施工指針・同解説および耐震設計施工要領」[1)]の「2.3.2　慣性力の算定」の(b)式において，設計用水平震度 K_{Hi} は，$\beta_{Hi}=1.0$ として最上階の値（$X_i/H=1.0$）をとれば

$$k_{Hi}=(1.0+7/3\times X_i/H)K_0=\left(1.0+\frac{7}{3}\times1.0\right)\times0.3=1.0 \qquad （解説式 2.1）$$

　　　ここに，　k_{Hi}：主体構造の床応答倍率により定まる係数

　　　　　　　X_i：（i 階の）主体構造の地表面からの高さ（m）

　　　　　　　H：主体構造の地表面からの高さ（m）

　　　　　　　K_0：基準震度（0.3）

$$K_{Hi}=Z\cdot\beta_{Hj}\cdot k_{Hi}=1.0\times1.0\times1.0=1.0 \qquad （解説式 2.2）$$

　　　ここに，　K_{Hi}：設計用水平震度

　　　　　　　Z：地震地域係数（ALC パネル工事では一般に 1.0 を用いる）

　　　　　　　β_{Hj}：（i 階の）j 非構造部材の応答倍率により定まる係数

となる．

―38― JASS 21 ALC パネル工事（解説）

一般に，間仕切壁用パネルの最大長さや取付け構法は，設計用水平震度を1.0として，強度設計されている．したがって，設計用水平震度が1.0を超える場合はその数値を特記し，使用可能な最大長さを確認するとともに，外壁用パネルの取付け構法を選定するなど，別途検討を要する．

（2） パネルによって構成される外壁および間仕切壁の有する性能を以下に示す．

（ⅰ） 外　　　壁

パネル強度と取付け部強度は，2.3に記載した性能を有している．設計用水平震度 K_{Hi} を1.0とした場合，パネル重量相当の荷重はパネル厚さを150 mmとした場合であっても，約960 N/m²となり，解説表2.5の数値を下回ることから，一般的には地震時の慣性力を上回る性能を有していると見なせる．

（ⅱ） 間 仕 切 壁

間仕切壁に対する地震時の慣性力は，パネルの重量に設計用水平震度を乗じたものとしているが，設計用水平震度 K_{Hi} を1.0とした場合には，その荷重はパネル重量に相当する．間仕切壁用パネルは，パネル重量相当の水平荷重に対して安全であるように強度設計されているため，地震荷重に対する耐力を有していると見なしうる．

また，取付け部においても，設計用水平震度 K_{Hi} を1.0とした場合の荷重に対して，一般的な取付け方法のものについては，安全であることが実験で確認されている．

2.4.2　変形追従性能

ａ．パネルによって構成される外壁および間仕切壁は，所要の変形追従性能を有するものとする．
ｂ．安全性能はパネルが脱落しないこととし，その性能値は層間変形角で示す．
ｃ．性能値は特記による．特記のない場合は，1/150とする．

ａ．建物に層間変位が生ずるとき，上下または左右で支持されたパネルは，面内方向の変位（ずれ，回転等）を生ずる．通常は面内の層間変位を検討することとする．

ｂ．外壁・間仕切壁に躯体の変形が加わると，脱落するまでに，シーリング材の破断，パネルのひび割れ等が発生するが，ここでは変形追従性能は脱落しない層間変形角で表示することとした．層間変形角は分子を1とする分数による表示とする．なお，層間変形角の考え方について解説図2.1に示すが，これは，接点が剛接であり，かつ柱が伸縮しないことと仮定している．

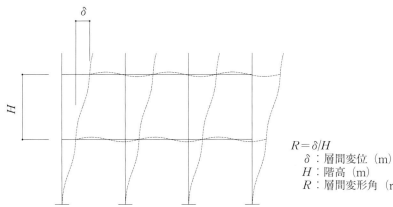

解説図2.1 層間変形角の考え方

$R = \delta/H$
δ：層間変位 (m)
H：階高 (m)
R：層間変形角 (rad)

c．必要な性能値は設計者が特記する．

（1） 建築基準法施行令第82条の2においては，「建築物の地上部分については，第88条第1項に規定する地震力（以下，この款において「地震力」という．）によつて各階に生ずる水平方向の層間変位を国土交通大臣が定める方法により計算し，当該層間変位の当該各階の高さに対する割合（第82条の6第二号イ及び第109条の2の2において「層間変形角」という．）が1/200（地震力による構造耐力上主要な部分の変形によつて建築物の部分に著しい損傷が生ずるおそれのない場合にあつては，1/120）以内であることを確かめなければならない．」と規定されている．また，昭和46年建設省告示第109号（平成12年改正）では，高さ31mを超える建築物の屋外に面する帳壁は，1/150の層間変位に対して脱落しないことが規定されている．

これらを勘案し，「ALCパネル構造設計指針・同解説」では，パネルによって構成される外壁および間仕切壁の層間変形追従性能の下限値を1/150としている．ただし，これはパネルによって構成される外壁および間仕切壁の必要性能の下限値を示したものであり，層間変形追従性能を1/150としたものではない．「3節 取付け構法」に示される取付け構法の中にも，1/150を超える層間変形に追従する性能を有する取付け構法もある．緩和規定を用いるなど，より大きな層間変形追従性能が必要な場合には，それに見合う構法の選択を行う必要がある．本仕様書においても，これらを基に層間変形追従性能の下限値を1/150とした．

（2） パネルによって構成される外壁および間仕切壁の有する性能値を以下に示す．

（i） 外　　壁

取付け構法の変形追従性能は，パネル製造業者の静的加力試験により縦壁ロッキング構法については1/60，横壁アンカー構法については1/75で脱落しなかったことが確認されている．なお，これらの実験は標準部分のみの試験体であり，開口部，出入隅部などについては含まれていない．また，既往の研究[2]においても，その性能が確認されている．

「2015年版 建築物の構造関係技術基準解説書」[3]によれば，「1/200の制限値は，帳壁，内・外装材，設備等に著しい損傷が生じるおそれのないことが確認されれば，1/120まで緩和できる．緩

—40— JASS 21 ALCパネル工事（解説）

和は原則として実験又は計算により安全が確かめられた数値までとするが，経験的に安全性が確認されている金属板，ボード類その他これに類する材料で仕上げられているものについては，上記にかかわらず，1/120まで緩和することができる．例えば，ALCパネルを用いた場合，縦壁ロッキング構法や横壁アンカー構法では層間変形角1/100までの変形追従性能を保有していることが確認されており，それらの構法の場合には1/120まで層間変形角の制限を緩和することが可能である．」とされている．

（ⅱ）間仕切壁

取付け構法の変形追従性能は，パネル製造業者の静的加力試験により間仕切壁ロッキング構法については1/50，縦壁フットプレート構法については1/60で脱落しなかったことが確認されている．なお，これらの実験は標準部分のみの試験体であり，開口部，出入隅部などについては含まれていないため，個別に検討が必要である．

（ⅲ）以上のような変形追従性能を確保するためには，必要な伸縮目地を設けるなどの措置が必要であり，その詳細については「ALCパネル取付け構法標準・同解説」を参照する．

2.4.3 耐震安全性の総合的検討

> パネルによって構成される外壁および間仕切壁は，2.4.1および2.4.2に対し，それぞれの設計目標を満足することを確かめるとともに，以下の事項も考慮して総合的に耐震安全性を検討する．
> a．パネルを支持する部材の選定は，地震動に対して生じる慣性力や変形に対して，パネルの取付け耐力上の支障が生じないように，剛性などに配慮した計画を行う．
> b．パネルと取り合う他部材や仕上げ材の納まりは，地震時のパネルに生じる変形を阻害しないように，その納まりなどに配慮した計画を行う．

a．以下の箇所は，一般的な箇所で想定される以上の大きな慣性力や変形が生じる可能性があり，過去の大地震時にも被害が報告されているため，注意が必要である．

①　階高が高く，中間梁などを用いて構成される外壁，間仕切壁[4]~[9]

②　屋上の塔屋（ペントハウス）や工作物

③　外付けの階段室や外付けのエレベーターシャフト

④　吹抜け部分

これらの箇所は，計画段階で支持構造部材の変形量や剛性などに配慮して部材を選定することが望ましい．なお，「①　階高が高く，中間梁などを用いて構成される外壁，間仕切壁」に対応する中間梁の設計の際に配慮すべき留意点などについては，ALC協会「2段積みALC間仕切壁を支持する二次的な部材（中間梁）の設計について」にも記載されているので，参考とする．ただし，これは被害要因の予測段階での資料であるため，用いる場合には他の参考文献を参照するなど留意が必要である．

b．以下の箇所は，パネルの変形追従性能が阻害される可能性があるため，注意が必要である．

①　パネル間目地に跨って張り付けられたタイル仕上げ部分

② 看板などが複数のパネルに直接取り付く部分

③ 大口径の配管などが貫通する外壁および間仕切壁

④ 特に剛性が高い建具の周辺部分

これらの箇所は，計画段階で複数のパネルに跨って他部材を取り付けないことや，パネルとの間に適切なクリアランスを設け，パネルの変形を阻害しない納まりとすることが必要である．

本仕様書では本改定より，過去の大地震において被害の発生が確認された部分に対するALCパネルの留意事項として本項目を追加した．本件は非構造の壁部材全般に対して該当することであり，その耐震安全性に関する設計上の留意点である．

2.5 その他の性能項目

その他の性能項目として，以下のものがある．
(1) 遮音性能
(2) 断熱性能
(3) 水密性能
(4) 耐久性能
(5) 環境負荷低減性能

その他の性能項目のうち，遮音性能，断熱性能，水密性能は一般に，他の構成材料などと複合して要求される性能値を確保することが多く，要求される性能値に応じた適切な材料および納まりを設計図書に示すことが必要である．また，耐久性能，環境負荷低減性能は，その目標とする性能値を定量的に把握することが難しいが，近年こうした要求が高まりつつあり，必要に応じて特記する場合がある．

遮音性能，断熱性能については，特定の仕様での実験データや計算例を示したもので，同一の仕様とした建物での性能とは異なることが多い．そのため，実際の建物の仕様は実験データや計算例を参考とし，建物の要求性能に合わせて決定する必要がある．また，水密性能，耐久性能，環境負荷低減性能については，一般的な考え方を示した．

(1) 遮 音 性 能

(i) 建築部材の遮音性能の評価方法として，等級曲線の呼び方を用いる方法がある．

① 空気音の遮音性能

空気音の遮音性能は，外壁および間仕切壁が対象であり，その性能は外壁および間仕切壁の音源側と受音側の音圧レベル差を等級曲線の値で示す．等級曲線には，本会編「建築物の遮音性能基準と設計指針」[10]における「音圧レベル差に関する遮音等級の基準周波数特性」がある．

具体的にはJIS A 1419-1：2000（建築物及び建築部材の遮音性能の評価方法—第1部：空気音遮断性能）[11]などの規定に従い測定した125 Hz，250 Hz，500 Hz，1000 Hz，2000 Hzのオクターブバンドごとの測定値をプロットし，すべての周波数帯域において，5 dB単位で設定された等級曲線を上回るとき，その最大の等級曲線の呼び方（D値）で遮音性能を表す〔解説図2.2

参照〕．なお，D値は実物件での遮音性能を表すものであり，試験室での遮音性能（TL_D値）を用いて算定する場合には，TL_D値から実際の設計仕様による開口部などからの音の回り込み等を考慮して検討する必要がある．

また，D値以外で遮音性能を評価する方法としては，目標とする音圧レベル差をオクターブ中心周波数ごとに設定し，各周波数における音圧レベルの測定値がその値を上回っていることを確認する方法もある．

② 衝撃音の遮音性能

衝撃音の遮音性能は床がその対象となる．下階の室内に発生する音圧レベルを床衝撃音レベルといい，遮音性能値は，この床衝撃音レベルを等級曲線の値で示す．等級曲線には，「建築物の遮音性能基準と設計指針」における「床衝撃音レベルに関する遮音等級の基準周波数特性」がある．

具体的には JIS A 1419-2：2000（建築物及び建築部材の遮音性能の評価方法—第2部：床衝撃音遮断性能)[12]などの規定に従い測定した 125 Hz，250 Hz，500 Hz，1000 Hz，2000 Hz のオクターブバンドごとの測定値をプロットし，空気音と異なり，すべての周波数帯域において，5 dB 単位で設定された等級曲線を下回るとき，その最小の等級曲線の呼び方（L値）で遮音性能を表す〔解説図 2.3 参照〕．

なお，床衝撃音には音源により軽量衝撃音と重量衝撃音があり，それぞれの音源に対し，その等級（LL値，LH値）で表す．

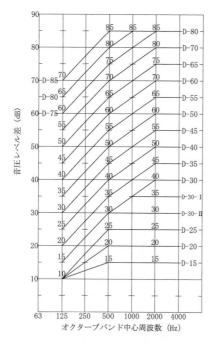

解説図 2.2 音圧レベル差に関する遮音等級の基準周波数特性

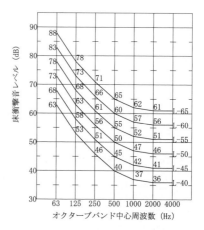

解説図 2.3 床衝撃音レベルに関する遮音等級の基準周波数特性

（ⅱ）　パネルによって構成される壁および床の遮音性能値について試験性能結果を示す．

①　空気音の遮音性能値

外壁および間仕切壁の有する遮音性能試験結果の例を解説表2.6に示す．

解説表2.6　ALC壁の遮音性能試験結果の例

構成図（単位：mm）	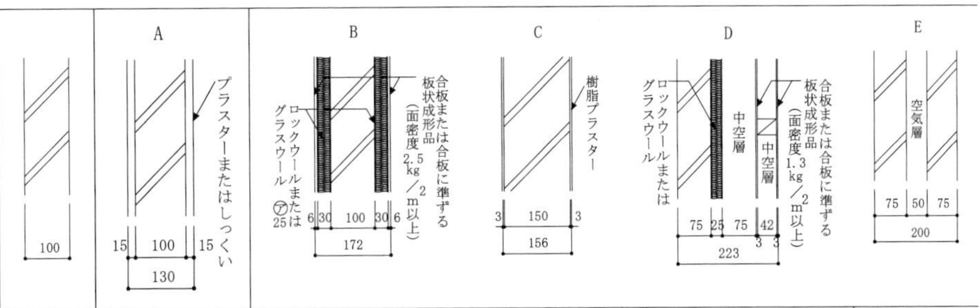	A	B	C	D	E
性能（TL_D）	30	40	41	40	42	41
遮音構造認定	—	建設省告示*	認定番号　SOI-9277			

［注］＊　昭和45年建設省告示第1827号

外壁の遮音設計にあたっては，一般的に開口部（サッシ部）の遮音性能が低いため，開口部を含めた外壁としての配慮が必要である．

間仕切壁のうち，長屋または共同住宅の各戸の界壁については，建築基準法第30条に遮音性能の規定があり，その性能を確保する必要がある．パネルを用いた間仕切壁は，昭和45年建設省告示第1827号による告示仕様として定められ，また，個別認定を受けており，この規定を満たしている．

②　床衝撃音の遮音性能値

床衝撃音の遮音性能値について，パネルで構成された床の遮音性能試験結果の例を解説表2.7に示す．

解説表 2.7　ALC 床衝撃音の遮音性能試験結果の例

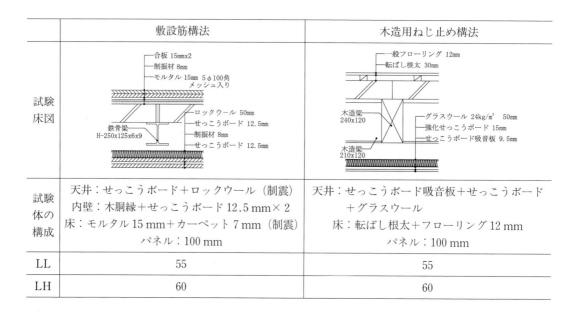

	敷設筋構法		
試験床図	（図）	（図）	（図）
試験体の構成	天井なし 内壁：素地 床：素地 パネル：100 mm	天井なし 内壁：木胴縁＋せっこうボード 　　　12.5 mm×2 床：モルタル15 mm 　　＋カーペット7 mm パネル：100 mm	天井：せっこうボード 内壁：木胴縁＋せっこうボード 　　　12.5 mm×2 床：モルタル15 mm 　　＋カーペット7 mm パネル：100 mm
LL	95	－（未測定）	65
LH	90	70	65

	敷設筋構法	木造用ねじ止め構法
試験床図	（図）	（図）
試験体の構成	天井：せっこうボード＋ロックウール（制震） 内壁：木胴縁＋せっこうボード12.5 mm×2 床：モルタル15 mm＋カーペット7 mm（制震） パネル：100 mm	天井：せっこうボード吸音板＋せっこうボード 　　　＋グラスウール 床：転ばし根太＋フローリング12 mm パネル：100 mm
LL	55	55
LH	60	60

(2)　断 熱 性 能

（ⅰ）　断熱性能は，暖冷房負荷に大きな影響を与える重要な性能である．特に近年，地球環境問題や省資源，省エネルギーが世界的問題となっており，建物のライフサイクルコスト（Life Cycle Cost）を検討する上で配慮すべき性能といえる．パネルのみで必要な性能を確保できない場合は，断熱材などを併用して確保する．

（ⅱ）　熱貫流率 U はパネルや断熱材等の層構成材を含めて，通常は以下の式により算定する．

$$熱貫流率 \qquad U = \frac{1}{R_i + R_0 + R_a + \sum \dfrac{d_n}{\lambda_n}} \qquad （解説式 2.3）$$

ここに，　U：熱貫流率（W/m²·K）

　　　　　　R_i：室内側熱伝達抵抗（m²·K/W）

　　　　　　R_0：室外側熱伝達抵抗（m²·K/W）

　　　　　　R_a：空気層の熱伝導抵抗（m²·K/W）

　　　　　　d_n：n 番目の層構成材の厚さ（m）

　　　　　　λ_n：n 番目の層構成材の熱伝導率（W/m·K）

(iii)　熱貫流率の基準値の例と熱貫流率の計算例を以下に示す．

①　熱貫流率の例として，「建築物エネルギー消費性能基準等を定める省令」（平成 28 年国土交通省告示第 266 号）の基準値を解説表 2.8 に示す．

解説表 2.8　「建築物エネルギー消費性能基準等を定める省令」における熱貫流率の基準値

構　造	部　位		熱貫流率（W/m²·K）			
			地域区分			
			1・2	3	4～7	8
その他の単位住戸	屋根または天井		0.17	0.24	0.24	0.24
	壁		0.35	0.53	0.53	—
	床	外気に接する部分	0.24	0.24	0.34	—
		その他の部分	0.34	0.34	0.48	—
	土間床等の外周	外気に接する部分	0.27	0.27	0.52	—
		その他の部分	0.53	0.53	0.76	—

②　解説図 2.4 に示すパネルおよび断熱材などで構成された外壁の熱貫流率の計算例を以下に示す．なお，外壁全体の断熱性能については，開口部や熱橋部などを含め評価することが必要になる．

　なお，実際の熱貫流率の計算を行う上では，パネルの熱伝導率は 0.17 W/(m·K) を用いることが多く，既往の研究[13),14)]により，その妥当性が示されている．

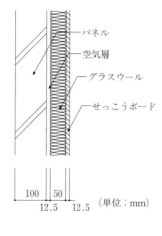

層構成材	熱伝導率 λ	厚さ d (m)	d/λ
パネル	0.17	0.1	0.588
空気層	—	≧0.01	0.09
グラスウール(16 K 相当)	0.045	0.05	1.111
せっこうボード	0.22	0.0125	0.056
熱伝導抵抗 (d/λ) の合計 (m²·K/W)			1.845
室外側熱伝達抵抗 R_0 (m²·K/W)			1/23
室内側熱伝達抵抗 R_i (m²·K/W)			1/9
熱伝導抵抗と熱伝達抵抗の合計 (m²·K/W)			1.995
熱貫流率 U (W/m²·K)			0.501

$$熱貫流率\ U = \frac{1}{R_i + R_0 + R_a + \sum \frac{d_n}{\lambda_n}}$$

$$= \frac{1}{\frac{1}{9} + \frac{1}{23} + 0.09 + \left(\frac{0.1}{0.17} + \frac{0.05}{0.045} + \frac{0.0125}{0.22}\right)} = \frac{1}{1.995} = 0.501$$

解説図 2.4 ALC外壁の構成例と熱貫流率

(3) 水密性能

水密性能が要求される部位は,外壁および屋根である.

外壁については,解説図2.5に示すとおり,パネル相互間の目地にシーリング材を充填し,かつ仕上塗材などで防水仕上げが施されることにより水密性能が得られる.パネル間シーリングが所定の水密性能を発揮するためには,適切な断面寸法が必要である.一般目地においてはパネルに溝加工が施されており,通常それにより目地の寸法が確保される.なお,パネルに施される溝加工は,1/300の層間変形角に対してもシーリング材が損傷することなく追従する形状で設計されている.伸縮目地については,寸法確保のため,適切な目地幅とすることが必要であり,本会編「建築工事標準仕様書・同解説 JASS 8 防水工事」[15](以下,JASS 8 という)を参照する.なお,一般的には,伸縮目地の目地幅は 10~20 mm である.シーリング材および仕上げ材は,パネルとの組合せに適した材料とする必要があり,その選定については,シーリング材は4.5を,また,仕上げ材は「付11. 関連工事」を参照する.

外壁において漏水するおそれのある部分は上記のほか,開口部,パネルと開口部などとの取合い部,パラペット天端の笠木部分などがある.外壁の水密性能を確保するためには,それらの部分を含め,全体で水密性を有するよう適切な工事が必要である.

屋根は,防水工事によって水密性能を確保すべきものであり,ALCパネル工事のみでなく,防水工事などの影響が大きい.屋根の防水工事については,別途 JASS 8:2014 を参照する.

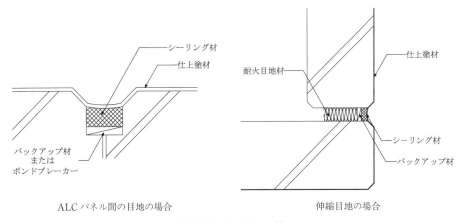

解説図 2.5　目地の例

(4) 耐久性能

　パネルは，適切な仕上げ・防水を行うことを前提としている．パネルの各部位に適用する仕上げなどについては，「付 11. 関連工事」を参照する．

　仕上げ材・シーリング材・屋根防水材などは，建物の供用期間を下回る耐久性であることが多く，点検・補修がなされないと美観が損なわれたり，シーリング材や屋根防水材の破断・はく離による漏水を招くことがある．したがって，これらの材料については定期的に点検し，塗料の塗替えやシーリング材の打直し，屋根防水材の張替えなど，適切な補修を行う必要がある．補修の時期・方法については，各仕上げ材製造業者の技術資料などによる．

　なお，パネルを使用した外壁を補修する場合については「ALC 外壁補修工法指針(案)・同解説」[16]があるので，参照する．

(5) 環境負荷低減性能

　ALC パネル工事における環境負荷低減性能としては，現場加工による端材を適切に処理すること，環境負荷の少ない方法で解体・処理することがある．

　(ⅰ) パネルの現場加工による端材は，パネル発注時に割付け等を考慮して極力発生しないよう留意することが必要である．また，これらの端材を産業廃棄物として処理することになるが，その場合関係法令の適用を受ける．パネル製造業者は，「廃棄物の処理および清掃に関する法律に基づく産業廃棄物の広域的処理に係る特例」(広域認定制度)に基づき新築現場で発生した端材の回収を行うシステムを構築し，一部運用している．

　(ⅱ) 環境負荷の少ない方法で解体・処理する上で必要とされることの一つに，分別解体がある．これについては，「建築物などに使用される ALC パネルの分別解体工事施工指針(案)・同解説」[17]があるので，参照する．

参 考 文 献

1) 日本建築学会：非構造部材の耐震設計施工指針・同解説および耐震設計施工要領，2003

2) 伊藤　弘ほか：ALC ロッキング構法実大変形追従性試験　その 1 ～ 7，日本建築学会大会学術講演梗概集，材料施工，pp.107-120，1998

3) 国土交通省住宅局建築指導課ほか：2015 年版　建築物の構造関係技術基準解説書，2015

4) 塩出有三ほか：2011 年東北地方太平洋沖地震における ALC 帳壁地震被害調査報告，日本建築学会大会学術講演梗概集，構造Ⅳ，pp.65-68，2012

5) 寺本隆幸ほか：ALC 間仕切壁の地震被害と今後の対策　その 1 ～ 8，日本建築学会大会学術講演梗概集，材料施工，pp.1421-1438，2013

6) 石原　直ほか：中間梁に支持された 2 段積み ALC 間仕切壁の地震時面外挙動に関する実験　その 1 ～ 3，日本建築学会大会学術講演梗概集，材料施工，pp.445-450，2014

7) 田口　尚ほか：面外振動数に着目した 2 段積み ALC 間仕切壁の構造 2 次部材の選定について　その 1 ～ 3，日本建築学会大会学術講演梗概集，材料施工，pp.901-906，2016

8) 石原　直ほか：2 段積み ALC 間仕切壁の面外振動数に着目した構造 2 次部材選定法の提案，日本建築学会技術報告集，pp.801-807，2017

9) 石田琢志ほか：2 段積み ALC 間仕切壁の構造 2 次部材選定法に関する解析的検証，日本建築学会技術報告集，pp.29-34，2018

10) 日本建築学会：建築物の遮音性能基準と設計指針，技術堂出版，1997

11) 日本規格協会：日本工業規格 JIS A 1419-1（建築物及び建築部材の遮音性能の評価方法—第 1 部：空気音遮断性能），2000

12) 日本規格協会：日本工業規格 JIS A 1419-2（建築物及び建築部材の遮音性能の評価方法—第 2 部：床衝撃音遮断性能），2000

13) 塩出有三ほか：ALC パネルの断熱性能に関する実験的研究　その 1 ～ 2，日本建築学会大会学術講演梗概集，材料施工，pp.911-914，2015

14) 塩出有三ほか：経年変化した ALC の断熱性能，日本建築学会大会学術講演梗概集，環境工学Ⅱ，pp.135-136，2016

15) 日本建築学会：建築工事標準仕様書・同解説　JASS 8　防水工事，2014

16) 日本建築仕上学会：ALC 外壁補修工法指針（案）・同解説，2000

17) 日本建築仕上学会：建築物などに使用される ALC パネルの分別解体工事施工指針（案）・同解説，2003

3節　取付け構法

3.1　外　　　壁

> a．外壁用パネルの取付け構法は，縦壁ロッキング構法または横壁アンカー構法とし，その種類は特記による．
> b．上記以外の構法による場合は，特記による．

　a．縦壁ロッキング構法および横壁アンカー構法は，「ALCパネル構造設計指針・同解説」の付録である「ALCパネル取付け構法標準・同解説」に定められた取付け構法である．

　本仕様書の2005年版では，上記以外に縦壁スライド構法，横壁ボルト止め構法が記載されていたが，今回の改定では縦壁スライド構法を削除し，横壁ボルト止め構法は，その改良型構法として，座掘り加工を不要とし，よりスムースな取付け部の可動性を有し変形追従性能を向上させた横壁アンカー構法に名称を変更している．縦壁スライド構法は，パネル相互の目地部にモルタルを充填する湿式構法であり，施工の合理化等の理由により採用例が少なくなったため，今回の改定にあたり削除した．

　改修工事・解体工事などで，本仕様書1998年版，2005年版より削除した構法に関する内容の確認が必要とされる場合が想定されるため，「付5．JASS 21：2005より削除した取付け構法」および「付6．JASS 21：1998より削除した取付け構法」に掲載しているので，参照されたい．

　それぞれの構法の概要を以下に示す．なお，本仕様書では「付3．ALCパネル取付け金物等規格」を用いた例を示しているが，変形追従性が同等で，金物形状などの異なる外壁の取付け構法もパネル製造業者によって用意されている．また，それぞれの構法の詳細は「5節　パネルおよび下地等の計画」および「7節　施工」を参照するとよい．

（1）　縦壁ロッキング構法

　縦壁ロッキング構法は，鉄骨造および鉄筋コンクリート造などの建築物に適用され，躯体の層間変形に対しては，パネルがロッキングして追従する構法である．

　その取付け方法は，パネルの内部に設置されたアンカーにボルトを使って締結されたイナズマプレートW，イナズマプレートR，平プレートなどの取付け金物を定規アングルなどの下地鋼材に溶接などにより固定する．また，パネル重量を，パネル下中央部に位置するウケプレートなどの自重受け金物や，定規アングル上に設置されたRスペーサーにより支持するように取り付ける．

　なお，解説図3.1のようにパネルを積層して用いる場合，パネル裏面と定規アングルとの間に隙間が生ずるため，この部分にメジプレートなどを取り付け，隣接するパネル目地部に段差が生じないようにする．

　本仕様書における縦壁ロッキング構法の取付け例を示す〔解説図3.1～3.3参照〕．

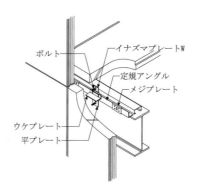

解説図 3.1 縦壁ロッキング構法の例

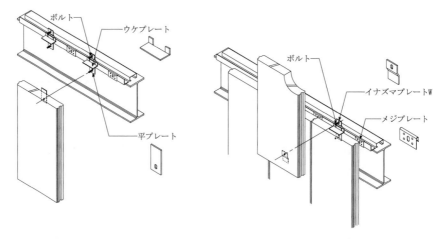

解説図 3.2 縦壁ロッキング構法のパネル上部および下部の取付け例

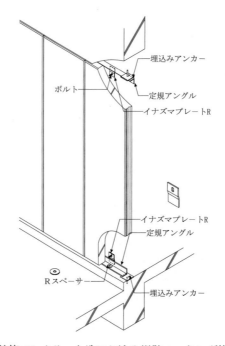

解説図 3.3 鉄筋コンクリート造における縦壁ロッキング構法の取付け例

（2） 横壁アンカー構法

　横壁アンカー構法は，鉄骨造および鉄筋コンクリート造などの建築物に適用され，躯体の層間変形に対して，上下段のパネル相互がずれ合い，追従する構法である．その取付け方法は，パネル内部に設置されたアンカーに，ボルトを使って締結されたイナズマプレートRなどの取付け金物を定規アングルなどの下地鋼材に溶接などにより固定する．また，パネル重量を3～5段ごとに定規アングルなどに取り付けた自重受け金物により支持するように取り付ける〔解説図3.4，3.5参照〕．積重ね枚数の目安は，7.3.3を参照する．

　b．今回の改定では，2種類の取付け構法を標準とした．これら以外の取付け構法を用いる場合は，「2節　性能」に示される耐荷重性能，耐震性能などに記載された性能を有していることを実験または計算により確認した上で，特記により示す．

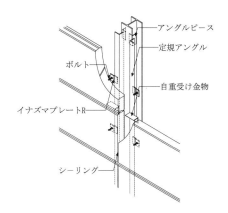

解説図3.4　横壁アンカー構法の取付け例

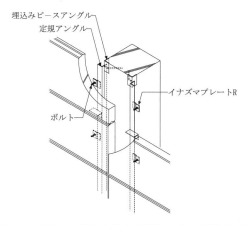

解説図3.5　鉄筋コンクリート造における横壁アンカー構法のパネルの取付け例

—52— JASS 21 ALC パネル工事（解説）

3.2 間仕切壁

---
a．間仕切壁用パネルの取付け構法は，間仕切壁ロッキング構法，縦壁フットプレート構法および外壁の取付け構法である縦壁ロッキング構法ならびに横壁アンカー構法とし，その種類は特記による．
b．上記以外の構法による場合は，特記による．
---

a．間仕切壁ロッキング構法および縦壁フットプレート構法に示す構法は，「ALC パネル構造設計指針・同解説」の付録である「ALC パネル取付け構法標準・同解説」に定められた取付け構法である．

本仕様書の2005年版では上記以外にアンカー筋構法を記載していたが，アンカー筋構法はパネル相互の目地部にモルタルを充填する湿式構法であり，施工の合理化等の理由により採用例が少なくなったため，今回の改定にあたり削除した．また，間仕切壁ロッキング構法は要求性能の多様化に対応できるよう，今回の改定より新設した．

間仕切壁ロッキング構法，縦壁フットプレート構法は，上下階のスラブ間またはスラブと上階の梁との間に位置する場合に用いられる間仕切壁専用の構法であり，その取付け方法を解説表3.1に示す．なお，外壁の取付け構法である縦壁ロッキング構法および横壁アンカー構法を用いる場合は，「3.1　外壁」に準じる．

解説表3.1　間仕切壁ロッキング構法・縦壁フットプレート構法の取付け方法

構　法	下部の取付け方法	上部の取付け方法
間仕切壁ロッキング構法	RF プレートによる取付け方法	・定規アングルを用いる取付け方法
縦壁フットプレート構法	フットプレートによる取付け方法	・間仕切チャンネルを用いる取付け方法 ・間仕切 L 形金物を用いる取付け方法 ・定規アングルを用いる取付け方法

間仕切壁ロッキング構法および縦壁フットプレート構法は，吹抜け部分などの上下階の壁が連続する場合などを想定していない．そのため，それらの箇所では，縦壁ロッキング構法や横壁アンカー構法が用いられる．

間仕切壁ロッキング構法，縦壁フットプレート構法の概要を以下に示す．また，取付け方法の例を解説図3.6〜3.8に示す．なお，それぞれの構法の詳細は「5節　パネルおよび下地等の計画」および「7節　施工」を参照するとよい．

（1）　間仕切壁ロッキング構法

間仕切壁ロッキング構法は，鉄骨造および鉄筋コンクリート造などの建築物に適用され，躯体の層間変形に対してロッキングして追従する取付け構法である．その取付け方法は，床面に打込みピンやあと施工アンカーなどで固定した RF プレートなどの取付け金物によりパネル下部を取り付ける．また，パネル上部は，パネル内に設置されたアンカーにボルトを使って締結されたイナズマプ

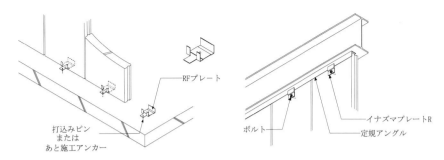

解説図 3.6 間仕切壁ロッキング構法の取付け方法の例

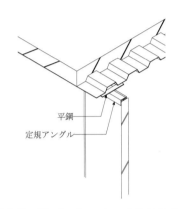

解説図 3.7 デッキプレートへの取付け方法の例

レートRなどの取付け金物を定規アングルなどの下地鋼材に溶接などにより固定する．
（2） 縦壁フットプレート構法

　縦壁フットプレート構法は，鉄骨造および鉄筋コンクリート造などの建築物に適用され，パネル上部が躯体の層間変位に対しスライドして追従する構法である．その取付け方法は，床面に打ち込みピンやあと施工アンカーなどで固定したフットプレートなどの取付け金物によりパネル下部をはめこむ．パネル上部の取付け方法は，解説表 3.1 および解説図 3.8 の 3 種類の取付け方法があり，その使い分けは施工性などを考慮し，監理者との協議による．出入り隅部などは，パネル下部の角部を固定するフットプレートまたはボルトなどにより固定する．

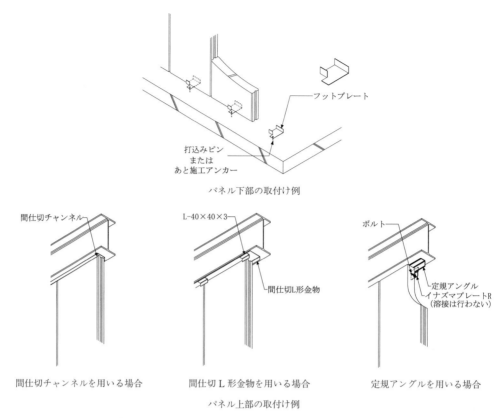

解説図 3.8 縦壁フットプレート構法の取付け方法の例

b．間仕切壁ロッキング構法，縦壁フットプレート構法，縦壁ロッキング構法および横壁アンカー構法以外の取付け構法を用いる場合は，「2節 性能」に示される耐荷重性能，耐震性能などに記載された性能を有している取付け構法であることを実験または計算により確認した上で，特記により示す．

また，縦壁フットプレート構法の改良型構法として，パネル下部目地部に取付け金物を使用して取り付ける構法が，パネル製造業者により用意されている．これらの構法は，パネル長辺側面に本実目地加工を施したパネルを使用し，取付け金物を外部に露出しないように配置して取り付ける構法であり，総称して「目地プレート構法」としている．代表的な例を解説図 3.9 に示す．なお，採用にあたっては，パネル製造業者の仕様を確認する．

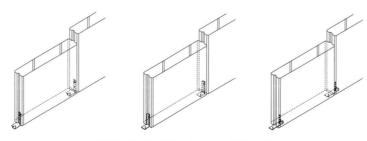

解説図 3.9 目地プレート構法の例

3.3 屋根および床

> a．屋根用および床用パネルの取付け構法は，表3.1に示す構法とし，その種類は特記による．
>
> **表3.1 屋根用および床用パネルの取付け構法**
>
> | 鉄骨造，鉄筋コンクリート造などの建築物に用いる構法 | 敷設筋構法 |
> |---|---|
> | 木造建築物に用いる構法 | 木造用敷設筋構法 |
> | | 木造用ねじ止め構法 |
>
> b．上記以外の構法による場合は，特記による．

　a．敷設筋構法，木造用敷設筋構法，木造用ねじ止め構法は，「ALCパネル構造設計指針・同解説」の付録である「ALCパネル取付け構法標準・同解説」に定められた取付け構法であり，構法の概要を以下に示す．なお，それぞれの構法の詳細は，「5節　パネルおよび下地等の計画」および「7節　施工」を参照するとよい．

　また，木造用敷設筋構法および木造用ねじ止め構法は，学校などの木造建築物への適用に対応するため，本改定にあたり新設された構法である．

（1）敷設筋構法

　敷設筋構法は，パネル間の長辺目地上面に設けられた溝部に，短辺目地に固定したスラブプレートを用いて鉄筋を敷設し，目地部に充填モルタルを充填して取り付け，軒まわり，パラペットまわりおよび外壁などの建物周辺部は，場所によりマルカン・角座金R・丸座金などの取付け金物を使用して，パネルを取り付ける構法である〔解説図3.10参照〕．

（2）木造用敷設筋構法

　木造用敷設筋構法は，パネル間の長辺目地上面に設けられた溝部に，短辺目地に固定したねじ付マルカンを用いて鉄筋を敷設し，目地部に充填モルタルを充填して取り付け，軒まわり，パラペットまわりおよび外壁などの建物周辺部は，場所により角座金R・丸座金などの取付け金物を使用してパネルを取り付ける構法である〔解説図3.11参照〕．

（3）木造用ねじ止め構法

　木造用ねじ止め構法は，支持構造部材や下地木材に木ねじなどを用いてパネルを取り付ける構法である．なお，両端支持の単純梁である敷設筋構法および木造用敷設筋構法と異なり，両端を含めた3点以上で支持する連続梁とする場合もある〔解説図3.12参照〕．

　なお，屋根用パネルは床用パネルと異なり，正荷重に加え負の風荷重も負担するため，一部異なる取付け金物を使用する．

　柱まわりなどでパネルを切り欠いて敷き込む場合は，パネルを支持できる下地鋼材や下地木材を設ける〔解説図3.13参照〕．

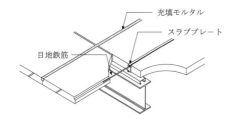
解説図 3.10　敷設筋構法の例

解説図 3.11　木造用敷設筋構法の例

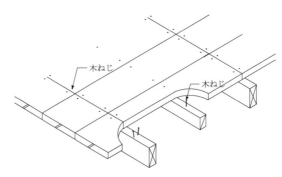
解説図 3.12　木造用ねじ止め構法の例

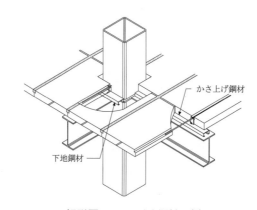
解説図 3.13　下地鋼材の例

　b．上記以外の構法を用いる場合は，「2節　性能」に示される耐荷重性能，耐震性能などに記載された性能を有している取付け構法であることを実験または計算により確認した上で，特記により示す．

4節 材 料

4.1 パ ネ ル

> パネルは，JIS A 5416：2016 に規定する厚形パネルとする．パネルの種類，寸法，設計荷重，長辺側面の加工形状，耐火性能および特殊処理（パネル表面の下地処理等）などは，特記による．

パネルは，JIS A 5416：2016 に規定された厚形パネルとする．また，特殊処理を施したパネルには ALC の吸水性を少なくするために，他の物性を損なわない範囲で添加物を加えたものや，パネル表面に下地処理などを施したもの，現場で行う切欠きおよび孔あけなどの加工をあらかじめ施したものがある．なお，縦壁ロッキング構法などに用いるパネルには，パネルにあらかじめ内蔵アンカーが埋設されているものと，アンカー金物を挿入するための孔を工場あるいは現場で設けるものがある．コーナーパネル，特殊処理したパネルなどは特記によるが，それらの設計・施工にあたっては，各パネル製造業者の仕様による．

（1） 種類と寸法

パネルは，表面加工の有無により平パネルと意匠パネルに区分され，その用いられる部位により外壁用，間仕切壁用，屋根用および床用パネルの4種類に区分される．さらに床用パネルについては，要求される耐火性能により，耐火1時間の床用パネルと耐火2時間の床用パネルに区分されている．

一般パネルの種類と寸法は，下記のとおりである．パネル寸法は，設計上の要求および現場施工の状況に即した対応から，この範囲内で長さ，幅ともに原則 10 mm ごとの寸法で生産されている．なお，パネルの強度上問題を生ずる現場切断は原則として行ってはならない．

（i） 一般パネルの厚さ

一般パネルの厚さは，解説表 4.1 に示すとおりであり，用いる厚さは特記による．なお，床用パネルの厚さ 120 mm 以上については同一のパネル厚さであっても，耐火1時間の床用パネルと耐火2時間の床用パネルを区別して用いなければならない．床用パネルの耐火性能区分は，特記による．

解説表 4.1　各種一般パネルの厚さ（単位：mm）

種　類		D（厚さ）*
外壁用パネル	平パネル	100, 120, 125, 150
	意匠パネル	100, 120, 125, 150
間仕切壁用パネル	平パネル	75, 80, 100, 120, 125, 150
	意匠パネル	100, 120, 125, 150
屋根用パネル		75, 80, 100, 120, 125, 150
床用パネル	耐火1時間	100, 120, 125, 150
	耐火2時間	120, 125, 150

［注］＊　JIS A 5416：2016 では，これ以外に 175, 180, 200 mm の厚さのパネルについても規定している．

(ⅱ)　一般パネルの長さ

　一般に，外壁用および間仕切壁用パネルは単純梁として用いられ，屋根用および床用パネルは，単純梁または連続梁として用いられる．ただし，連続梁は木造用ねじ止め構法のみで用いられる．
　外壁用パネルの長さは，支点間距離に，はね出し部の長さを加えたものに相当する．屋根用パネルの長さは単純梁の場合，支点間距離に，かかり代およびはね出し部の長さを加えたものに相当し，連続梁の場合，各支点間距離の合計に，かかり代を加えたものに相当する．床用パネルの長さは単純梁の場合，支点間距離に，かかり代を加えたものに相当し，連続梁の場合，各支点間距離の合計に，かかり代を加えたものに相当する．屋根用および床用パネルの支点間距離とパネル長さの関係を解説図 4.1 に示す．最大支点間距離は「ALC パネル構造設計指針・同解説」に規定されており，解説表 4.2 および 4.3 に示すとおりである．間仕切壁用パネルの長さも同指針に規定されており，解説表 4.4 に示すとおりである．ただし，これらに示される長さは，JIS A 5416：2016 に規定されるパネル最大長さ（6000 mm）以内とする．
　なお，設計荷重が大きくなると，パネルの長さおよび支点間距離は短くなる．パネルの長さおよび支点間距離は，取付け構法によっても異なることがあるので，各パネル製造業者への確認が必要である．

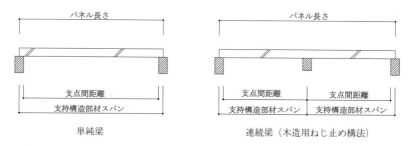

解説図 4.1　屋根用および床用パネルの支点間距離とパネルの長さの関係

解説表 4.2 一般パネルの単純梁における最大支点間距離とはね出し部の最大長さ

種　類		最大支点間距離	はね出し部の最大長さ
外壁用パネル	平パネル	パネル厚さの 35 倍	パネル厚さの 6 倍
	意匠パネル	パネル有効厚さの 35 倍	パネル有効厚さの 6 倍
屋根用パネル		パネル厚さの 30 倍	パネル厚さの 3 倍
床用パネル		パネル厚さの 25 倍	―

解説表 4.3 木造用ねじ止め構法による連続梁における最大支点間距離と最大パネル長さ

種　類	最大支点間距離	最大パネル長さ
屋根用パネル	（パネル厚さの 30/2 倍）＋100 mm	パネル厚さの 30 倍
床用パネル	（パネル厚さの 25/2 倍）＋100 mm	パネル厚さの 25 倍

解説表 4.4 間仕切壁用パネルの厚さごとの最大長さ（単位：mm）

種　類	厚　さ	最大長さ
間仕切壁用パネル	75，80	4000
	100	5000
	120，125	6000
	150	6000

(iii)　一般パネルの幅

　JIS A 5416：2016 によると，一般パネルの幅は外壁用が 2400 mm 以下，屋根用，床用および間仕切壁用が 610 mm 以下と規定されているが，これは過去に製造されていた幅広のパネルに対する寸法であり，現在では，一般的に 600 mm を標準として最小幅 300 mm までの範囲で 10 mm ごとに製造している．経済性や施工性からは，すべてのパネル幅が 600 mm であることが好ましいが，パネルの割付け上，端数が生ずるときには，それ以外の幅のパネルで対応する．また，特殊な割付けなどから上記以外の幅のパネルを必要とする場合には，パネル製造業者の仕様を確認する必要がある．なお，意匠パネルの寸法は，模様の形状によりパネル長さおよびパネル幅に制約があることもあるので，その場合もパネル製造業者の仕様を確認する必要がある．

(iv)　コーナーパネルの寸法

　コーナーパネルは外壁用に製造されているもので，建物の防水性の向上やパネルの納まり，さらにさまざまなデザインに対応するために使用されている．また，表面に意匠を施したコーナーパネルもある．コーナーパネルの寸法は，解説表 4.5 による．詳細はパネル製造業者の仕様による．また，コーナーパネルの製作寸法の例を解説図 4.2 に示す．

解説表 4.5　コーナーパネルの寸法（単位：mm）

種　類	D（厚さ）	a（幅）	b（幅）	L（長さ）
平パネル	100, 120, 125, 150	400 以下	400 以下	4500 以下
意匠パネル	100, 120, 125, 150, 175, 180			

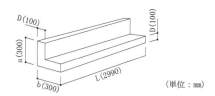

解説図 4.2　コーナーパネルの製作寸法の例

（2）　パネルの補強材の材質

　一般パネルおよびコーナーパネルの補強材は，JIS A 5416：2016 では，JIS G 3101：2017（一般構造用圧延鋼材）[1]に規定する棒鋼および JIS G 3532：2011 に規定する鉄線，または同等以上の品質を持つものが規定されている．また，その補強材は，JIS A 5416：2016 に規定されている防せい処理が施されている．使用される鉄筋径，本数，配筋位置などは，パネルの種類，設計荷重などによりパネル製造業者が決定する．

（3）　設計荷重と許容荷重

　パネルの設計荷重は，パネルに加わる単位面積あたりの外力で用途別に計算され，特記により指定される．パネル製造業者は，屋根用および床用パネルの配筋計算用荷重を算出する場合，パネルの自重を加算している．よって，設計者は固定荷重にパネルの自重を含めずに算出してよい．設計荷重については，2.3 を参照する．

　許容荷重は，パネルの曲げ耐力を荷重に換算したものであり，パネルは一般に，両端支持の単純梁または両端を含む多点支持の連続梁として，この許容荷重が面外の荷重として作用するものとして強度設計されている．また，はね出し部は，端部を持ち出した単純梁として強度設計されている．この設計は，「ALC パネル構造設計指針・同解説」に基づき行われる．許容荷重は JIS A 5416：2016 に示される単位荷重に相当し，この単位荷重はパネルの小口に表示されている〔解説表 4.8 参照〕．

　設計荷重に対するパネル強度の安全性が確保されるために，許容荷重が設計荷重を上回る必要がある．外壁用パネルの曲げ試験成績表の例を解説表 4.6 に示す．

(4) 長辺側面の加工形状

　パネルの長辺側面には，構法，取付け方法により異なる溝加工が施されている．外壁用パネルでは外側となる面にシーリング材充填用の溝がある．また，外壁用および間仕切壁用パネルにおいては，その用いられ方により，加工形状が異なる．敷設筋構法および木造用敷設筋構法における屋根用および床用パネルには，パネル長辺側面の上面はモルタル充填用の溝加工が，下面には面取り加工がされており，木造用ねじ止め構法における屋根用および床用パネルには，パネル長辺側面に面取り加工が施されている．各構法と長辺側面の加工形状の例を解説図 4.3 に示す．この長辺側面の加工形状は構法，取付け方法などに基づき選定する．

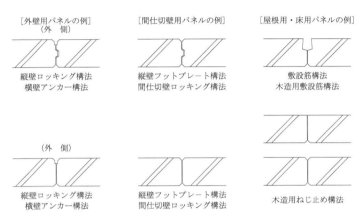

解説図 4.3 パネル長辺側面の加工形状

解説表 4.6 パネル曲げ試験成績表の例

1. 試験体

種類	外壁用パネル		
荷重	単位荷重（許容荷重）：W_d 2000（N/m²）	パネル自重：W_0 50 kg/m²×9.80665 （N/m²）	屋根用パネル，床用パネルの単位容積質量は 650 kg/m³ 外壁用パネル，間仕切壁用パネルの単位容積質量は 500 kg/m³
寸法	100×600×2690 mm	断面図 （単位：mm）	
配筋	圧縮側主筋：ϕ 5.5 mm×3 引張側主筋：ϕ 5.5 mm×5		

2. 試験方法：JIS A 5416：2016 の 9.5（ALC パネルの曲げ強さ試験）による．

   試験荷重（曲げひび割れ荷重の下限値）：$(W_d - W_0) \cdot b \cdot l_0 = (2000 - 490) \times 0.6 \times 2.59 \fallingdotseq 2347$ （N）

   許容たわみ：$\dfrac{W_d - W_0}{W_d} \times \dfrac{11}{10} \times \dfrac{l_0}{200} \times 1000 = \dfrac{(2000 - 490) \times 1.1 \times 2.59 \times 1000}{2000 \times 200} \fallingdotseq 10.8$ （mm）

   ただし，W_d：単位荷重（N/m²），W_0：パネル自重による荷重（N/m²）（屋根用および床用パネルの場合は 0），
   b：パネル幅（m），l_0：曲げスパン（パネル長さ－0.1）（m）

3. 試験結果

試験項目	試験結果	判定基準	合否
たわみ	δ_e - 3.0（mm）	許容たわみ（10.8 mm）以下	㊥ 否
ひび割れ	6740（N）	試験荷重（2347 N）載荷時に曲げまたはせん断ひび割れが生じないこと	㊥ 否

δ_e：試験荷重によるたわみ

4. 荷重たわみ曲線

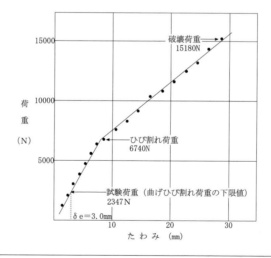

（5） 物　　　性

　ALC は一般の窯業系建材に比べて軽量であり，断熱性能，比強度，耐火性能に優れるが，吸水性がやや大きい．ALC の諸性能の概要を解説表 4.7 に示す．

解説表 4.7　ALC の諸性能の概要

	物　性		数　値	測定条件	備　考
重量	密度	（kg/m³）	450 を超え 550 未満	絶乾状態	JIS A 5416：2016 規格値
	パネル構造計算用単位容積質量	（kg/m³）	650（550）	気乾状態	補強材を含む．（　）内は屋根用を負の風荷重により構造計算する場合．
強度	圧縮強度	（N/mm²）	3.00 以上	気乾状態	JIS A 5416：2016 規格値
	曲げ強度	（N/mm²）	0.98～1.00	気乾状態	パネル製造業者のカタログ値
	せん断強度	（N/mm²）	0.49～0.50	気乾状態	パネル製造業者のカタログ値
	引張強度	（N/mm²）	0.49～0.50	気乾状態	パネル製造業者のカタログ値
	ヤング係数	（N/mm²）	$1.75×10^3$ 以上	気乾状態	ALC パネル構造設計指針・同解説
熱	熱伝導率	（W/m·K）	0.17	気乾状態	パネル製造業者のカタログ値
	熱抵抗値	（m²K/W）	$5.3t$ 以上	気乾状態	JIS A 5416：2016 規格値（補強材入り）t：パネル厚さ（mm）/1000（mm）
	熱膨張係数		$6.7×10^{-6}～7×10^{-6}$	気乾状態	パネル製造業者のカタログ値
音	吸音率		0.08～0.12	1000 Hz	パネル厚さ 100 mm の参考値
	透過損失	（dB）	35～40	1000 Hz	パネル厚さ 100 mm の参考値
水	乾燥収縮率	（％）	0.05 以下	飽水→気乾	JIS A 5416：2016 規格値

―64― JASS 21 ALCパネル工事（解説）

（6）　パネル表示

　パネルの種類，単位荷重，寸法，表裏の方向，JISマーク，パネル製造業者，工場名，製造年月日などは，パネルの小口に表示されている．解説表4.8に表示の例を示す．

解説表4.8　パネル短辺小口の表示の例

表　示	パネル製造業者名
⑩ ⑧ ② ①　　　　　⑦ ⑫ 16040-1812　WV　ウエ5K　325 ◀シポレックス　T　　5DUR　ソト↓　Ⓙ TC A5416 10×60×299　　L365C　　　↑R ⑤ ④ ③ ⑨　　　　⑥　⑪	住友金属鉱山シポレックス㈱
⑦ ⑧　　　①　　③ ④ Ⓙ 旭化成 サカイ　1B1508　カベ　001-299×60　C TC A5416　D U2 1812　内↑　160401　60909-02 ⑫ ⑪ ⑨ ⑤ ② ⑥　　⑩	旭化成建材㈱
①　⑥ ⑤* ④* ③*　　　⑧ ⑨ V0305　カベ　↓内 100×600×2990　クリオンカンコウ Ⓙ 51-3N16　　→18-12　　　　　A5416 TC 60401　　L80. 80W285 ⑩　②　　　　　　　　⑦ ⑪ ⑫	クリオン㈱

[注]　外壁パネルの例．なお，単位荷重（許容荷重）の［1812］は，正の風荷重1800 N/m²，負の風荷重1200 N/m²を表す．（＊18-12も同様）
　　　①：種類　②：単位荷重（許容荷重）（N/m²）　③：長さ（cm，＊はmm）
　　　④：幅（cm，＊はmm）　⑤：厚さ（cm，＊はmm）またはその記号
　　　⑥：表裏の方向　⑦：JISマーク　⑧：パネル製造業者　⑨：工場名
　　　⑩：製造年月日　⑪：JISの規格番号　⑫：登録認証機関の略

4.2　下地鋼材，補強鋼材，取付け金物および鉄筋

---

　a．下地鋼材および補強鋼材は，JIS G 3101：2017（一般構造用圧延鋼材），JIS G 3136：2012（建築構造用圧延鋼材），JIS G 3350：2017（一般構造用軽量形鋼）およびそれらの鋼材と同等以上の品質を有するもので，適切な防せい処理を施したものとする．
　b．取付け金物の材質，形状，寸法，および防せい処理は，「ALC取付け金物等規格」に該当するもの，またはパネル製造業者の指定するものとし，それ以外のものを使用する場合には，監理者の承認を得て用いる．
　c．パネルの取付けに用いる鉄筋は，JIS G 3138：2005（建築構造用圧延棒鋼）またはJIS G 3112：2010（鉄筋コンクリート用棒鋼）に示す鉄筋と同等以上の品質を有するもので，その径は丸鋼で9 mm以上，異形棒鋼では呼び名D10以上とする．

---

　a．パネルを取り付ける鋼材には，定規アングル，かさ上げ鋼材などの下地鋼材および開口補強鋼材などの補強鋼材がある．これら鋼材の品質はJIS G 3101：2017，JIS G 3136：2012（建築構造用

圧延鋼材)[2], JIS G 3350：2017(一般構造用軽量形鋼)[3]およびそれらと同等以上の品質を有するものとする.

鋼材には，適切な防せい処理が施されていなければならない．その場合の防せい処理は，一般部にあっては本会編「建築工事標準仕様書・同解説　JASS 18　塗装工事」[4]（以下，JASS 18 という）の JASS 18 M-111（水系さび止めペイント），もしくは JIS K 5674：2008（鉛・クロムフリーさび止めペイント)[5]に規定するさび止め塗料 2 回塗りとするか，または上記規格のいずれかの防せい性能と同等以上の性能を有することが実験で確かめられている仕様のものとする．なお，海岸の近くなどで塩害を受けやすい地域，工場等で腐食性ガスにさらされる場所，防音壁などむき出しで使われる場合，耐食性のある溶融亜鉛めっきを施した鋼材が用いられることもある．一般部の鋼材には通常そのまま溶接を行うが，溶融亜鉛メッキを施した鋼材を溶接する場合は亜鉛めっきを完全に除去し，溶接後に改めて防せい処理を行う.

b．取付け金物とは，パネルを下地に取り付けるための専用金物をいい，一般に鋼板および平鋼の加工品（スラブプレートおよびイナズマプレートなど）や棒鋼の加工品（マルカンおよびフックボルトなど）がある．これらの取付け金物の材質，形状寸法および防せい処理は ALC 協会により規格化されている．また，パネル製造業者独自の金物についても同様に，「ALC パネル取付け金物等規格」をふまえ，パネル製造業者により規格化されている.

また，ALC 協会が規格した取付け金物およびパネル製造業者の指定した取付け金物以外の金物を用いる場合は，その金物に要求される性能および強度を，計算または実験により安全であることを確認し，監理者の承認を得て用いる.

c．パネルの取付けに用いる鉄筋とは，敷設筋構法および木造用敷設筋構法でパネルを梁などに固定するためにモルタルとともにパネル間の目地部に敷設する鉄筋をいう．これらに用いる鉄筋の品質は，JIS G 3138：2005（建築構造用圧延棒鋼)[6]または JIS G 3112：2010（鉄筋コンクリート用棒鋼)[7]の SR 235，SD 295 A，SD 295 B ならびに JIS G 3117：2017（鉄筋コンクリート用再生棒鋼)[8]およびこれらと同等以上の品質を有するものとする.

なお，パネル間の目地部に敷設する鉄筋は，充填モルタルにより保護されるので，特に防せい処理を行わないものが用いられる.

4.3　充填モルタル

a．セメントは，JIS R 5210：2009（ポルトランドセメント）の普通ポルトランドセメントまたは早強ポルトランドセメントとする．それ以外のセメントを用いる場合は，監理者の承認を得て用いる.

b．砂は，有害量のごみ，土，有機不純物・塩化物などを含まないものとし，その最大粒径が 5 mm 未満で適度な粒度分布のものとする．それ以外の砂を用いる場合は監理者の承認を得て用いる.

c．水は，鉄筋およびモルタルに悪影響を及ぼす有害量の不純物を含まないものとする.

d．モルタルの調合は，セメント：砂の割合を容積比で 1：3.5 とし，それ以外のモルタルを用いる場合には，監理者の承認を得て用いる．また，既調合モルタルや混和材を用いる場合には，その性能を確認して用いる.

e．モルタルは，パネル間の目地部などへの充填に適した流動性を有するものとする.

本項は，敷設筋構法および木造用敷設筋構法のパネル間の目地部に充填するモルタルについて規定する．充填モルタルを充填するパネル間の目地部は，解説図4.4に示す屋根用または床用パネルの水平目地である．

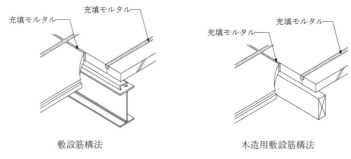

解説図4.4　充填モルタルを充填する目地の例

a．ALCパネル工事で一般的に用いられているセメントは，JIS R 5210：2009（ポルトランドセメント）[9]に規定されている普通ポルトランドセメントまたは早強ポルトランドセメントで，その他のセメントはほとんど用いられていない．このほかのセメント，例えばJIS R 5210：2009の超早強ポルトランドセメントや中庸熱ポルトランドセメント，JIS R 5211：2009（高炉セメント）[10]，JIS R 5212：2009（シリカセメント）[11]およびJIS R 5213：2009（フライアッシュセメント）[12]などについてはセメントの特性およびモルタルの充填箇所，充填時期などを考慮し，監理者の承認を得て用いる．

b．砂は，有害量のごみ，土，有機不純物・塩化物などを含まないものとする．これらの有害物が，ある量以上混入していると，モルタルの乾燥収縮量の増大，強度および鉄筋への付着力の低下などの悪影響が生ずる．特に山砂は，土および有機不純物を，海砂は塩化物（NaClなど）などの有害物を含有している場合もあり，JIS A 1105：2015（細骨材の有機不純物試験方法）[13]や塩化物測定器を用いるなどして有害物の量を確認しておく必要がある．

本会編「建築工事標準仕様書・同解説　JASS 5　鉄筋コンクリート工事」[14]（以下，JASS 5という）の「4.3　骨材」による砂の品質の規定は，解説表4.9に示すとおりで，本仕様書でも原則としてこの規定を用いる．

砂の粒度は，JASS 5：2015「4.3　骨材」に示されているものを本仕様書でも用いる．砂の標準粒度を解説表4.10に示す．また，屋根用パネルの目地部では，粒径が粗目に片寄った場合は表面が粗くなり，防水工事の支障となりやすいので，粒径が5mmを超えるような粗目はふるいなどを用いて使用しない．

c．水は，上水道または地下水などの飲料水として用いることができる水が好ましいが，それ以外の水を用いる場合は，含有している不純物に注意しなければならない．特に，塩化物の量については，砂と同様に含有量が多いと，鉄筋の腐食などの問題が生ずるので注意が必要である．

JASS 5：2015「4.4　練混ぜ水」による水の品質規定は，解説表4.11に示すとおりで，本仕様書でもこの規定を原則として用いる．

解説表 4.9　砂の品質（JASS 5 : 2015）

種類	絶乾密度 (g/cm³)	吸水率 (%)	粘土塊量 (%)	微粒分量試験によって失われる量 (%)	有機不純物	塩化物 (NaCl として) (%)
砂	2.5 以上	3.5 以下	1.0 以下	3.0 以下	標準色液または色見本の色より淡い	0.04 以下

解説表 4.10　砂の標準粒度（JASS 5 : 2015）

ふるいの呼び寸法 (mm)	10	5	2.5	1.2	0.6	0.3	0.15
ふるいを通るものの質量百分率（%）	100	90～100	80～100	50～90	25～65	10～35	2～10

解説表 4.11　上水道水以外の水の品質（JASS 5 : 2015）

項　目	品　質
懸濁物質の量	2 g/l 以下
溶解性蒸発残留物の量	1 g/l 以下
塩化物イオン（Cl⁻）量	200 mg/l 以下
セメントの凝結時間の差	始発は 30 分以内，終結は 60 分以内
モルタルの圧縮強さの比	材齢 7 日および材齢 28 日で 90 ％以上

ｄ．ｅ．充填モルタルを充填するパネル間の目地部の種類には，屋根用または床用パネルの水平目地がある．

パネル長辺側面の目地部にモルタルを充填する場合の軟度の目安は，フロー値で 180～200 mm 程度とすると適度な流動性を確保できる．

モルタルは，セメント，砂の割合を 1：3.5（容積比）を標準とし，適量の水を入れて練り上げる．解説表 4.10 に示す粒度分布の砂を用いた場合，適度な流動性と強度を得るためにはモルタルの水セメント比は 60 ％程度が適当である．なお水の量は，砂の表面水量を考慮して決定する．

練混ぜ方法は，まず砂にセメントを加えて十分に空練りした後，所要量の水を加え本練りとする．練混ぜはモルタルミキサを用いる．加水後はセメント，砂，水等が均一となるよう十分に撹拌（一般的には 3 分以上とするのが望ましい）する．

モルタルの保水性，流動性を確保するためにメチルセルロースなどの混和剤の使用が好ましいが，混入量および混入方法などは，混和剤製造業者の指定による．また，気象条件によっては，モルタルの凍結防止のための混和剤を用いることもあるが，凍結防止用の混和剤のうち，塩化物を含むものを使用すると，鉄筋などの腐食やパネルに悪影響を及ぼす原因となるので，成分等の確認が必要

—68— JASS 21 ALC パネル工事（解説）

である．

このほか，最近では所定量のセメント，砂および混和材料が袋詰めされた市販の製品（既調合モルタル）が用いられることが多いが，その使用にあたっては上記の成分および性能を確認して用いる．

4.4 補修用モルタル

> a．補修用モルタルは，ALC との付着性が良く，かつ施工性の良いものでパネル製造業者の指定するものとする．それ以外の補修用モルタルを用いる場合は，監理者の承認を得て用いる．
> b．補修下地となる ALC 面をシーラーにより処理する．その場合に用いるシーラーは，パネル製造業者の指定するものとする．

a．解説表 8.2 に示す使用上支障のない範囲の欠けが生じたパネルや，パネル取付け用に施した座掘りによるパネルの凹部は，補修用モルタルにより補修および埋戻しを行わなければならない．その場合に用いる材料は，パネル製造業者が指定するものとする．これらの材料は，吸水性，強度などの物性および色などがパネルに比較的近くなるようにセメント，ALC 粉末やパーライトなどを主原料とした既調合のものに水を加え，練り混ぜて使用する．その場合の練混ぜおよび使用方法などは，パネル製造業者の指定による．

補修用モルタルに用いる材料は，主原料にセメントが使用されているので，直射日光が当たったり湿気が多い等保管状態が悪い場合は，空気中の水分および炭酸ガスなどを吸収して風化および凝結が進行し品質が低下する．そのため，保管にあたっては，湿気の多い場所や直射日光の当たる場所を避けることが望ましい．使用する際には，使用可能期間内であることを確認し，使用可能期間内のものであっても風化および凝結していないことを確かめて用いる．

b．パネルを補修する際，補修用モルタルと ALC との付着性を確保するために，補修下地となる ALC 面をシーラーにより処理することが必要である．その場合に用いるシーラーは，パネル製造業者の指定するシーラーとする．パネル製造業者が指定するシーラーの成分例としては，アクリル酸エステル系，アクリル樹脂系，水溶性アクリル樹脂系，エチレン・酢酸ビニル系エマルジョンなどがある．

4.5 その他の材料

> a．パネル間の目地部に用いるシーリング材は，JIS A 5758：2016（建築用シーリング材）に規定されるシーリング材を用いることとし，その種類は特記による．それ以外のシーリング材を用いる場合は，監理者の承認を得て用いる．
> b．耐火目地材は JIS A 9504：2017（人造鉱物繊維保温材），もしくは JIS R 3311：2008（セラミックファイバーブランケット）の品質と同等以上のロックウール保温板または高温断熱ウールとし，その種類は特記による．それ以外の耐火目地材を用いる場合は，監理者の承認を得て用いる．
> c．パネル相互の接合に用いる接着材は，パネル製造業者の指定するものとし，それ以外の接着材を用いる場合は，監理者の承認を得て用いる．

d．施工現場で使用するさび止め塗料は，パネル製造業者が指定した JIS K 5674：2008（鉛・クロムフリーさび止めペイント）を用いる．それ以外のさび止め塗料を用いる場合は，監理者の承認を得て用いる．

e．溶接棒は，JIS Z 3211：2008（軟鋼，高張力鋼及び低温用鋼用被覆アーク溶接棒）を用いる．それ以外の溶接棒を使用する場合は，監理者の承認を得て用いる．

f．木ねじは，JIS G 3507-1：2005（冷間圧造用炭素鋼―第1部：線材）SWCH16A～22A および SWCH16K～22K または JIS G 4315：2000（冷間圧造用ステンレス鋼線）を用いる．ステンレス鋼以外のものについては，有効な防せい処理を施すものを用いる．また，それ以外の木ねじを使用する場合は，監理者の承認を得て用いる．

g．あと施工アンカーおよび打込みピンは，要求性能および使用条件に応じて選定し，監理者の承認を得て用いる．

a．雨がかりとなる外壁用パネル間の目地部および外壁用パネルと他部材との取合い部などには，シーリング材を充填するが，本項においては，外壁用パネル間の目地部に充填するシーリング材についてのみ規定する．パネルと他部材との取合い部などのシーリング材については，JASS 8：2014 を参照の上，適切に行わなければならない．

シーリング材の選定にあたっては，シーリング材への要求性能，性質，被着体であるパネルの性質，パネルの取付け構法およびシーリング材表面への塗装の有無などを考慮し，パネルに適したものを選定する必要がある．選定の目安を解説表 4.12 に示す．

なお，パネルは軽量かつ断熱性に優れている反面，素材である ALC が多孔質であるので，吸水性が大きく表面強度が小さい．また，外壁用パネル間の目地部のシーリング材の上には，一般に仕上げ塗材が施される．

― 70 ―　JASS 21　ALC パネル工事（解説）

解説表 4.12　パネル間目地部におけるシーリング材の種類*1

構法名	表面塗装の有無	耐久性区分					
		7020	8020			9030	
		AC-1	PU-1	PU-2	MS-1	MS-2	UA-2
縦壁ロッキング構法	有	×	○	○	○*2	○*2	○
横壁アンカー構法	無	×	×	×	○	○	×

記号　○：適　×：不適

[注]＊1　JASS 8：2014 の解説表 4.11「主な構法・部位・構成材とシーリング材の適切な組合せ」との相違点は，アクリル系（AC-1）のシーリング材は経時で硬くなり，柔軟性が低下することもあるため不適とした．また，ポリサルファイド系（PS-2）のシーリング材は過去の実績も少なく，現在使用されていないため記載していない．

　　　＊2　シーリング材への表面塗装については，シーリング材製造業者に汚染性などを事前に確認する．

　　　解説表 4.12 中，シーリング材の耐久性，主成分および製品形態の記号は，JIS A 5758：2016（建築用シーリング材）の耐久性，主成分および製品形態による．

　　　　　AC-1：アクリル系　　　　　　　　PU-1：1成分形ポリウレタン系
　　　　　PU-2：2成分形ポリウレタン系　　MS-1：1成分形変成シリコーン系
　　　　　MS-2：2成分形変成シリコーン系　UA-2：2成分形アクリルウレタン系

　以上のことを考慮し，パネル間の目地部に用いるシーリング材は，モジュラスの低いもの（経年時の 50％引張応力の値が 0.3 N/mm² 以下），仕上げ材との付着性が高いもの，仕上げ材への汚染のないもの，ならびに耐久性の高いものを選定することが望ましい．一般にパネル間の目地部にはポリウレタン系のシーリング材が用いられているが，よりグレードの高いアクリルウレタン系または変成シリコーン系などが選択される場合もある．なお，ポリウレタン系およびアクリルウレタン系は紫外線や硫黄系ガスにより変退色したり，耐候性がやや劣るため，屋外における露出箇所での使用には適さない．

　なお，解説表 4.12 では，JASS 8：2014 の解説表 4.11「主な構法・部位・構成材とシーリング材の適切な組合せ」を引用しシーリング材の選定の目安を定めているが，本仕様書では，アクリル系のシーリング材は不適としている．これはアクリル系のシーリング材は経年とともに硬くなり，柔軟性が低下することもあるため，シーリング目地に損傷をきたすおそれがあることから，ワーキングジョイントへの適用は好ましくない．また，縦壁ロッキング構法などの標準化以降，パネル製造業者が主導となり耐久性や柔軟性に優れるポリウレタン系のシーリング材の使用を推奨してきた結果，現在ではワーキングジョイントにおけるアクリル系のシーリング材の使用実績はほとんどない．

　シーリング工事においては，パネルへの接着性の向上およびパネルの表面強化を図るためにシーリング材の充填に先立ち，パネルの被着面をプライマー処理することが必要である．プライマーの種類は，シーリング材とパネルの材質を考慮してシーリング材製造業者が ALC パネルに適するものとして指定したものとする．なお，同一系統のプライマーであっても接着試験で接着性が確認されていないプライマーを使用することは，はく離事故の原因ともなるので避ける．

　シーリング材の主成分による区分，製品形態による区分，性能・性質，留意事項などを「建築用

シーリング材ハンドブック」[15]から一部引用して解説表4.13に示す.シーリング材の選定に先立ち,解説表4.12のほか,解説表4.13に示される留意事項を参照し,施工環境などに応じた適切なシーリング材を選定する必要がある.

　本来,異種シーリング材の打継きは好ましくないが,他部材を用いた開口部などの目地の交点部で異種シーリング材を打ち継ぐ場合は,シーリング材の種類の検討,施工順序,プライマーの選択などを慎重に行う必要がある.その目安については,JASS 8：2014の解説表4.14「異種シーリング材の打継ぎの目安」を参照する.

　b．風圧力または地震力などによる建物の変形時にパネルへの悪影響を避けるため,帳壁における出隅部および入隅部の縦目地部分やパネルの短辺目地部分などには,伸縮目地として10〜20 mmの隙間が設けられている.耐火性能が要求される建物においては,これらの伸縮目地部分には,伸縮性のある耐火目地材を充填することが必要である.なお,伸縮目地は5.2.2(3)(i)による.JIS A 9504：2017(人造鉱物繊維保温材)[16]は,ロックウールのほかにグラスウールを規定しているが,本仕様書では,耐火性に優れるロックウール保温板を標準とした.ALCパネル工事の場合,密度の高い耐火目地材を用いると,外力による変位を吸収することができず,パネルに悪影響を及ぼすおそれがあるので,ロックウール保温板1号のうち,密度が80 kg/m^{3}程度のものを用いる.

　また,高温断熱ウールは,アルカリアースシリケートウールやリフラクトリーセラミックファイバーなどの総称である.これらは伸縮性のある耐火目地材として耐熱性が高く,作業性も良い.高温断熱ウールはJIS A 9504：2017または,JIS R 3311：2008(セラミックファイバーブランケット)[17]の品質と同等以上の品質を有するものとする.なお,ALCパネル工事向けには,高温断熱ウールのうち,アルカリアースシリケートウールブランケットの密度96 kg/m^{3}程度のものが供給されている.高温断熱ウールのうち,リフラクトリーセラミックファイバーブランケットは,特定化学物質障害予防規則の特別管理物質に指定されているため,用いる場合には留意が必要である.

　また,最近では,シリコーンゴムなどの表面を耐火処理した,定形の耐火ガスケットも開発されてきている.耐火ガスケットなどを用いる場合は,監理者の承認を得て用いる.

　このほか,パネルを貫通する設備などとの取合い部の隙間においても,パネル間のクリアランスと同様の目的で耐火目地材を用いることがある.

解説表 4.13 シーリング材の一般的性質・留意事項

シーリング材		復元性	物性変化（引張応力, 伸びなど）		充填後の収縮	使用温度設定範囲（℃）	耐候性	耐疲労性	留意事項
			材令	温度					
混合反応硬化・2成分形	変成シリコーン系	A～C	小～中	小～中	小	−30～90	A～B	A～B	・接着性はプライマーに依存する傾向が大きいので，プライマー処理を十分に行う必要がある. ・グレイジングを用途としていない. ・石材との適合性を事前に確認する必要がある. ・薄層未硬化現象を生じることがある. ・わずかにクレーター現象を生ずることがある. ・表面に多少タックが残ることがある. ・油性やフタル酸の酸化重合形塗料を表面に塗布すると，乾燥しないことがある. ・表面に光沢差が生じたり，虹色現象が見られることがある. ・応力緩和形がある.
	アクリルウレタン系	A～B	小～中	小～中	小	−20～90	A～B	A～B	・グレイジングを用途としていない. ・表面にタックが残り汚れやすい. ・施工時の気温・湿度が高い場合，発泡のおそれがある. ・油性やフタル酸の酸化重合形塗料を表面に塗布すると，乾燥しないことがある. ・シリコーン系等の反応副生成物などにより表面が硬化しないことがある.
	ポリウレタン系	B	中	中	小	−20～70	B～C	A～B	・グレイジングを用途としていない. ・耐熱性・耐候性に劣るため，金属パネルや金属笠木などには適していない. ・表面にタックが残り汚れやすい. ・紫外線や硫黄系ガスにより表面が変色することがある．また，耐候性を補うため，表面には塗装することが望ましい. ・油性やフタル酸の酸化重合形塗料を表面に塗布すると，乾燥しないことがある. ・施工時の気温・湿度が高い場合，発泡のおそれがある.
湿気硬化・1成分形	変成シリコーン系	B～C	小～中	小～中	小	−30～90	A～B	A～B	・高モジュラス形と低モジュラス形がある. ・グレイジングを用途としていない. ・低モジュラス形は表面にほこりが付着しやすい. ・表面硬化が早いので，早めにへら仕上げを行う.
	ポリウレタン系	B	中	中～大	小～中	−20～70	B	A	・グレイジングを用途としていない. ・硬化後タックが残るものがあり，ほこりの付着に注意する. ・施工時の気温・湿度が高い場合，発泡のおそれがある.
乾燥硬化・1成分形	アクリル系	C	中～大	大	大	−20～50	B～C	C	・乾燥の不充分なコンクリートやモルタル面には施工することができない. ・施工直後の表面にはコンクリートやモルタルを打設することができない. ・未硬化の状態では，水に弱く雨に流される欠点があり，また，常時水に浸される箇所には使用することができない. ・一般に0℃以下では施工することができない. ・乾燥硬化タイプの欠点である体積収縮を考慮して仕上げる必要がある.

[注] 復元性，耐候性および耐疲労性の記述は，AA が最も良好であることを示し，A・B・C・D と順次ランクが下がることを意味している.

c．間仕切壁用パネルの縦壁フットプレート構法などで，パネルの一体化などの目的で，パネルの長辺側面相互の接合に接着材を用いる場合がある．その場合の接着材の種類は，パネル製造業者の指定するものとする．パネル製造業者の指定する接着材の例としてはシリカ系接着材，セメント系接着材，アクリル樹脂系接着材がある．なお，その使用箇所およびそれ以外の接着材を用いる場合は監理者の承認を得て用いる．

d．ここで規定するさび止め塗料は，下地鋼材，補強鋼材および取付け金物の溶接部，ならびにパネルの切断加工により露出した補強材および鋼材の現場切断部に塗布する．下地鋼材，補強鋼材および取付け金物の溶接部やパネルの切断加工により露出した補強材は，耐久性に影響するので，適切な防せい処理を施す必要がある．それらに用いるさび止め塗料の種類は，JASS 18：2013 の「3節　金属系素地面塗装」による合成樹脂調合ペイント塗り，およびつや有合成樹脂エマルションペイント塗りに用いる下塗り用塗料とし，その種類を解説表 4.14 に示す．

解説表 4.14　さび止め塗料の種類（JASS 18：2013）

種　類	規　格
水系さび止めペイント	JASS 18　M-111
鉛・クロムフリーさび止めペイント	JIS K 5674　1種・2種

施工現場で用いられるさび止め塗料はスプレータイプが一般に用いられている．パネル製造業者の指定したものには，現在，JIS K 5674：2008（1種）を噴射剤とともにスプレー缶に充填したものがあり，乾燥が早く，作業性にも優れている．

これ以外のスプレー品も市販されてはいるが，防せい性能が十分でないものがあるため，解説表4.14 に示されるさび止め塗料の種類と同等以上の防せい性能を有していることをスプレー品製造会社などに確認し，監理者の承認を得て使用する．

なお，ここでいうさび止め塗料とは，JASS 18：2013 に示される下塗り用塗料を指す．

e．溶接棒は，JIS Z 3211：2008（軟鋼，高張力鋼及び低温用鋼被覆アーク溶接棒）[18]に規定するもので，一般的には E4319（イルミナイト系）や E4303（ライムチタニア系）が用いられる．溶接棒は湿気を吸収しないように保管し，被覆剤のはく脱，汚損，変質，吸湿，さびの発生したものは使用してはならない．なお，吸湿の疑いのあるものは，その溶接棒の種類に応じた条件で乾燥して使用する．

f．木ねじは，JIS G 3507-1：2005（冷間圧造用炭素鋼—第1部：線材）[19]SWCH16A～22A および SWCH16K～22K または JIS G 4315：2000（冷間圧造用ステンレス鋼線）[20]とし，ステンレス鋼以外のものについては有効な防せい処理を施す．具体的な処理方法の例としては，8 μm 程度の電気亜鉛メッキにクロメート処理を施したものがある．それ以外の木ねじを使用する場合は，防せい性能が同等以上であることを確認し，監理者の承認を得て用いる．

g．縦壁フットプレート構法および間仕切壁ロッキング構法などにおける取付け金物の固定に

は，あと施工アンカーは金属系あと施工アンカーを用い，打込みピンはコンクリート用の打込みピンを用いる．その仕様は要求性能および使用条件に応じて検討し，監理者の承認を得て用いる．なお，あと施工アンカーおよび打込みピンは，あと施工アンカー等の製造業者ごとに製品仕様および施工要領等が異なるため，使用する前におのおのの製造業者に製品仕様および施工要領等を確認する必要がある．あと施工アンカーの品質性能を確保する取組みとしては，（一社）日本建築あと施工アンカー協会の製品認証事業がある．また，打込みピンは打込み機が火薬式鋲打機とガス式鋲打機の2種類があり，ALCパネル工事においては，火薬式鋲打機が一般に用いられている．

なお，解説表8.1に示される下地鋼材などをコンクリートスラブ等の支持構造部材へ固定する場合に用いるあと施工アンカーについては，取付け金物の固定に用いるあと施工アンカー等とは使用条件が異なる．そのため，下地鋼材などの固定などにあと施工アンカー等を用いる場合には，施工者が使用条件に基づいて製品仕様を検討し，決定する必要がある．

参 考 文 献

1) 日本規格協会：日本工業規格 JIS G 3101（一般構造用圧延鋼材），2017
2) 日本規格協会：日本工業規格 JIS G 3136（建築構造用圧延鋼材），2012
3) 日本規格協会：日本工業規格 JIS G 3350（一般構造用軽量形鋼），2017
4) 日本建築学会：建築工事標準仕様書・同解説　JASS 18　塗装工事，2013
5) 日本規格協会：日本工業規格 JIS K 5674（鉛・クロムフリーさび止めペイント），2008
6) 日本規格協会：日本工業規格 JIS G 3138（建築用構造用圧延棒鋼），2005
7) 日本規格協会：日本工業規格 JIS G 3112（鉄筋コンクリート用棒鋼），2010
8) 日本規格協会：日本工業規格 JIS G 3117（鉄筋コンクリート用再生棒鋼），2017
9) 日本規格協会：日本工業規格 JIS R 5210（ポルトランドセメント），2009
10) 日本規格協会：日本工業規格 JIS R 5211（高炉セメント），2009
11) 日本規格協会：日本工業規格 JIS R 5212（シリカセメント），2009
12) 日本規格協会：日本工業規格 JIS R 5213（フライアッシュセメント），2009
13) 日本規格協会：日本工業規格 JIS A 1105（細骨材の有機不純物試験方法），2015
14) 日本建築学会：建築工事標準仕様書・同解説　JASS 5　鉄筋コンクリート工事，2015
15) 日本シーリング材工業会：建築用シーリング材ハンドブック，日本シーリング材工業会，2013
16) 日本規格協会：日本工業規格 JIS A 9504（人造鉱物繊維保温材），2017
17) 日本規格協会：日本工業規格 JIS R 3311（セラミックファイバーブランケット），2008
18) 日本規格協会：日本工業規格 JIS Z 3211（軟鋼，高張力鋼及び低温用鋼被覆アーク溶接棒），2008
19) 日本規格協会：日本工業規格 JIS G 3507（冷間圧造用炭素鋼―第1部：線材），2010
20) 日本規格協会：日本工業規格 JIS G 4315（冷間圧造用ステンレス鋼線），2013

5節　パネルおよび下地等の計画

5.1　一般事項

> 施工者は，パネルおよび下地等の計画に関して，以下に示す項目の内容を設計図書などと照合し，適切に計画されていることを確認し，必要に応じて監理者と協議する．
> 　（1）　パネルの計画
> 　（2）　下地の計画
> 　（3）　補強鋼材の計画
> 　（4）　特殊な条件の計画
> 　（5）　その他必要な項目の計画

　施工者は，ALCパネル工事におけるパネルおよび下地等の計画について，設計図書などに基づきその内容を確認する．特に（1）～（4）に示す項目について，適切であることを確認する必要がある．なお，設計図書や設計者の指示書などの内容が不明確あるいは不適切と考えられる場合には，必要に応じて監理者と協議して調整する．

（1）　パネルの計画

　パネルの計画にあたっては，5.2.1，5.2.2，5.2.3および5.2.4に示す留意事項に適合しているかを確認する．

（2）　下地の計画

　下地の計画にあたっては，5.3.1，5.3.2，5.3.3および5.2.4に示す留意事項に適合しているかを確認する．

（3）　補強鋼材の計画

　補強鋼材の計画にあたっては，5.4.1および5.4.2に示す留意事項に適合しているかを確認する．

（4）　特殊な条件の計画

　特殊な条件における計画にあたっては，5.5に示す留意事項に適合しているかを確認する．

（5）　その他必要な項目の計画

　その他関連する材料，工法，納まりなども確認し，必要な場合には，計画を立案・作成する．

5.2　パネルの計画

5.2.1　共通事項

> 施工者は，パネルの計画に関して，以下に示す項目の内容を設計図書などと照合し，適切に計画されていることを確認し，必要に応じて監理者と協議する．
> 　（1）　パネルの割付けならびに開口部の計画は，標準寸法（600 mm幅のモジュール）が考慮されていること．

— 76 — JASS 21 ALC パネル工事（解説）

（2）　パネルの長さは，使用可能な長さの上限の範囲内であること．

（3）　パネルの支持方法は，両端支持の単純梁となっていること．

（4）　パネルは直接大きな集中荷重，衝撃または損耗を受けないこと．

（5）　パネルには強度上有害な溝掘り，孔あけ，切欠きがないこと．

（6）　屋上または吸水，吸湿のおそれがある場所に使用するパネルおよびそれらの接合部には，防水，防湿上有効な処理が施されていること．

（7）　仕上げ材や設備，建具などを含む他部材との取合いは，構法ごとに生じるパネルの挙動を阻害しない適切な納まりであること．

（1）　パネル割付けは，パネルの標準幅寸法を 600 mm としているので，600 mm 幅のモジュールとなるように計画されていることが望ましい．また，窓やドア開口などの寸法および位置の計画も，パネルの標準幅寸法に合わせて行う．

　パネルの割付け上やむを得ず 600 mm 未満のパネル幅を必要とする場合は，原則として最小幅300 mm までの範囲において 10 mm ごとの幅寸法となるようにする．それ以外のパネルを用いる場合はパネル製造業者の仕様を確認する．

　エキスパンションジョイントが設けられている場合は，設計図書などを参照し，エキスパンションジョイントに要求される地震時等の変位に合わせた適切なクリアランスを設ける．

（2）　パネルの長さは，4.1（1）（ii）による．パネルの厚さと設計荷重により使用可能な最大長さが異なるため，パネル製造業者の仕様を確認する．

（3）　パネルの支持方法は，原則として両端支持の単純梁とするが，木造用ねじ止め構法においては，両端とパネル中間部を含めた 3 点以上で支持する連続梁となることもある．

　なお，床用パネル以外のパネルは，定められた範囲内ではね出して使用することが可能である．

（4）　ALC は軽量・多孔質の材料であり，普通コンクリートに比べると強度が比較的小さく，傷がつきやすい．過大な集中荷重や衝撃が加わると，めり込みあるいは押し抜きなどによりパネルを局部的に破損するおそれがある．

　設備機器などの重量物を設置する場合は，原則として直接パネルに荷重を負担させてはならないが，やむを得ずパネルへ負担させる場合は，パネルに局部的な荷重が加わらないよう分散させるなどの処置をする．設備機器などの取付け例は「付 11．関連工事」を参照する．

　また，床パネルを素地のまま使用すると，摩耗するおそれがあるので，必ず有効な仕上げを施す．仕上げの例は「付 11．関連工事」を参照する．

（5）　パネルには溝掘り，孔あけ，切欠きなどの加工を行わないことが望ましいが，仕上げや設備の計画上，以下のようなパネル加工が必要となる場合がある．

（i）　外壁において，防水材の端末および水切り板などを納めるために溝掘りを行う．

（ii）　外壁および間仕切壁において，設備の配管などのために孔あけを行う．

（iii）　外壁および間仕切壁において，梁などが貫通するためパネル角部に切欠きを行う．

（iv）　屋根において，ドレンを納めるためにパネル角部に切欠きを行う．

（v）　床において，柱まわりを納めるためにパネル角部に切欠きを行う．

　パネル加工を行う場合に，パネル強度やパネル割付けの検討を行い，必要に応じて開口補強鋼材

5節　パネルおよび下地等の計画　―77―

などを用いた補強を行う．ただし，パネル強度の検討や補強などを行わずに加工できる範囲としての目安を解説表5.1に示す．使用部位によりその範囲が異なるため，注意を要する．

解説表5.1　パネルの加工範囲の目安

	外壁用および間仕切壁用 パネルの加工範囲	屋根用および床用 パネルの加工範囲
溝掘り	パネル1枚あたり1本かつ幅30 mm 以下，深さ10 mm 以下 30mm以下　10mm以下　30mm以下	不可
孔あけ	パネル幅の1/6以下 W/6以下　W [注]　パネルの加工は主筋を切断しない範囲に限る．	直径50 mm 以下 50mm以下 [注]　パネルの加工は主筋を切断しない範囲に限る．

（6）　ALC は，多孔質な材料であるため吸水性が比較的大きく，常時土に接するような布基礎や，擁壁などに使用してはならない．また，パネルを外壁や浴室の壁のような吸水，吸湿のおそれのある場所に使用するときには，防水上有効な仕上げを施さなければならない．

　パネル接合部および他部材との取合い部は漏水しやすい部分であるので，防水上有効な処理を施す．詳細は「付11．関連工事」を参照する．

（7）　取付け構法ごとにパネルの変形挙動が異なるため，パネルに施される仕上材や設備，建具等を含む他部材との取合いは，パネルの取付け構法を考慮して計画する．詳細は「付11．関連工事」を参照する．

5.2.2　外壁および間仕切壁のパネル計画

　施工者は，外壁および間仕切壁のパネル計画に関して，以下に示す項目の内容を設計図書などと照合し，適切に計画されていることを確認し，必要に応じて監理者と協議する．なお，構法は，3.1および3.2により特記された取付け構法とし，パネルは4.1により特記されたパネルとする．
　　（1）　パネルの厚さおよび長さ
　　（2）　設計荷重

(3) 伸縮目地の設置
(4) パネルの支持方法
(5) パネルの割付け

(1) パネルの厚さおよび長さ
 (ⅰ) 外壁用パネル

外壁用パネルの最大長さは,解説表4.2に示す最大支点間距離に,はね出し部の最大長さを加えたものであるが,支点間距離はパネルの設計荷重により制限される.また,パネルのはね出し部の長さは,パネル厚さの6倍以下の範囲である.したがって,パネルの厚さおよび長さは,設計荷重を確認した上で決める必要がある.

なお,意匠パネルは同一厚さの平パネルに比べ有効厚さが小さいため,最大支点間距離が短くなるので注意を要する.

 (ⅱ) 間仕切壁用パネル

間仕切壁用パネルの最大長さは,解説表4.4の最大長さかつ,JIS A 5416:2016に示されるパネル最大長さ(6000 mm)以内とする.なお,間仕切壁用パネルをはね出して用いる場合は,原則としてパネル厚さの6倍以下ではね出して使用することができる.はね出し部の長さがパネル厚さの6倍を超える場合は,パネルへ作用する外力や,取付け方法などを監理者と協議し,納まりを調整する.ただし,はね出す場合であっても,パネルの最大長さは解説表4.4の最大長さ,かつJIS A 5416:2016に示されるパネル最大長さ(6000 mm)の範囲内とする.

(2) 設計荷重

設計荷重は,外壁にあっては2.3.c(1)(ⅰ),間仕切壁にあっては2.3.c(1)(ⅱ)および2.4.1により,設計者が算出する.

(3) 伸縮目地の設置

地震時などにおいて,パネルの損傷防止などを目的に,パネル相互,パネルと躯体各部および他部材との取合い部などに伸縮目地を設ける必要がある.解説図5.1に伸縮目地と一般目地の例を示す.

解説図5.1 伸縮目地と一般目地の例

また,伸縮目地が必要な部位,その目地幅の標準値および耐火処理について以下に示す.なお,層間変形角が大きい場合など,目地幅の標準値を超える場合は別途検討し,設計図書などにより示す.

（ⅰ） パネル相互の伸縮目地

パネルの出隅部・入隅部および縦壁一般部の横目地，横壁一般部の縦目地には，幅10～20 mm程度の伸縮目地を設ける．取付け構法別の伸縮目地が必要な位置は，解説図5.2に示す．

また，建物の高さが異なる部分の縦目地にも，幅10～20 mm程度の伸縮目地を設ける．長大壁の場合は，鉄骨躯体の熱変形や布基礎部の変位を考慮し，壁長30 m以内ごとに幅10～20 mm程度の伸縮目地を設けることが望ましい．

横壁アンカー構法においては，パネル重量が下層のパネルに伝達されないように，標準的には，パネル積重ね枚数3～5枚ごとの横目地にパネルの自重受け金物を取り付けて，幅10～20 mm程度の伸縮目地を設ける．積重ね枚数の目安は7.3.3を参照する．

また，地震時などにおける躯体の変形が大きい場合や，躯体に微振動が常時生じると予想される場合などは，パネル積重ね枚数3枚ごとに伸縮目地を設けることもある．

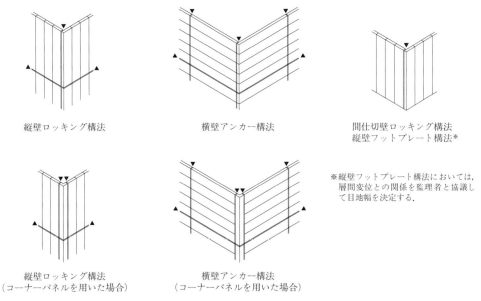

解説図5.2 取付け構法別の伸縮目地が必要な位置

（ⅱ） 躯体各部および他部材との伸縮目地

パネルと躯体各部，他部材との取合い部およびパネルを貫通する配管の外周などには，幅10～20 mm程度の伸縮目地を設ける．

（ⅲ） 伸縮目地の耐火処理

耐火性能が要求される場合の伸縮目地には，4.5bに規定される材料を充填する．

（4） パネルの支持方法

パネルの支持方法は，原則として両端支持の単純梁とする．

（ⅰ） 外壁用パネル

解説図5.3のように縦壁のパラペット部においては，パネル厚さ（D）の6倍以下の範囲であれ

ば，パネルをはね出して使用することができる．それを超える場合は，パラペット部に5.4.2による補強鋼材を設けて，下層とは別のパネルを取り付ける．なお，意匠パネルにおけるパネル厚さは，パネル表面の凹部における有効厚さとする．

　横壁においては，パラペット部の高さにかかわらず補強鋼材を設けてパネルを取り付ける．

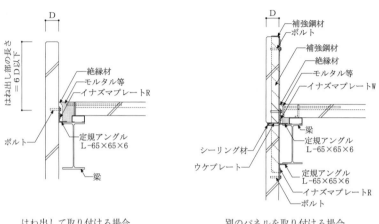

解説図5.3　外壁縦壁のパラペット部取付け例

　縦壁および横壁の下がり壁においては，下がり壁部分に補強鋼材を設けてパネルを支持し，パネル最下部には，縦壁および横壁にかかわらず，パネル重量を支持する山形鋼などの補強鋼材を設ける〔解説図7.6参照〕．

　なお，縦壁の下がり壁において，下がり壁のパネルは，上階のパネルとは別のパネルとする．

(ⅱ)　間仕切壁用パネル

　解説図5.4のように間仕切壁のはね出し部においては，パネル厚さ(D)の6倍以下の範囲であれば，パネルをはね出して用いることもできる．梁せいが大きい場合など，はね出し部の長さがパネル厚さの6倍を超える場合は，その場合にパネルへ作用する外力や，取付け方法などを監理者と協議し，納まりを調整する．

　なお，ALCパネル工事の工事範囲には含まれないが，防火区画に用いたパネルの上部を支持する下地鋼材および間仕切チャンネルなどの耐火被覆処理や，デッキプレートなどと下地鋼材および間仕切チャンネルなどとに生ずる隙間の処理を行い，防火性能上支障とならないようにする〔解説図5.5参照〕．ただし，上部の支持構造部材が鉄筋コンクリート造のスラブ等であり，パネルの取付けを定規アングルによる取付けで行う場合においては，この限りではない．

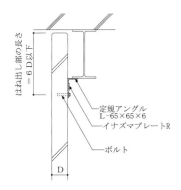

解説図 5.4 間仕切壁用パネルのはね出し部の長さ

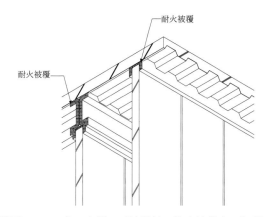

解説図 5.5 パネル上部と下地鋼材の防火性能上の処理の例

（5） パネルの割付け

　パネルの割付けにあたっては，600 mm 幅のパネルを標準寸法とする．パネルの割付けは開口部の位置に応じて計画するが，600 mm 幅のパネルを用いることができない場合は，原則として 300〜600 mm の間で 10 mm ごとの幅寸法のパネルを用いて割付けを行うようにする．なお，それ以外のパネルを用いる場合は，パネル製造業者の仕様を確認する．例えば，解説図 5.6 のように 900 mm 幅の開口がある場合には，450 mm 幅のパネルを 2 枚用いるなどとするのがよい．パネルを切り欠いて納めることは，パネルの強度に悪影響を及ぼすので行ってはならない．

　構造躯体にエキスパンションジョイントが設けられている場合は，設計図書などを参照し，エキスパンションジョイントに想定される地震時等の変位に合わせた適切なクリアランスを設ける．

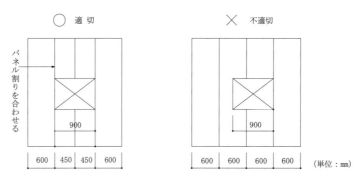

解説図 5.6 開口部寸法の位置に対応したパネル割付け計画の例

5.2.3 屋根および床のパネル計画

> 施工者は，屋根および床のパネル計画に関して，以下に示す項目の内容を設計図書などと照合し，適切に計画されていることを確認し，必要に応じて監理者と協議する．なお，構法は，3.3により特記された取付け構法とし，パネルは4.1により特記されたパネルとする．
> （1） パネルの厚さおよび長さ
> （2） 設計荷重
> （3） パネルの支持方法
> （4） パネルの割付け

（1） パネルの厚さおよび長さ
　（i） 屋根用パネル
　　屋根用パネルの最大長さは，解説表4.2, 4.3に示す最大支点間距離に，はね出し部の最大長さを加えたものであるが，支点間距離はパネルの設計荷重により制限される．また，屋根用パネルのはね出し部の長さは，パネル厚さの3倍以下の範囲とする．したがって，パネルの厚さおよび長さは，設計荷重を確認した上で決める必要がある．
　　なお，歩行用および多雪地域の屋根には，床用パネルのたわみの規定値に従う必要があるため，床用パネルを用いるなどの配慮が必要である．
　（ii） 床用パネル
　　床用パネルの最大長さは，解説表4.2, 4.3に示す最大支点間距離である．ただし，支点間距離はパネルの設計荷重により制限されるので，パネルの厚さおよび長さは，設計荷重を確認した上で決める必要がある．なお，床用パネルははね出して用いてはならない．
　　また，床用パネルの厚さ120 mm以上は，同一のパネル厚さであっても，耐火1時間の床用パネルと耐火2時間の床用パネルを区別して用いなければならない．
（2） 設 計 荷 重
　設計荷重は，2.3.c(1)(iii)および2.3.c(1)(iv)により，設計者が算出する．
　地震時などに屋根面および床面に作用する面内せん断力は，パネル以外の構造部材で負担する．
（3） パネルの支持方法

パネルの支持方法は，原則として両端支持の単純梁とするが，木造用ねじ止め構法においては両端とパネル中間部を含めた3点以上で支持する連続梁とする場合もある．なお，パネルの下部にある梁の高さがパネルの長辺方向と短辺方向とで同一の場合，パネルが支持される短辺方向の梁にかさ上げ鋼材を取り付けるなど，パネルの長辺が梁に接地しないようにする〔解説図5.7～5.9参照〕．

敷設筋構法において，解説図5.7のように屋根用パネルをはね出す場合は，パネル厚さ(D)の3倍以下の範囲とする．木造用敷設筋構法および木造用ねじ止め構法の場合の屋根用パネルのはね出しは，パネル製造業者の仕様を確認する．

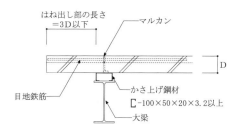

解説図5.7　屋根用パネルのはね出し部の長さ

（4）パネルの割付け

パネルの割付けは，解説図5.8のようにパネル長辺目地を大梁の芯に合わせ，パネルが梁の変形時に影響を受けないように行う．屋根面および床面に開口部を設ける場合には，開口に合わせた幅300～600 mmのパネルで納まる割付けとする．なお，それ以外のパネルを用いる場合は，パネル製造業者の仕様を確認する．

屋根用パネルにおいて，パネルの敷込み方向は，水勾配に対して長辺が直角方向となるように計画し，パネルのたわみによって水がたまらないように割り付ける〔解説図5.8参照〕．

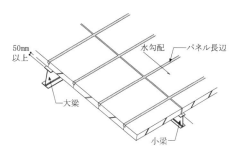

解説図5.8　屋根用パネルの割付け例

床用パネルにおいて，柱まわりでパネルに切欠きを行う場合には，解説図5.9の範囲を目安として行うことができる．この際，切り欠いたパネルの残り幅は300 mm以上とし，極力大きくなるように，かつできるだけ幅600 mmのパネルを用いるなど，割付けに注意する．なお，切り欠いた部分のパネルを支持するためには，下地鋼材や下地木材が必要である．下地鋼材の取付け方法については，解説図5.23を参照する．

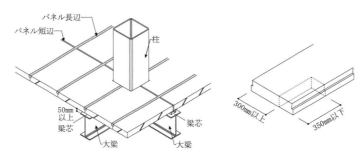

解説図 5.9　床用パネルの割付け例と加工範囲の目安

5.2.4　外壁用パネルと屋根および床の取合い部の納まり

> 施工者は，外壁用パネルと屋根および床との取合い部が，外壁用パネルの躯体の変形に対する追従性を阻害しない適切な納まりであることを確認し，必要に応じて監理者と協議する．

本項は，外壁用パネルと，屋根，床および他部材などとの取合い部の納まりを示す．

コンクリートスラブは外壁用パネル内面より 100 mm 程度内側に設置し，外壁用パネルを取り付けた後，モルタルやロックウールなどで埋め戻すのが一般的である．ただし，外壁用パネルの取付け構法や納まりによっては，躯体の変形に対して屋根，床および他部材などとは異なる動きが生ずるため，外壁用パネルの動きを阻害しない配慮が必要である．

パラペット部は，外壁用パネルの取付け構法や屋根の防水層に配慮した納まりとする．なお，解説図 5.10 は，外壁用パネルと屋根の取合い部の例を示したものであり，外壁と屋根に関する仕上げ材および防水材などとの納まりについては「付11．関連工事」を参照する．

また，外壁用パネルと，屋根および床との取合い部やパネル目地部には，躯体変形時にずれが生ずる．そのため，外壁用パネルと，屋根用および床用パネルまたはコンクリートスラブの屋根およ

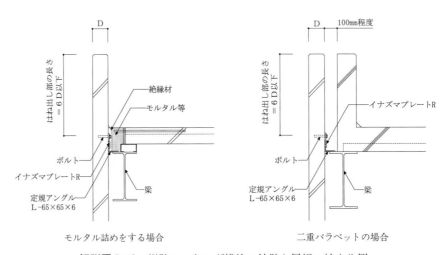

解説図 5.10　縦壁ロッキング構法の外壁と屋根の納まり例

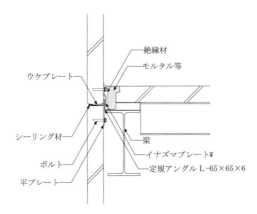

解説図 5.11 縦壁ロッキング構法の外壁と床の納まり例

び床との間にモルタルを充填する場合は，パネルの躯体の変形に対する追従性を妨げないよう，外壁用パネルの裏面に絶縁材を張り付ける．絶縁材は，クラフト粘着テープが一般的である．また，二重パラペットとする納まりもある〔解説図5.10，5.11参照〕．

5.3 下地の計画
5.3.1 共通事項

> 施工者は，下地が十分な強度と剛性を有し，パネルの取付けに支障のないように計画されていることを確認し，必要に応じて監理者と協議する．

パネルを取り付けるための下地は，梁・柱などの支持構造部材と下地鋼材および下地木材とに区分される．

支持構造部材は，パネルに作用する荷重を十分に支持するだけの強度と剛性を有することが重要であるため，部材の断面寸法を確認する．

下地鋼材および下地木材は，支持構造部材に取り付けられ，所定の納まりとなるように位置や寸法などを調整し，かつパネルに作用する荷重を支持構造部材に確実に伝達する役割を持つものである．なお，下地鋼材のうち，かさ上げ鋼材や定規アングルなどはその部材寸法が構法ごとの仕様により標準化されている．

以上に示した下地の関連およびその他の補強鋼材などを含めた工事範囲を，解説図5.12，5.13および5.14に整理した．

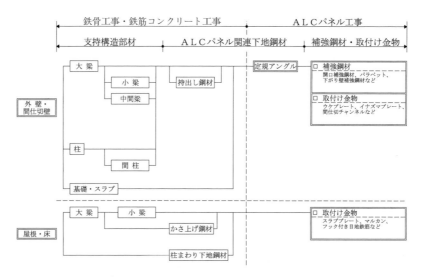

解説図 5.12 鉄骨造における下地関連図

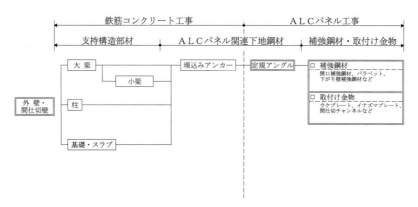

解説図 5.13 鉄筋コンクリート造における下地関連図

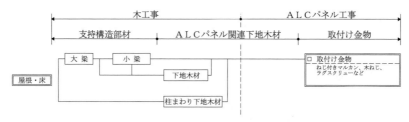

解説図 5.14 木造における下地関連図

5節　パネルおよび下地等の計画　— 87 —

5.3.2　外壁および間仕切壁の下地計画

　　施工者は，外壁および間仕切壁の下地計画に関して，以下に示す項目の内容を設計図書などと照合し，適切に計画されていることを確認し，必要に応じて監理者と協議する．
　（1）　風荷重などの面外方向の荷重を負担する下地は，パネルの両端を支持するように配置されていること．
　（2）　支持構造部材は，パネルとの間に，施工上必要なクリアランスを設けて配置されていること．
　（3）　中間梁や間柱の断面算定にあたっては，パネル自重，風荷重および地震力などが考慮されていること．
　（4）　パネルを支持する布基礎などの鉄筋コンクリートによる立上りの高さは，パネルが雨水，積雪などの影響を受けない高さとなっていること．
　（5）　間仕切壁用パネル上部および下部には，パネル取付けに十分な強度と剛性を有する梁，鉄筋コンクリートのスラブなどの支持構造部材が配置されていること．

（1）　パネルの設計は，両端支持の単純梁として行われており，風荷重，地震時の慣性力などの面外方向の荷重を負担する下地は，パネルの両端を支持するように配置することを原則とする．なお，パラペット部などでは，パネルをはね出して用いる場合もある．

　パネルを支持する主たる支持構造部材は梁，柱であるが，その他の支持構造部材として，布基礎および鉄筋コンクリートのスラブなどがある．

　縦壁ロッキング構法を用いる場合に，階高が高く1枚のパネル長さで取り付けられない場合などは，階高の中間付近に中間梁を設ける．また，横壁アンカー構法を用いる場合に，柱の間隔が広く1枚のパネル長さで取り付けられない場合などは，柱間の中間付近に間柱を設ける．

　支持構造部材には，解説図5.15のように，定規アングルなどの下地鋼材が取り付けられるのが一般的である．定規アングルは，外壁用および間仕切壁用パネルと支持構造部材との間の寸法調整を行い，壁の面精度を出す役割を持つと同時に，外壁用パネルが受ける風荷重などの面外力やパネル自重などの鉛直荷重を有効に支持構造部材に伝達する役割を持っている．例えば，縦壁ロッキング構法の標準的な納まりにおいては，解説図5.15のように，定規アングルにL-65×65×6を用い，パネルに加わる風荷重は，取付け金物および定規アングルを介して支持構造部材に伝達される．

（2）　支持構造部材（梁，柱）とパネルとの間に設けるクリアランス寸法は，縦壁ロッキング構法の場合は30～35 mmが標準である．

　また，横壁アンカー構法では，本柱とパネル裏面とのクリアランスは70 mm以上，間柱とパネル裏面とのクリアランスは25 mm以上を標準とする．躯体の施工誤差は，下地鋼材によって調整する〔解説図5.15参照〕．

　定規アングルの梁へのかかり代が小さすぎると，強度上の問題が生ずる．かかり代の下限値は，おおむね定規アングルの幅の半分程度を目安とする．なお，梁芯と柱芯を一致させる場合は，梁と外壁用パネルのクリアランス寸法が大きくなるので，あらかじめ工場溶接などにより，梁に持出し鋼材を取り付ける〔解説図5.16参照〕．

　間仕切壁用パネルの場合，上部支持構造部材に取り付けた間仕切チャンネルなどの取付け金物とパネル上端との間に施工上必要なクリアランスを設けてパネルを配置する．クリアランス寸法は，

10～20 mm 程度が標準である〔解説図 5.17 参照〕．

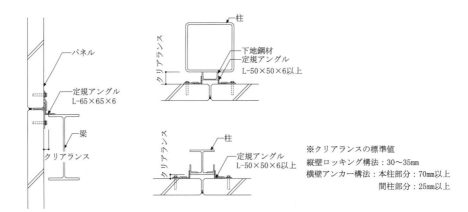

解説図 5.15 梁と外壁用パネルのクリアランス寸法

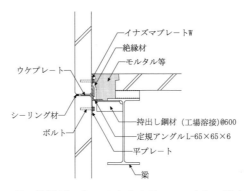

解説図 5.16 梁と外壁用パネルのクリアランスが大きい場合の納まり例

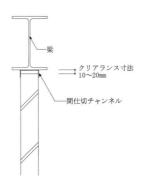

解説図 5.17 梁と間仕切壁用パネルのクリアランス寸法

（3）　階の中間に設けるパネルの中間梁は，風荷重や地震力などの面外荷重およびパネル自重などの鉛直荷重を考慮して断面算定され，設計図書に示される．設計上の留意点は 2.4.3 を参照する．その他，中間梁に加わるパネル重量が大きい場合には，鉛直荷重によって梁のたわみ量が大きくな

り，パネルに損傷を与えることも想定されるため，中間梁の部材算定にあたっては，パネルの単位容積質量を 650 kg/m³ として，仕上げ荷重や梁の自重も考慮する．なお，中間梁の鉛直方向のたわみ量については，パネルの取付け耐力上支障が生じないよう，配慮する必要がある．中間梁のたわみ量を小さくするためには，部材の強度や剛性に十分余裕のある部材選定を行うか，スパンの中間に吊り材を設けるなどの方策が有効である．中間梁のたわみ量は，パネル間の横目地の幅を考慮すると，10 mm 以下とすることが望ましい．

間柱の断面算定においても，同様に配慮が必要である．

(4) ALC は，多孔質であり，水や湿気または雪に常時さらされる場所に用いられると強度および断熱性などが低下する．「ALC パネル構造設計指針・同解説」では，このような場所ではパネルの使用を避けるか，有効な防護措置が必要とされている．このため，一般に，パネルを支持する布基礎などの鉄筋コンクリートによる立上りの高さは 300 mm 以上必要であり，積雪地においては，積雪量に見合う高さが必要である．

(5) フラット形式のデッキプレートスラブの場合，解説図 5.18 のようにスラブ下面にデッキプレートのリブやフランジが突出しているが，その部分は間仕切壁用パネル上部を受ける部材としての強度や剛性が不足しており，間仕切チャンネルなどを直接取り付けることはできない．スラブ下面にあと施工アンカーなどで間仕切チャンネルを取り付けるか，または適切な強度と剛性を有する小梁などを配置する必要がある．同様の理由で，折板屋根の下面などにも小梁を設ける必要がある．

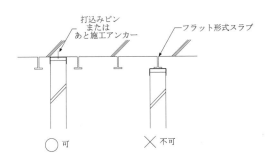

解説図 5.18　フラット形式デッキプレートスラブへの間仕切壁用パネル取付け例

間仕切壁用パネル下部の床が床用パネルの場合には，床用パネルに過大な集中荷重を作用させないために，間仕切壁の直下に受け梁を設ける．

なお，縦壁フットプレート構法および間仕切壁ロッキング構法の取付け金物であるフットプレートおよび RF プレートは，コンクリートスラブに打込みピンまたはあと施工アンカーで固定することを前提とした構法であるため，床がパネルの場合には検討が必要である．

5.3.3　屋根および床の下地計画

> 施工者は，屋根および床の下地計画に関して，以下に示す項目の内容を設計図書などと照合し，適切に計画されていることを確認し，必要に応じて監理者と協議する．

> （1） 屋根および床の下地の構造は，面内せん断力をパネルに負担させないよう，充分な面内剛性と面内強度を有していること．
> （2） 下地は，パネルの両端を支持するように配置されていること．なお，木造用ねじ止め構法においては，パネルの両端を含めた3点以上で支持する場合がある．
> （3） 集中荷重が作用する部分では，その直下にパネル受け梁を設け，パネルは分割して割り付けされていること．
> （4） パネルを支持する下地は，かかり代が確保できる寸法のものとなっていること．
> （5） 排水口までの水勾配は，パネルの受け梁で設けられていること．
> （6） 屋根面に設置された開口には，耐力上有効な受け梁が配置されていること．
> （7） 柱まわりなどは，耐力上有効な下地鋼材や下地木材が設けられていること．

（1） 屋根面および床面に加わる面内せん断力は，パネルに負担させることなく，水平ブレースなどの構造要素で負担する．

（2） パネルは，鉛直方向の荷重に対し，原則として両端支持の単純梁として支持するように設計されている．したがって，これらの荷重を支持する受け梁は，パネルの両端に配置するのが原則である．例えば，大梁間隔が広く1枚のパネル長さで取り付けられない場合などは，中間に小梁を設け，別々のパネルを取り付ける．なお，木造用ねじ止め構法においては，両端とパネル中間部を含めた3点以上で支持する連続梁とする場合もある．

また，パネルが3辺支持とならないよう，パネル短辺部の下地をかさ上げするか，パネル長辺部の下地を下げるなどの措置が必要である．

（3） 集中荷重が作用する部分では，その直下にパネル受け梁を設ける．その際，単純梁で計画を行ったパネルが3点支持とならないように，パネルの割付けも受け梁上で分割する必要がある〔解説図5.19参照〕．

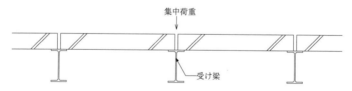

解説図5.19　集中荷重が作用する部分の直下に設ける受け梁

（4） パネルを支持する小梁の断面算定に用いるパネルの単位容積質量は650 kg/m^{3}とし，固定荷重，積載荷重および積雪荷重なども考慮して算定を行う．この際，断面算定結果による部材選定と同時に，パネルに加わる荷重を下地に伝達させるため，有効なかかり代が確保されているかを確認する必要がある．

パネル端部のかかり代については，その実験結果が「ALC研究会報告（1965）」[1]に報告されている．それによれば，かかり代が20 mm以上あれば，端部の破壊がパネル破壊の直接の原因となることはない．「ALCパネル構造設計指針・同解説」では，施工誤差を考慮して，かかり代の設計値を敷設筋構法および木造用敷設筋構法においては主要支点間距離の1/75以上，かつ40 mm以上と記載

し，木造用ねじ止め構法においては 50 mm 以上と記載している．したがって，屋根用および床用パネルを支持する小梁やかさ上げ鋼材の幅は，両側のパネルのかかり代に，標準目地幅 20 mm を加えた 100 mm 以上必要である．なお，木造用敷設筋構法および木造用ねじ止め構法における梁の幅は，木造のモジュールを勘案し，105 mm 以上とされている〔解説図 5.20 参照〕．また，木造用ねじ止め構法におけるパネル長さの中間に配置される梁の幅は，45 mm 以上とされている．

鉄骨造において，大梁ではハイテンションボルトなどの突起物を避けるためかさ上げを行い，パネルの支持面を平滑にして，パネルのかかり代を確保しなければならない．この際に使用するかさ上げ鋼材には，通常リップ溝形鋼の C-100×50×20×3.2 が用いられるので，小梁はその上面が大梁上面より 50 mm 高くする必要がある〔解説図 5.20 参照〕．

なお，木造において，下地木材は柱や梁の側面に設置され，かかり代を確保する目的のほか，他部材との納まりによりパネルの上面を梁の上面よりも下げる場合などにも用いられる．

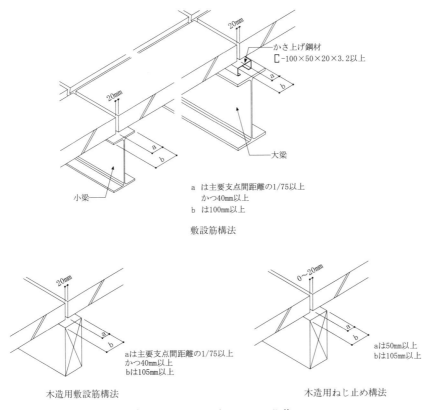

解説図 5.20　パネルのかかり代

（5）屋根パネルを支持する小梁を水勾配に対して平行に設置して，パネルの長辺方向が水勾配に対して直角となるようにする．これにより，パネルのたわみによる水の滞留が防止できる〔解説図 5.21 参照〕．

屋根面が急勾配の場合は，パネル 5〜8 枚ごとにピースアングルなどの滑り止め用の金物を支持

構造部材などに取り付ける．

屋根パネルの上面にモルタルを施し，塗厚を調整して水勾配を設けてはならない．モルタルで水勾配を設けると，塗厚が水上で厚くなりすぎ，モルタルの乾燥収縮による防水層の破断やパネルにひび割れを生ずるおそれがある．また，仕上げ荷重が大きくなりすぎるなどの問題が起きることを避けるためである．ただし，ペントハウスまわりおよびドレンまわりなど，部分的に水勾配を設ける場合は，モルタルで設けることが一般的である．

解説図 5.21 水勾配に対してパネル敷込み方向を直角とする受け梁の配置

（6） 屋根面に，換気口やトップライト部分などの開口がある場合には，パネルを有効に支持する受け梁の強度の検討を行い，適切に設置する〔解説図 5.22 参照〕．

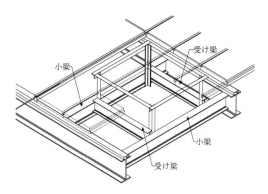

解説図 5.22 屋根面に開口部を設けた場合の下地の例

（7） 柱まわりなどで，パネルを切り込んで敷き込む部分には，この部分のパネルを支持するための下地鋼材や下地木材を設け，パネルの支持面を確保する〔解説図 5.23 参照〕．

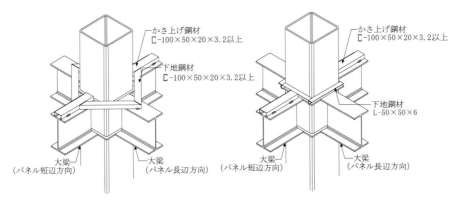

解説図5.23 柱まわりの下地鋼材の取付け例

5.4 補強鋼材の計画

5.4.1 開口部の補強鋼材

> 窓および出入口などの開口部のまわりには，耐力上有効な開口補強鋼材を設ける．

　補強鋼材を用いた補強を必要とする開口部の主なものは，外壁および間仕切壁に設ける窓，出入口がある．また，設備開口などでも，必要に応じて開口補強鋼材で補強する場合がある．その他，屋根面に設ける天窓およびドレン用の孔あけなども補強を必要とする場合がある．以下に，外壁面に設ける開口部の一般的な補強方法および考え方を示す．

　外壁面の開口部の補強鋼材は，一般には，風荷重による面外荷重を考慮し，開口部周辺が受ける風荷重を支持構造部材に伝達する役割を持つ．その部材は，計算などにより安全かつ有害な変形がなく，荷重を有効に支持構造部材に伝達できるものとして検討し，設計図書などに示される．一般的に行われている開口補強鋼材の部材検討の考え方を解説図5.24に示す．ここでは，縦壁において，開口の幅がパネル3枚にわたり，開口の上にまぐさ用パネルが，開口の下に腰壁用パネルが取り付けられることを想定して解説する．

（i）開口補強横材（上）の部材検討

　両端を開口補強縦材（左，右）に単純梁で支持された開口横材（上）は，開口部上半分の面積（解説図5.24中Bの部分）と，まぐさ用パネル下半分の面積（解説図5.24中Aの部分）が受ける風荷重が，等分布荷重として加わるものとして部材を検討する．まぐさ用パネルの寸法が大きい場合には，鉛直荷重も考慮して検討する．

（ii）開口補強横材（下）の部材検討

　両端を開口補強縦材（左，右）に単純梁で支持された開口横材（下）は，開口部下半分の面積（解説図5.24中Cの部分）と，腰壁用パネル上半分の面積（解説図5.24中Dの部分）が受ける風荷重が，等分布荷重として加わるものとして部材を検討する．

（iii）開口補強縦材（左，右）の部材検討

上下端を支持構造部材に単純梁で支持された開口補強縦材（左，右）は，開口補強横材（上）と，開口補強横材（下）から受ける荷重が，それぞれ集中荷重（解説図5.24中P1，P2）として加わるものとして部材を検討する．

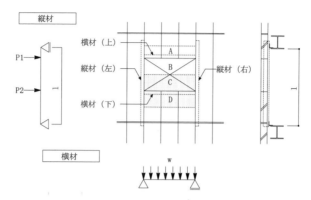

解説図5.24 開口補強鋼材の部材検討の考え方

横材および縦材はともに両端を単純梁で支持された部材とし，一般に，各部材のたわみ制限値を外壁用パネルのたわみの制限値である1/200に合わせて検討する．なお，部材の選定に際して，山形鋼を選択する場合には，パネルの厚さを考慮した上，山形鋼の一辺がパネルの厚みの中に納まるように注意して選定する．例えば，厚さ100 mmの外壁用パネルの場合，シーリングの打ち代などを考慮すると，L-75の寸法が許容される最大であり，L-90以上の寸法の山形鋼は用いることができない．そのような場合には，角形鋼管などの部材を室内側に配置して開口部を補強する．なお，角形鋼管などを用いる場合は，鉄骨工事にて設置を行う必要がある．開口補強鋼材の検討の事例を「付8．開口補強鋼材およびパラペット部補強鋼材の部材検討例」に示す．

なお，解説図5.24および「付8．開口補強鋼材およびパラペット部補強鋼材の部材検討例」に示す検討例は一般的な窓型の開口を想定したものであり，集合住宅の掃出し窓などにおいては異なる部材検討の考え方を用いることもある．施工者は，開口の種類に適した考え方や検討に用いる荷重条件などを必要に応じて監理者と協議する．

連窓開口および排煙窓はスパンが大きく，山形鋼では強度上不足することが多い．そのような場合には，解説図5.25，5.26に示すように，階の中間にH形鋼などの受け梁を設けるか，あるいは柱間に間柱を設けて，それらに荷重を伝達させる．なお，それらは開口寸法や荷重条件などに応じて，両者ともに必要となる場合もある．

なお，間仕切壁の場合には，面外荷重として，地震時にパネルなどに作用する慣性力などを考慮して部材を検討する．

屋根および床に開口部を設ける場合には，パネル自重・仕上げ荷重・積載荷重・積雪荷重などの鉛直荷重を考慮して，部材を検討する．

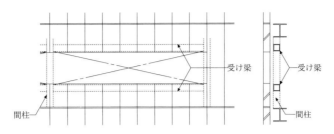

解説図 5.25 連窓開口の補強鋼材の配置例

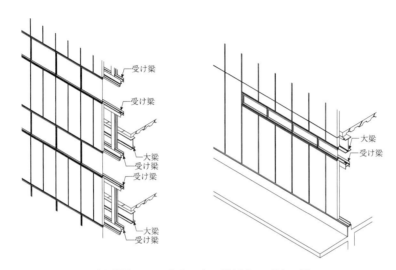

解説図 5.26 連窓および排煙窓の下地の例

5.4.2 パラペット部などの補強鋼材

> パラペット部などを補強する場合は，パネルが両端支持の単純梁となるように，耐力上有効な補強鋼材を設ける．

外壁においては，パラペット部，ベランダ部分の手すり壁および下がり壁などに，解説図5.27に示すように別のパネルを用いる場合がある．このような部分では，作用する荷重や寸法に応じて，適切な強度と剛性を有するような補強鋼材が必要である．

その部材は，計算などにより安全かつ有害な変形がなく，荷重を有効に支持構造部材に伝達できるものとして検討し，設計図書などに示される．

以下に，パラペット部などの補強鋼材の部材検討の考え方を解説図5.27に示す．ここでは，縦壁パラペットにおいて，方立材をパネル3枚おきに設ける場合で解説する．

（ⅰ）横材の部材検討

両端を方立材に単純梁で支持された横材は，パラペットに用いられるパネル上半分の面積（解

説図 5.27 中 A の部分）が受ける風荷重が，等分布荷重として加わるものとして部材を検討する．
（ⅱ）方立材の部材検討

下端を支持構造部材に固定支持された方立材は，横材から受ける荷重が，先端に集中荷重（解説図 5.27 中 P）として加わるものとして部材を検討する．

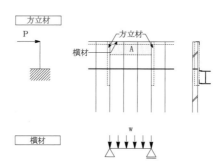

解説図 5.27 パラペット部補強鋼材の部材検討の考え方

横材および方立材のたわみ制限値については，一般に外壁用パネルのたわみの制限値である 1/200 に合わせて検討する．パラペット部補強鋼材の検討の事例を「付 8．開口補強鋼材およびパラペット部補強鋼材の部材検討例」に示す．なお，補強鋼材の納まりについては，「7 節　施工」を参照する．

5.5　特殊な条件の計画

> a．隣棟間隔が狭い場所に外壁用パネルを使用する場合には，施工方法を考慮し，施工上必要な隣棟間隔を確保の上，防水上有効な防護策を施す．
> b．パネルが有害な影響を受けるおそれのある環境で使用する場合は，特記による．
> c．常時振動を受ける場所に使用する場合は，特記による．

パネルを特殊な条件において使用する場合，以下に示す対策を計画時に考慮しなければならない．なお，仕上げ，納まりなどのディテールの例については，「付 11．関連工事」を参照する．

a．外壁用パネルの取付け工事および関連する工事としては，所定位置へのパネルの移動および取付けならびに補修作業，パネル間目地部のシーリング工事，外壁面の仕上げ工事，開口部など他部材との取合い部の雨水処理などがある．

隣棟間隔が狭い場合は，シーリング工事による防水性能が充分確保できないため，別途，隣接する建物との取合い部に，雨どい，雨押えなどを設ける必要がある．

b．パネルに有害な影響を与える環境としては，（1）高温，（2）高湿，（3）低温・凍結，（4）酸性ガス・薬品，（5）海塩粒子などが挙げられる．これらの条件下では，十分注意して使用しなければならない．その対策および注意事項を以下に記述するので，計画時にこの点を考慮し，特記する．
（1）高温となる環境の場合

自然環境下においてパネルが高温状態となり得る部位としては，直射日光にさらされる屋根面がある．しかし，この場合は，比較的短時間であり，特別な対策を必要としない．

一方，ごみ焼却場，煙突およびボイラー室などにおいても，パネルが高温状態となり得る．この場合，パネルが常時高温（50 ℃以上）にさらされたり，また，冬場などに高温状態から低温の雰囲気に急激に変化すると，過度の乾燥収縮やパネル内外部の温度差を生じ，ひび割れを起こすことがある．したがって，このような使用条件においては，計画時に，断熱材などによる保護や換気設備などを設けて，パネルが高温にさらされないような対策をとる必要がある．

（2）高湿となる環境の場合

室内が常時高湿になるような環境にさらされると，パネルが吸水して断熱性の低下，凍害の発生などの不具合が生ずるおそれがある．温水プールや内部湿度の高い工場などにおいてパネルを使用する場合，一般に下記のような対策が必要である．

（ⅰ）外壁の場合

① 室内側に防湿層または防水層を設けて，パネルへの水分の浸入を防ぐ．

② 室外側の仕上げ材には透湿性の高い仕上げ材を用いて，パネルの水分を外部に放出しやすいようにする．

③ 換気設備を設け，高湿空気を排出する．

（ⅱ）屋根の場合

① 天井に防湿層を設けて，パネルへの水分の浸入を防ぐ．

② 天井裏に換気設備を設けて，高湿空気を排出する．

（3）低温・凍結対策

パネルに水分が侵入し，低温により凍結融解を繰返すような条件にさらされると，凍害が生ずるおそれがある．凍害の発生を防ぐには，パネルへの水分の浸入を遮断するために，下記に示す対策が必要である．

① パネルに積雪や氷塊などの付着を防ぐ納まりとする．

② パネル内部に結露が生じないように防露設計を行う．

③ サッシ部などから結露水がパネルに入らないようにする．

④ パネルの通気性を考慮した仕上げを計画する．

（4）酸性ガス・薬品対策

高濃度の炭酸ガスや塩素ガスなどの酸性ガスおよび薬品などにより，パネルにひび割れの生ずるおそれがある．酸性ガスが発生する場所にパネルを使用する場合は，十分な換気が必要である．パネルが高濃度の酸性ガスおよび薬品にさらされない措置が取れない場合は，パネルの使用は避ける．

（5）海塩粒子対策

海岸地域などにおいては，飛来した海塩粒子が水分とともにパネルに浸入し内部の補強材を腐食させ，パネルの表面にひび割れやはく離などを生じさせるおそれがある．このような場合，塩化物の浸入を遮断するために，パネル表面に遮へい性の高い仕上げ材を施すなどの対策が必要である．

ｃ．振動を受ける場所では，欠けや粉落ちが生ずるおそれがあるため，パネルの使用にあたって，

その防止対策として特記する例を以下に示す.

① パネルと梁などの下地との接合部には，防振ゴムなどのクッション材を設置する.

② 屋根および床の場合は，できるだけ厚く，短いパネルを使用する.

③ 室内に粉落ちが生じないよう，屋根および床の下面には天井を設ける. また，吹付け塗装仕上げの場合には，目地部およびパネルと支持部材との接触部にシーリングを施す. 仕上げの例は「付11. 関連工事」を参照する.

④ 外壁の室内側および間仕切壁のパネル表面には，パネルの変形追従性能に配慮した内装を設けるか，または吹付け塗装仕上げなどを施す. 仕上げの例は「付11. 関連工事」を参照する.

参 考 文 献

1) ALC 研究会：ALC 研究会報告（1965），ALC 研究会，1965

6節　施　工　計　画

6.1　一　般　事　項

施工者は，設計図書などに基づいて設計条件，要求性能を把握し，現場の施工条件を明確にして施工計画を立案する．

施工者は，ALC パネル工事および ALC パネル工事に関連する工事について，設計図書などの内容を，「2節　性能」，「5節　パネルおよび下地等の計画」などの項目と照合して，設計条件，要求性能を正確に把握し，材料の搬入，仮設，施工条件および工程などを明確にして施工計画を立案する．

施工計画を立案するにあたり，QC 工程表などを作成し，関係者とも協議の上，監理者および専門工事業者の役割を明確にする．

［注］ QC 工程表とは，各工程の管理項目，管理水準，管理頻度，管理方法，不具合の処理をまとめ，各管理項目の責任者を明確にしたものである．

（1）　鉄骨造の建物にパネルを使用した場合は，通常，以下のような工事の流れとなる．

　（ⅰ）　先 行 工 事

　　基礎および土工事，鉄骨工事，床コンクリート工事

　（ⅱ）　準 備 工 事

　　かさ上げ鋼材等下地鋼材取付け，布基礎立上りコンクリート打込み，足場等仮設

　（ⅲ）　ALC パネル工事

　（ⅳ）　ALC パネル工事に関連する工事

　　屋根防水・他部材シーリング工事，外部仕上げ工事，笠木等金属工事，耐火被覆工事，建具工事，内部仕上げ工事，木工事，床仕上げ工事，設備工事

（2）　鉄筋コンクリート造の建物にパネルを使用した場合は，通常，以下のような工事の流れとなる．

　（ⅰ）　先 行 工 事

　　基礎および土工事，コンクリート工事（埋込みアンカー含む）

　（ⅱ）　準 備 工 事

　　足場等仮設

　（ⅲ）　ALC パネル工事

　（ⅳ）　ALC パネル工事に関連する工事

　　他部材シーリング工事，外部仕上げ工事，笠木等金属工事，建具工事，内部仕上げ工事，木工

事，床仕上げ工事，設備工事

（3）　木造の建物の屋根および床にパネルを使用した場合は，通常，以下のような工事の流れとなる．

　（ⅰ）　先 行 工 事

　　基礎および土工事，木工事

　（ⅱ）　準 備 工 事

　　下地木材取付け，足場等仮設

　（ⅲ）　ALCパネル工事

　（ⅳ）　ALCパネル工事に関連する工事

　　屋根防水・他部材シーリング工事，外部仕上げ工事，笠木等金属工事，耐火被覆工事，建具工事，内部仕上げ工事，木工事，床仕上げ工事，設備工事

6.2　施工計画書

---

　a．施工者は，施工計画に基づき施工計画書を作成し，監理者の承認を受ける．
　b．施工者は，専門工事業者を選定し，施工計画書に基づき必要に応じて専門工事業者に施工要領書を作成させ，その内容を確認する．
　c．施工計画書の内容を変更する場合は，監理者の承認を受ける．

---

　a．施工計画書は，6.1で立案した施工計画の方針とその具体的な実施計画を基準とするもので，施工者が作成し，監理者の承認を受ける．施工計画書は，ALCパネル工事に関連する工事についても，その工事範囲を明確にして記述する．なお，施工計画書には，ALCパネル工事に伴い生ずるパネルの端材および残材などの処理について，他の資材と同様に関係法令を遵守し，建設廃棄物として適切に搬出し処分する方法なども記述する．

　ALCパネル工事に関する一般的な記述項目を解説表6.1に示す．また参考例を「付9．施工計画書および施工要領書の例」に示す．

解説表 6.1　施工計画書の標準的な構成例

項　　目	内　　容
1．総　則	
1.1　適用範囲	工事名称，施工計画書の目的
1.2　計画の変更・追加	変更を要する場合，内容に疑義のある場合の協議方法
2．一般事項	
2.1　工事概要	工事全体の概要
2.2　建物概要	平面図，立面図
2.3　ALCパネル工事概要	部位，構法，種類，数量（立面図に範囲を明記）
2.4　組織（工事管理体制）	施工者，パネル製造業者・専門工事業者の一覧
3．関連工事	
3.1　関連工事概要	耐火被覆，建具，笠木，吹付け・タイル，防水など
3.2　工事範囲	関連工事との区分け
4．基本性能	
4.1　要求性能	耐火性能・耐荷重性能・耐震性能
4.2　構法	取付け構法の概要
4.3　材料	使用材料の概要
5．工程計画	
5.1　工事工程	全体工程表，施工図・生産工程
5.2　取付け工程	取付け工程表
6．仮設計画	
6.1　総合仮設	総合仮設の概要（揚重機の種類・位置・各種足場）
6.2　ALC関連仮設	ALCパネル工事に関する仮設等
7．安全計画	
7.1　管理体制	作業所安全管理規定等
7.2　注意事項	作業時の注意事項
8．施工計画	
8.1　施工条件	敷地条件や近隣および施工計画上の制約事項
8.2　技能工	班編成，エーエルシーパネル施工技能士
8.3　揚重・運搬・仮置き	搬入経路，取込み方法，パネルの仮置き方法，数量
8.4　取付け	重機などの使用，取付け方法，溶接方法
8.5　端材処理	集積場所，分別・処理方法
8.6　シーリング	材質，商品名，施工条件
9．検　査	支持構造部材・下地の確認，受入検査，工事検査，完了検査

　b．施工者は，専門工事業者を選定して監理者に報告し，作成した施工計画書に基づいてALCパネル工事および関連する工事の施工要領書を，必要に応じて各専門工事業者に作成させ，要求品質が確保できることを確認する．この施工要領書の主な項目を解説表6.2に示す．参考例を「付9．施工計画書および施工要領書の例」に示す．

　品質を確保する要素に技能者の技量があるが，ALCパネル工事に従事する技能者を検定するものとして，職業能力開発促進法に基づいて厚生労働大臣が認定する「エーエルシーパネル施工技能士」

－102－　JASS 21　ALCパネル工事（解説）

制度がある．平成28年度までの技能士合格者は，累計4829名（ALC協会調べ）である．ALCパネル工事の各現場に1名以上の技能士を置くことが望ましい．

解説表6.2　施工要領書の標準的な構成例

項　目	内　容
1．組　織	施工者，パネル製造業者，専門工事業者の一覧
2．工程表	取付け工程表
3．体　制	パネル施工班，名簿および資格，使用機器
4．揚重・運搬・仮置き	取込み方法，仮置き方法，数量，パネルの養生方法
5．施　工 　5.1　フローチャート 　5.2　墨出し 　5.3　下地鋼材・補強鋼材 　5.4　加工 　5.5　取付け 　5.6　補修	
6．シーリング	
7．安全事項	作業時の注意事項

6.3　施　工　図

施工者は，ALCパネル工事に先立ち施工図を作成し，監理者の承認を受ける．

ALCパネル工事の施工図は，設計図書に基づき実際に工事ができるように，施工上必要な細部を図示したものである．施工者は，専門工事業者の協力を得て施工図の作成を進め，設計図書などの内容を具体化していく．施工図は，一般的にパネル割付図とパネル取付け詳細図などで構成されており，割付図は外壁用および間仕切壁用の場合，平面図と立面図を表示し，屋根用および床用の場合，平面図を表示する．詳細図には一般的な部分のほかに特殊な部分もできるだけ表示し，他部材との納まりや関連工事との取合いを明確にして，施工時に問題が生じないようにする．内容に疑義が生じた場合は，監理者と協議して事前に問題点を解決しておく．

施工者は，施工図が所定の納まりであること，パネルの割付けが現場切断・端材の発生が少ないこと，現場条件に適した取付け方法であることなどを確認して，監理者へ提出して承認を受ける．

施工図に明記する項目には，下記のようなものがある．

（1）割　付　図

　・基準線，基準線からのパネル位置，開口の位置と大きさ

　・パネルの寸法，種類，設計荷重，パネル記号

　・補強鋼材の位置，部材寸法

・柱，梁まわりのパネルの加工および開口部の位置と大きさ

・設備用開口部の位置と大きさ，補強方法

・下地など関連する工事

（2）詳 細 図

・下地とパネルの取合い

・パネルの取付け方法

6.4 工 程 計 画

> 施工者は，ALCパネル工事に先立ち工程表を作成し，監理者に提出する．

　工程表は，全体工程とALCパネル工事工程とに分けられるが，全体工程は施工者が作成する．ALCパネル工事の工程については，施工者が専門工事業者と協議しながら作成する．この項では，ALCパネル工事の工程表の作成を対象とする．工程表の書式は，ALCパネル工事の場合にはバーチャート式工程表が一般に用いられる．なお，全体の工程については，関連工事との関係を明確にするため，ネットワーク式の工程表を用いることが望ましい．

　施工者は，ALCパネル工事に関連するパネル製造業者および専門工事業者などをすみやかに決定し，パネルの割付けを考慮し，間柱，中間梁，小梁などの支持構造部材の検討を十分に行うことが大切である．

　なお，支持構造部材の検討は，鉄骨図または木造伏図の承認時期に合わせて完了していなければならない．

　また，工程計画においては，施工図承認に要する日数，パネルの生産に要する日数を考慮する．パネルの納品までの日数は，時季などにより変動するので注意する．施工者はこれらを考慮し，状況に応じた施工図の打合せおよび図面内容の確認期間を設定しなければならない．

　パネルの搬入は，工程表予定日の約1週間前に準備作業の工程を確認して専門工事業者と打ち合わせる．専門工事業者は，パネル製造業者にパネルの生産状況を確認してパネル搬入日を決定し，納入車両を手配する．

　取付けの工程は，取付け期間内の気象条件を考慮し，雨・風による作業不能日，休日の取扱いなどから現場の実稼働日数を算出し，さらに作業の難易度を検討の上，施工機械の能力，ストックヤードの面積，作業人員の編成を検討する．

　ALCパネル工事に関連する項目の工程の例を解説図6.1に示す．

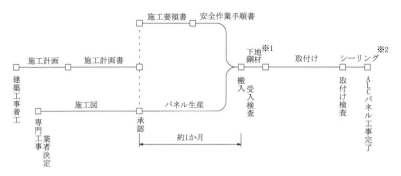

[注] ※1 鉄骨造および鉄筋コンクリート造の場合に限る.
※2 必要に応じて実施する.

解説図 6.1　ALC パネル工事関連項目の工程の例

6.5　仮設計画

> a．施工者は，ALC パネル工事に先立ち，パネルの搬入，揚重，取付けなどの作業に必要な仮設を計画する．
> b．施工者は，事前に使用機械などを確認し，必要な電気設備を計画する．

a．建築工事全般に関する仮設工事については，「建築工事標準仕様書・同解説　JASS 2　仮設工事」[1]（以下，JASS 2 という）に規定されているが，本項では，特に ALC パネル工事に必要な事項について述べる．

(1)　足　　場

ALC パネル工事に必要な足場は，一般に ALC パネル工事開始前に設置しておく．なお，パネルの搬入時には，パネルの搬入口および荷受け構台（荷受けステージ）が必要となる．荷受け構台の設置時期などは，専門工事業者と十分な打合せを行って決める．

屋根用および床用パネルにおいては，作業の安全性を確保するため，作業に先立ち落下防止用の安全ネットを設置し，墨出し作業および取付け金物の取付け作業時には，安全な作業床としての吊り足場を設ける．

外壁用パネルの取付け作業においては，枠組足場など作業に安全な足場を外部に設ける．外部足場の建地は，パネルを保管場所から取り出して所定の位置に設置するなどの，一連の取付け作業を円滑に行うことや，仕上げ工事などの作業も考慮して，パネル外面から 30 cm 程度離した位置に設置するのが一般的である．そのため，建込み前に労働安全衛生法上，安全ネットなどを設ける必要がある．

パネルの取付けに使用する巻上げ機（ウインチなど）は，一般に必要に応じて補強を行った足場の布を吊り元とする．したがって，足場は外壁用パネルの取付け時のパネル重量に対して安全なものとし，最上部の足場の布は，最上部の外壁用パネルの取付け時の吊り代を確保するために，外壁用パネルの頂部より 1 m 程度高い位置まで設ける必要がある〔解説図 6.2 参照〕．

ただし，クレーンなどによりパネルを 1 枚ずつ取り付ける場合には，通常の足場でよい．

階高の高い工場・倉庫や階段室などで、パネルを取り付ける梁部分にスラブがない場合には、取付け作業用の足場を室内側にも設ける．

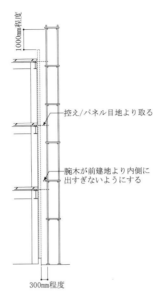

解説図 6.2　外壁作業用足場の例

間仕切壁工事においては、一般に移動式足場(ローリングタワー)，高所作業車や立ち馬などを用いる．また、吹抜け部などで上下階のパネルが連続する場合には、外壁に準じた足場を設ける．

(2)　仮 設 機 械

パネルの搬入は、通常5〜8枚を1山(約1t)として、輸送トラックから取付け位置近くに直接搬入できるような揚重機を用いて行う．この揚重機にはラフテレーンクレーン、トラッククレーンおよびタワークレーンなどが用いられる．なお、これらの揚重機は使用前点検を実施してその記録を残し、操作は「クレーン等の安全規則」を遵守して行う．

また、高層の建物では一般に、荷揚げ用ロングリフトなどで所定階への荷揚げが行われる．

b．ALCパネル工事に使用する電動工具類には、溶接機、鋼材カッター、ALCカッター、電動ドリルおよび電動ウインチ(ベビーホイスト)などがあり、そのための工事用電源としては、専門工事業者1班(3〜4名)あたり、3相200V30kVA以上(100V電源も必要)確保する必要がある．ただし、木造においては溶接機を用いないため、100V電源のみでよい．なお、施工者は、専門工事業者がこれら電動工具類を持ち込む際に安全点検をして、確認したものに許可書を交付する．

6.6　安 全 計 画

a．施工者は、ALCパネル工事に伴う事故防止に留意する．
b．施工者は、ALCパネル工事に先立ち、必要に応じて専門工事業者に安全作業手順書を作成させ、その内容を確認する．

a．ALC パネル工事は，高所で作業し，各種揚重機や電動機械などを用いて重量のあるパネルを取り扱い，アーク溶接を伴う作業である．したがって，墜落，落下物，感電などによる労働災害が起こらないように努めなければならない．作業にあたっては，労働安全衛生法等の内容を遵守し，事前に安全計画を立案して，ミーティングの際に技能者にその内容を周知徹底させる．

特に留意すべき事項は，以下のとおりである．

（1）　ALC パネル工事に関する法令に定められた安全教育および技能講習

（ⅰ）　雇入れ時等の安全教育（労働安全衛生規則第 35 条）

（ⅱ）　特別教育を必要とする業務（労働安全衛生規則第 36 条）

・研削砥石の取替えまたは取替え時の試運転の業務

・アーク溶接機を用いて行う金属の溶接，溶断等の業務

・作業床の高さが 10 m 未満の高所作業車の運転の業務

・動力により駆動される巻上げ機の運転の業務

・吊上げ荷重が 1 t 未満のクレーン，移動式クレーンまたはデリックの玉掛けの業務

・足場の組立て，解体または変更の作業に係る業務

（ⅲ）　職長等の教育（労働安全衛生規則第 40 条）

（ⅳ）　作業主任者・就業制限にかかわる技能講習（労働安全衛生法第 14 条，第 76 条）

・高所作業車運転技能講習（作業床の高さが 10 m 以上）

・玉掛技能講習（吊上げ荷重が 1 t 以上）

・フォークリフト運転技能講習（最大荷重 1 t 以上）

（2）　取付け作業にあたっての留意事項

（ⅰ）　屋根用および床用パネルは，仮置き状態でも衝撃などによって脱落しないよう，支持材へのかかり代を確実にとる．

（ⅱ）　屋根用および床用パネルの上に資材を仮置きする場合，パネルに過度の集中荷重が生じないようにする．

（ⅲ）　外壁取付け作業など落下物のおそれのある部分での上下併行作業は避ける．躯体と足場との隙間には安全ネットなどを設ける．

（ⅳ）　施工中のパネルは，強風および衝撃に対して脱落する危険があるので，1 区画ずつすみやかに工事を完了させる．

（ⅴ）　高所などに仮置きしたパネルは，強風などにより飛散しないように，適切な措置をとる．

（ⅵ）　高さ 2 m 以上の箇所における強風，大雨，大雪などの悪天候時の作業については，労働安全衛生規則第 522 条（悪天候時の作業禁止）で定められているので遵守する．

（ⅶ）　ALC パネル工事は，高所作業となるため，墜落，落下のおそれのある部分での作業では，安全帯を使用できるように適切な処置を行う．

（ⅷ）　溶接作業やパネル加工作業などでは，防じんマスクの装着などの適切な防護措置をとる．

6節　施工計画　－107－

（3）　第三者障害防止についての留意事項

（ⅰ）　溶接作業では，溶接火花が飛散しないよう，火の粉受けの金物や防風シートなどを用いる．

（ⅱ）　パネル加工時などに発生する粉じんが飛散しないよう，集じん機を用いるか，あるいは養生シートを使用する．

（ⅲ）　道路や隣家に接する部分は，養生シートや金物などにより適切な養生を行う．

（ⅳ）　夜間に作業を行う場合は，騒音対策に留意する．

（4）　作業開始前の安全に関する打合せおよび点検についての留意事項

（ⅰ）　毎日作業場所が変わるため，作業場所周辺の状況について説明する．

（ⅱ）　資格を要する作業には，免許・資格を確認し，必ず有資格者を配置する．

（ⅲ）　作業に適する健康状態であることを確認する．

（ⅳ）　足場を用いる作業がある場合，職長等は足場の始業前点検を行う．

（ⅴ）　電動工具の持込み時検査および始業前点検を行う．

ｂ．安全作業手順書は，ALCパネル工事に関する各作業を安全に行うための標準施工方法などを記載したもので，専門工事業者が作成し施工者に提出する．この「安全作業手順書」の主な内容を解説表6.3に示す．

解説表6.3　安全作業手順書の記述内容の例

1．組織・資格	ALCパネル工事に関連する専門工事業者の一覧 有資格者一覧
2．管理体制	安全管理体制 指示・伝達方法（ツールボックスミーティングなど）
3．施工条件	敷地条件や近隣および施工計画上の制約事項
4．作業標準	各作業の標準作業

なお，施工者は安全作業手順書のほか，再下請負人通知書や下請負業者編成表および作業員名簿などの安全衛生に関する書類を専門工事業者に提出させ，その内容を確認する．

6.7　パネル搬入計画

ａ．パネルの搬入は，敷地，周辺道路条件を考慮して適切な方法で行うよう計画する．
ｂ．パネルの揚重は，適切な揚重機と専用器具を用いて行うよう計画する．
ｃ．パネルの仮置きは，原則として屋内とし，適切な場所を確保するよう計画する．

ａ．パネルの搬入は，通常，積載重量11t程度の大型トラックまたは4t程度の中型トラックで生産工場から直送されるため，施工現場付近の交通事情（通行禁止区域，通行許可など）を考慮して，曜日および時間帯などを計画する．現場にトラックが直接進入できない場合は，専用の運搬台車を用いて小運搬を行うか，小型トラックおよび積替え場所を準備して積替え搬入を行うことを計画す

る．また，道路の一部を使用してパネルの搬入作業をする場合は，事前に道路使用許可を得るように計画する．なお，施工現場内への乗入れ車両の通路は，スリップやめり込みなどが起きないように，現場内の状況に応じて必要な処置がとれるように計画しておく．

b．揚重機は通常ラフテレーンクレーン，トラッククレーンおよびタワークレーンなどが使用されるが，建物高さ，敷地，クレーン設置位置，足場，搬入口および道路を使用する場合は，電線などの障害物を考慮して，適切な能力の機械を計画する．

c．パネルはできるだけ取付け階に直接揚重し，ハンドパレットトラックなどで取付け位置近くに小運搬するよう計画する．なお，パネルを小運搬する床面は，段差，開口などのない場所を選定し，パネルの仮置き場所は，原則として屋内の水平で乾燥した場所を計画する．

なお，鉄筋コンクリート造の場合などは，上階のコンクリート工事に先立ち，先行揚重を行う場合もある．先行揚重を行う場合は，型枠支保工などの他部材の計画を考慮してパネルの仮置き場所を計画するなど，注意が必要である．

参 考 文 献

1)　日本建築学会：建築工事標準仕様書・同解説　JASS 2　仮設工事，2006

7節 施　工

7.1 施工管理

> 施工者は，施工計画書に基づき，以下に示す項目について，適切に工事が実施されるよう施工管理を行う．

施工者は，要求性能を確保するために，6.2に規定する施工計画書に基づき，7.2～7.5に示す項目について，適切に工事が実施されるよう施工管理を行う．

また，施工者は必要に応じて，工事の各段階で監理者の承認を受ける．なお，問題が発生した場合は監理者の指示に従って適切に対処する．

7.2 共通事項
7.2.1 揚重・運搬・仮置き

> a．パネルの揚重・運搬は，専用器具を使用し，破損などを生じさせないように注意する．
> b．パネルの仮置きは，原則として1単位ごとに整理して，安定良く配置する．

a．パネルの揚重に用いる揚重機は，6.7bに従い，適切な能力を有することを確認する．

パネルは，揚重・運搬時における損傷を防止するため，トラックから直接取付け階の施工場所近くに荷取るようにし，積替え，小運搬などをできるだけ少なくする．

パネルの揚重は，ナイロンベルト，三角スリングなどの専用器具を用いて1単位ごとに行い，落下防止に十分留意する〔解説写真7.1参照〕．なお，パネル1単位とは，パネルの運搬荷姿1山分を示す．1単位の高さは1m以下，重量は約1t程度である．

パネルの荷揚げに建設用ロングリフトなどを使用する場合は，パネルを台車やハンドパレットトラックなどに載せて移動させるが，その際，床面の段差などに注意してパネルが破損しないように

三角スリング　　　　　　ナイロンベルトスリング　　　　　横壁用吊り具

解説写真7.1　荷揚げ専用器具の例

行う．

　施工現場内でパネルの小運搬を行う場合は，平たんでかつ幅2m以上の通路を確保し，専用の運搬台車などを用いて行う〔解説写真7.2参照〕．

ハンドパレットトラック

四輪運搬車

二輪運搬車

解説写真7.2　運搬台車の例

　b．パネルの仮置きは，作業性および安全面を考慮して積上げ高さを1単位程度とし，パネルに反り，ねじれ，ひび割れなどの損傷が生じないよう台木を水平に置き，その上に整理して置く．種類や長さの異なるパネルを仮置きする場合は，長いパネルを下にするなど，安定性に留意する．

　パネルが敷き込まれた屋根上および床上に仮置きする場合は，取付けが完了した屋根用および床用パネルに局所的な荷重が作用し，パネルに損傷が生じるおそれがあるため，直下に梁が位置する場所で，かつ分散して置くようにする〔解説図7.1参照〕．

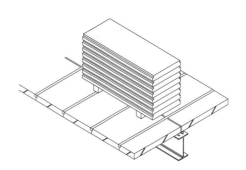

解説図7.1　パネルを床上に仮置きする場合の例

　仮置きスペースなどの関係から，やむを得ずパネルの積上げ高さを2単位として仮置きする場合の高さの目安を解説図7.2に示す．この場合，最下部の台木と中間に入れる台木の位置を一致させることが重要である．なお，取付け階にパネルを直接揚重できず屋外に仮置きする場合は，パネルに汚れや破損を生じさせないよう，必要に応じてシート掛けなどの養生を行う．

7節 施　工 —111—

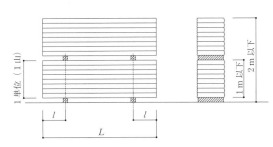

積み方		平積み
最大積上げ高さ	1単位	1.0 m 以下
	総高	2.0 m 以下
台木	位置	$l=L/5～6$

解説図 7.2　仮置き時のパネル積上げ高さの目安

7.2.2　墨出し

> 下地鋼材およびパネルの取付けに先立ち，施工図に従い墨出しを行う．

　墨出しは，下地鋼材およびパネルなどを所定の位置に精度良く取り付けるための基本となる作業である．ALCパネル工事の墨出しは，施工図に従い，あらかじめ出された基準墨から，下地鋼材およびパネルを取り付ける所定の位置までを測り，墨を出す．したがって，施工者は，ALCパネル工事に先立って基準墨を出しておく必要がある．

　外壁用および間仕切壁用パネルの取付け工事においては，梁および床面などに，定規アングル，開口補強鋼材，間仕切チャンネルなどの取付け位置の墨出しを行う．屋根用および床用パネルの取付け工事においては，パネルの支持構造部材となる小梁や，かさ上げ鋼材および下地木材などに，パネルの割付け墨などの墨出しを行う．

7.2.3　パネルの切断・溝掘り・孔あけ

> a．パネルの切断・溝掘り・孔あけは，強度上有害とならない範囲内とする．
> b．パネルの加工などにより露出した鉄筋には，4.5dに定めるさび止め塗料を用いた防せい処理を行う．

　a．施工者は，現場においてパネルに切断・溝掘り・孔あけを行う場合は，5.2.1(5)の解説に示す範囲内とする．

　柱および梁まわりにおいて，パネル端部の欠込みを行う場合は，下地鋼材および下地木材などでパネルを支持する．欠込み寸法とパネルの支持方法は，施工図に記入し監理者の承認を受ける．

　b．パネルの切断，溝掘りおよび孔あけにより露出したパネルの補強材には，モルタルで防せい上有効に保護される場合を除き，4.5dに定めるさび止め塗料により防せい処理を行う．

7.2.4　下地鋼材および取付け金物などの溶接

> a．下地鋼材および取付け金物などの溶接は，原則として有資格者が適切に行う．
> b．溶接部には，4.5 d に定めるさび止め塗料を用いた防せい処理を行う．

　a．下地鋼材および取付け金物などの溶接は，溶接部にアンダカット，クレーターおよびスラグ巻込みなどの欠陥がないこと，必要な溶接長さおよび溶接ピッチが確保されていることを確認する．標準的な溶接長さおよび溶接ピッチについては，「付2．ALC パネル取付け構法標準・同解説」に記載されているので，参考にする．なお，下地鋼材および取付け金物などを鉄骨本体に取り付ける際の溶接を点付け溶接で行うことは，その部位の鋼材の破壊靱性を損なうため，望ましくない．特に，大梁端のように大地震時に塑性化する可能性のある範囲や冷間成形角形鋼管の角部等に行うことは避けるべきである．やむを得ず，これらの範囲に溶接を行う場合は，材質や施工後の影響等に注意して監理者の承認を受けるか，あらかじめ本体鉄骨に下地鋼材等を取り付けておく必要がある．

　また，ALC パネル工事では，現場での溶接作業が多く，溶接技術は施工管理上重要な要素である．したがって，職業能力開発促進法に基づき実施される技能検定に合格した「エーエルシーパネル施工技能士」（単一等級）または，JIS Z 3801：1997（手溶接技術検定における試験方法及び判定基準）[1]の検定試験に合格した有資格者が従事することを原則とする．特に上向き姿勢で溶接作業を行う場合は，熟練した技術が必要となるため，適正な溶接サイズと溶接長の確保に注意が必要である．

　b．下地鋼材および取付け金物などの溶接部の防せい処理は，スラグを完全に取り除き，溶接部が十分に冷却した後，4.5 d に定めるさび止め塗料を塗布する．

7.2.5　伸縮目地の耐火処理

> 　耐火性能が要求される部位のパネル間に設けた伸縮目地には，4.5 b に定める耐火目地材を充填する．

　耐火目地材は，幅が 50 mm 以上のものを用い，厚さを約 20 ％程度圧縮して使用する．なお，耐火目地材は，シーリング材の充填に支障のないところに取り付け，パネルの取付けと同時に充填する．

7.2.6　充填モルタルの養生

> a．充填モルタルが硬化するまで，パネルに有害な振動および衝撃を与えてはならない．
> b．充填モルタルの充填およびその硬化に不適な気象条件のときは，適切な処置を講ずる．

　a．充填モルタルは，パネルの一体化などに重要な役割をもっているため，モルタルを充填した後，有害な振動および衝撃を与えてはならない．

屋根用および床用パネルにおいては，充填モルタルの充填直後に防水工事など他工事の重量物の資材搬入を行うと，これらのパネルに振動および衝撃を与える．過度の振動や衝撃はパネルとモルタルの肌別れの原因となり，隣接するパネル相互の一体化を妨げることになる．したがって，充填モルタルの充填後は，約24時間（冬季48時間）は可能な限り振動および衝撃を与えないようにする．

ｂ．充填モルタルの充填時およびその硬化の途中で気温が低下し，モルタルの強度低下や硬化不良などを起こすおそれがある場合には，原則として作業を行ってはならない．なお，やむを得ず作業を行う場合には保温養生などの適切な処置を講ずる．また，夏季等の気温が高い時季に，直射日光を直接受けるような場所などに充填モルタルを施工する場合は，充填モルタルのドライアウトによる強度低下や硬化不良にも十分な注意が必要である．やむを得ず，このような状況で作業を行う場合には充填後にシート掛けなどの養生を行う．

屋根用および床用パネルにおいて，モルタルの充填直後にモルタルが直接降雨を受けると，モルタルの強度低下をきたしたり，目地部からモルタルが漏れてパネル裏面を汚すおそれがあるので，必要に応じて充填後にシート掛けなどの養生を行う．

また，木造用敷設筋構法のパネル短辺目地部では，充填モルタルにより支持構造部材が汚れないように，支持構造部材の上面にブチルテープを張るなどの措置を行うこともある．

7.2.7 パネルの補修・座掘り部の埋戻し

> パネルの欠けなどの補修および座掘り部の埋戻しは，パネル取付け後，4.4に定める補修用モルタルを用いて行う．

パネルの補修は，原則としてパネルの取付け後に行う．ただし，パネル取付け後に補修できない部分は，パネルの取付け前に行うようにする．これらの補修には，4.4に規定する材料をパネル製造業者の仕様により練り混ぜて使用する．補修用モルタルは，練混ぜ後30分程度で使い切るよう，必要量ごとに練り混ぜて使用する．なお，補修部分にはあらかじめ，4.4に示すシーラーを，はけやスプレーなどを用いて均一に塗布する．

外壁用パネルなどでシーリング材が充填される目地部周辺の補修においては，所定のシーリング目地の形状が確保されるように注意して行う．また，伸縮目地の部分では，所定の間隔を確保して補修を行う．

縦壁ロッキング構法，横壁アンカー構法および間仕切壁ロッキング構法の場合は，すべての目地部において，隣接するパネルが相互に接着しないように注意して補修を行う必要がある．また，縦壁フットプレート構法の場合も，接着剤が充填されていない目地部の補修は，隣接するパネルが補修により接着しないように行う．

欠けの補修箇所が大きい場合や座掘り部の埋戻しにおいては，4.3による充填モルタルに準じたセメントモルタルによる下塗り補修を行ったのち，補修用モルタルで上塗り補修を行う場合もある．

— 114 —　JASS 21　ALC パネル工事（解説）

なお，補修して使用できるパネルの欠損部分の大きさの目安は，解説表 8.2 を参照する．

7.2.8　パネル間目地部のシーリング

> 外壁のパネル間目地部のシーリング材の充填は，JASS 8：2014（防水工事）「4.6　施工法」に準じて行う．

パネル間目地部のシーリング材の充填は，4.5 a により指定されたものを用い，JASS 8：2014「4.6 施工法」に準じて施工する．

隣接するパネル相互の挙動を吸収するための伸縮目地およびパネル相互にずれが生ずる目地部は，ワーキングジョイントであり，パネル目地部の動きに追従できるように，シーリング材の充填に先立ち，バックアップ材の装填，または目地底にボンドブレーカーの張付けを行い，2 面接着構造とする．

なお，間仕切壁用パネルにおいては，防煙性能の確保および美観の向上などを目的として，パネル間や他部材との目地にシーリング材を充填する場合がある．その場合，室内では紫外線劣化を考慮する必要がないので，ポリウレタン系やアクリルウレタン系を表面塗装なしで用いることもある．

シーリング工事に先立ち，シーリング材が充填される目地部の形状が適切であること，ならびに使用するバックアップ材およびボンドブレーカーが目地部の形状に適応することを確認する．目地部の形状を確認後，シーリング材を充填する部分にプライマーを塗布する．シーリング材の充填は，接着強度を確保するために被着体およびプライマーが乾燥した後，すみやかに行う．なお，使用するプライマーは，シーリング材と被着体の材質を考慮し，使用するシーリング材製造業者の指定するものとする．

7.2.9　工事完了後のパネルの養生

> 施工者は，ALC パネル工事完了後，防水および仕上げ工事を開始するまでの間，パネルの濡れ，汚れ，破損などを防止するための適切な養生を行う．

ALC パネル工事の完了後，パネルを素地のままで放置した場合，降雨などによりパネルが吸水する可能性がある．よって，天候その他の要因を考慮して，次の工程である防水工事および外装・内装工事に悪影響を及ぼさないよう，必要に応じて適切な養生を行う必要がある．

屋根用および床用パネルの上に防水や仕上げ工事用の資材を搬入する時には，パネルに汚れや破損などを生じさせないように合板などを使用して保護する．また，荷重を集中させないように資材を分散させて置くなどの措置を講ずる．

7.3 外　　　壁
7.3.1　下地鋼材・補強鋼材の取付け

> a．定規アングルなどの下地鋼材およびパラペット部などの補強鋼材は，支持構造部材の所定の位置に取り付ける．
> b．窓および出入口などの開口部まわりには，開口補強鋼材を取り付ける．

　パネル取付け用の下地鋼材およびパラペット部などの補強鋼材は，パネルに加わる風荷重等やパネル重量を支持し，支持構造部材に伝達する．また，下地鋼材および補強鋼材などの取付け位置の精度は，パネル構成面の精度およびパネル取付けの作業性にも大きく影響することから，下地鋼材などを所定の位置に精度良く取り付けることが重要である．

　a．定規アングルなどの下地鋼材の取付けは，梁，柱などの鉄骨躯体に溶接により取り付けられることが多い．縦壁の場合，定規アングルは直接梁に取り付けるのが一般的である．なお，パネルの裏面と梁までのクリアランス寸法が大きい場合は，鉄骨工事において，持出し鋼材を梁へ設置し，そこへ定規アングルを取り付ける．また，横壁の場合は，取付け位置の調整のためのピースアングルなどを介して定規アングルを取り付けるのが一般的である．溶接の長さおよび間隔の例を解説図7.3に示す．

　柱まわりや接合部の高力ボルト部まわりなどで梁に直接定規アングルを取り付けることができな

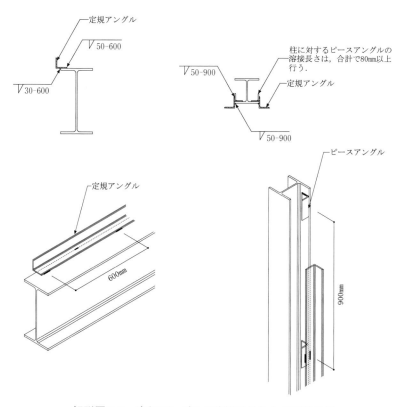

解説図7.3　定規アングルの溶接長さおよび間隔の例

い箇所には，山形鋼や平鋼などを加工してパネルの支持面を確保する下地鋼材を設ける〔解説図7.4参照〕．

なお，縦壁において，パネル下部を布基礎などのコンクリート立上り部に取り付ける場合は，コンクリート立上り部天端に定規アングルを設ける．

補強鋼材は，通常，パラペット部，下がり壁および開口部などに用いられる．パラペット部の補強鋼材の取付け例を解説図7.5に，下がり壁の補強鋼材の取付け例を解説図7.6に，それぞれ示す．

これらの補強鋼材の部材寸法および設置間隔は，設計図書に指示されたものとする．

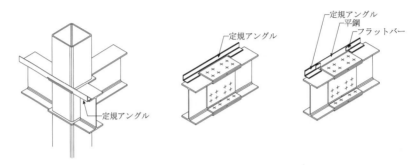

解説図7.4 柱および高力ボルトまわりの定規アングル取付け方法の例

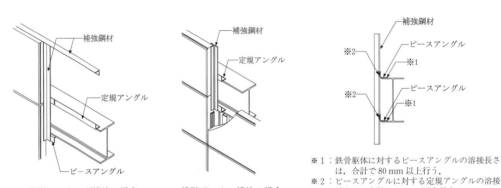

解説図7.5 パラペット部の補強鋼材の取付け方法の例

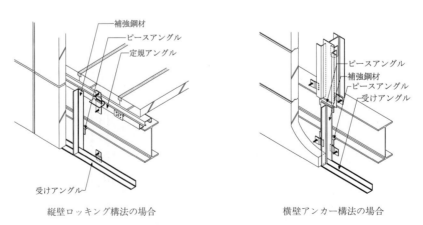

解説図7.6 下がり壁の補強鋼材の取付け方法の例

b．窓および出入口などの開口部まわりには，開口補強鋼材を取り付ける．

開口補強鋼材は，開口部および開口部まわりのパネルに加わる外力を支持構造部材に有効に伝達させるように取り付けなければならない．布基礎などのコンクリート立上り部との取合いは，埋込み金物などを介して溶接などにより，有効に取り付ける必要がある．

開口補強鋼材の取付け例を解説図7.7に示す．なお，開口補強鋼材の部材寸法は，設計図書に指示されたものとする．

開口補強鋼材は，通常は山形鋼などが用いられるが，開口部の大きさなどによっては，H形鋼などの受け梁が必要な場合もある．このような受け梁などは鉄骨工事として取り付ける必要があるため，計画段階からの配慮が必要である．連窓開口や排煙開口などの大きな開口部における受け梁によるパネルの取付け例を解説図7.8に示す．

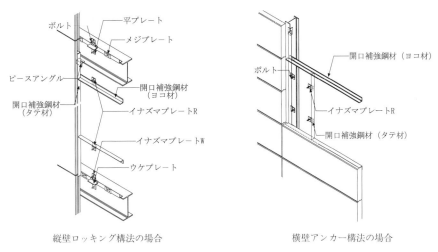

解説図7.7　開口補強鋼材の取付け方法の例

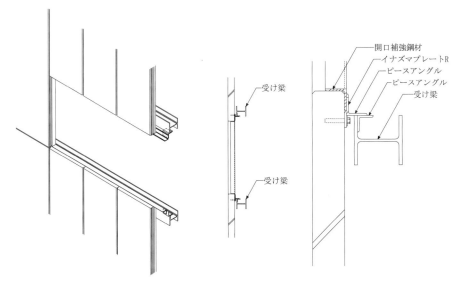

解説図7.8　受け梁によるパネルの取付け方法の例

7.3.2 縦壁ロッキング構法によるパネルの取付け

> a．パネルは，表裏を確認して取り付ける．
> b．パネル短辺接合部の横目地および出隅部・入隅部の縦目地には，伸縮目地を設ける．
> c．パネルは，パネル内部に設置されたアンカーにボルトを使って締結された平プレート，イナズマプレートなどの取付け金物を用いて，下地鋼材に取り付ける．

a．外壁用パネルは，一般に正圧に対する強度と負圧に対する強度が異なるため，パネルの取付けにあたっては，小口の表示によりパネルの内外面を確認する．小口の表示については，解説表4.8を参照する．

外壁用パネルに加わる風荷重などの外力は，平プレートやメジプレートなどパネルの取付け金物，定規アングルなどの下地鋼材を介して，梁・柱などの支持構造部材に伝達される．

b．縦壁のパネルの横目地は標準で幅10～20 mm程度，通常は幅10 mm程度の伸縮目地を設ける．出隅部・入隅部の縦目地には，幅10～20 mm程度の伸縮目地を設ける〔解説図7.9参照〕．これらの伸縮目地は，施工図に合わせて確実に設けなければならない．なお，層間変形角が大きい場合など，目地幅の標準値を超える場合は設計図書などによる．

c．パネルは上部・下部とも，パネル内部に設置されたアンカーにボルトを使って締結された平プレート，イナズマプレートR，イナズマプレートWなどの取付け金物を，定規アングルなどの下地鋼材に取り付ける．

一般部のパネル取付け例を解説図7.10に，各取付け金物の溶接長さを解説図7.11に示す．

パネルの重量は，パネルのロッキング挙動を妨げないように，パネル幅中央部に取り付けたウケプレートで支持する．

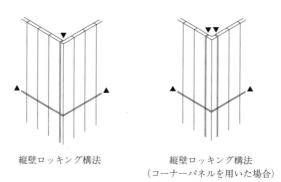

縦壁ロッキング構法　　　縦壁ロッキング構法
　　　　　　　　　　　（コーナーパネルを用いた場合）

解説図7.9　縦壁において伸縮目地とする目地

7節 施 工 —119—

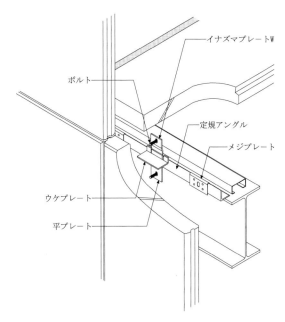

解説図 7.10 縦壁ロッキング構法のパネル取付け方法の例

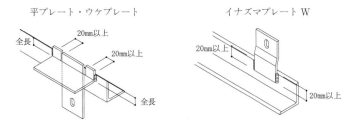

解説図 7.11 取付け金物の溶接長さ

　布基礎などのコンクリート立上り部にパネル下部が位置する場合には，パネルのロッキング挙動を妨げないように，コンクリート上面に設けた定規アングルとパネル下面との間のパネル幅中央部にRスペーサーを設置する〔解説図7.12参照〕．

　一般部においては，パネル裏面と定規アングルとの間に取付け金物設置による隙間が生ずるため，この部分にメジプレートなどを取り付け，隣接するパネル目地部に段差が生じないようにする〔解説図7.13参照〕．

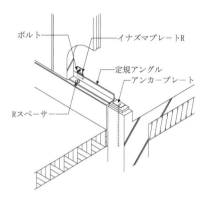 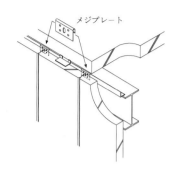

解説図 7.12　Rスペーサーの設置例　　　　解説図 7.13　メジプレートの設置例

　パネルと床スラブの間にモルタルを充填する場合は，パネルのロッキング挙動を妨げないように，あらかじめクラフトテープなどの絶縁材をパネルに張り付け，充填するモルタルがパネルや取付け金物に接しないようにする．

7.3.3　横壁アンカー構法によるパネルの取付け

> a．パネルは表裏を確認し，かかり代を確保の上，取り付ける．
> b．パネルの縦目地および自重受け金物を設けた横目地には，伸縮目地を設ける．
> c．パネルは，パネル内部に設置されたアンカーにボルトを使って締結されたイナズマプレートなどの取付け金物を用いて，下地鋼材に取り付ける．

　a．パネルの内外面の確認は，パネル小口の表示により行う．小口の表示については，解説表 4.8 を参照する．
　外壁用パネルは，パネルに加わる風荷重などの外力が，定規アングルなどの下地鋼材を介して梁・柱などの支持構造部材に伝達されるように取り付ける．
　なお，今回の改定より横壁ボルト止め構法の名称を変更し，横壁アンカー構法としたが，使用する取付け金物などは異なるものの，基本的な納まりに変更はない．
　b．出隅部・入隅部の縦目地およびパネル短辺小口の接合部である縦目地には，施工図に合わせて幅 10〜20 mm の伸縮目地を設ける．また，自重受け金物を設置する横目地にも，上段のパネルの重量が下段のパネルに伝達されることのないように伸縮目地を設ける〔解説図 7.14 参照〕．なお，層間変形角が大きい場合など，目地幅の標準値を超える場合は，設計図書などによる．
　布基礎などのコンクリート立上り部などは，コンクリート上面とパネルとの間に幅 10〜20 mm 程度の伸縮目地を設け，自重受け金物で支持する．
　横壁においては，パネル積重ね枚数 3〜5 枚以下ごとにパネル重量を有効に支持して，柱などの支持構造部材にこの重量を伝達するように自重受け金物を設ける〔解説図 7.15 参照〕．

7節 施 工 —121—

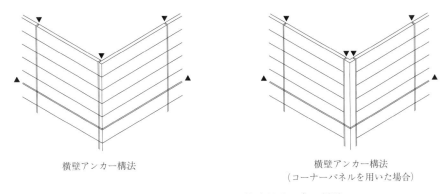

　　　横壁アンカー構法　　　　　　　　　　　横壁アンカー構法
　　　　　　　　　　　　　　　　　　　　　（コーナーパネルを用いた場合）

解説図7.14　横壁において伸縮目地とする目地

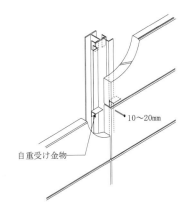

解説図7.15　自重受け金物の取付け方法の例

　自重受け金物は，変形に追従できるよう工夫された仕様がパネル製造業者ごとにあり，積重ね可能枚数はパネルの厚さ，長さ，仕上げ材の種類により異なる．取付けにあたっては，パネル製造業者の仕様を確認し，パネル支持面が水平になるよう精度良く取り付ける．なお，山形鋼などを用いて自重受け金物とする場合は，パネルとの取合い部に生じる局部圧縮応力度が，$0.8\,\text{N/mm}^2$以下となるようにパネル支持面積を確保するとともに，パネル重量により有害な変形が生じないものとする〔解説図7.16参照〕．また，地震時などにおける躯体の変形が大きい場合や，躯体に微振動が常時生ずると予想される場合などには，パネル積上げ枚数3枚以下ごとに自重受け金物を設けることが望ましい．

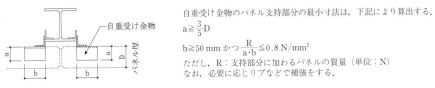

自重受け金物のパネル支持部分の最小寸法は，下記により算出する．
$a \geq \dfrac{3}{5}D$
$b \geq 50\,\text{mm}$ かつ $\dfrac{R}{a \cdot b} \leq 0.8\,\text{N/mm}^2$
ただし，R：支持部分に加わるパネルの質量（単位：N）
なお，必要に応じリブなどで補強をする．

解説図7.16　横壁のパネル自重受け金物の支持面積

c．パネルの取付けは，パネル内部に設置されたアンカーにボルトを使って締結されたイナズマプレートRなどの取付け金物を定規アングルなどの下地鋼材に取り付ける．なお，建物の最頂部などにおいては，パネル両端に座掘り孔を設け，フックボルトを用いて取り付ける場合もある〔解説図7.17参照〕．

フックボルトの位置は，パネル幅の中央部付近，パネル短辺小口より50 mm以上離し，パネルの補強筋に当たらない位置に取り付ける．座掘り孔の深さは30 mm程度とする．

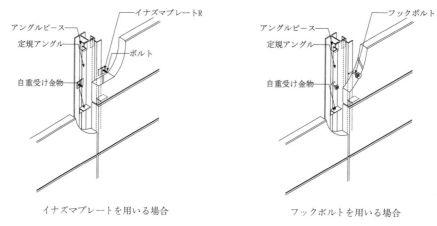

イナズマプレートを用いる場合　　　　フックボルトを用いる場合

解説図7.17　横壁アンカー構法のパネル取付け方法の例

7.4　間仕切壁

7.4.1　下地鋼材・開口補強鋼材の取付け

> a．下地鋼材は，支持構造部材の所定の位置に取り付ける．
> b．窓および出入口などの開口部のまわりには，開口補強鋼材を取り付ける．

a．下地鋼材および取付け金物の取付け位置の精度は，パネル構成面の精度およびパネル取付けの作業性にも大きく影響することから，所定の位置に精度良く取り付けることが重要である．

定規アングルなどの下地鋼材および間仕切チャンネルは，鉄骨梁などに溶接で取り付けることが多い．下地鋼材および間仕切チャンネルの溶接長さおよび間隔を解説図7.18に示す．

デッキプレート下面への下地鋼材の取付けにおいて，下地鋼材がデッキプレートの溝方向と平行となる場合，下地鋼材の取付けに先立ち，下地として，平鋼などをデッキプレート下面にアンカーなどにより取り付けておく必要がある．デッキプレートへの下地鋼材の取付け例を解説図7.19に示す．

間仕切壁用パネルの取付けにおいては，間仕切チャンネル，間仕切L形金物など，比較的厚さの薄い鋼板を溶接することが多く，溶接棒の選択や溶接電流の調節には特に注意が必要である．

b．出入口などの開口を設ける場合には，開口部および開口部まわりのパネルを支持するため，開口補強鋼材を取り付ける．

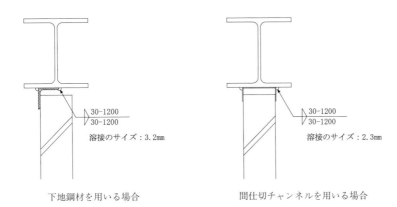

解説図 7.18 下地鋼材および間仕切チャンネルの溶接長さおよび間隔

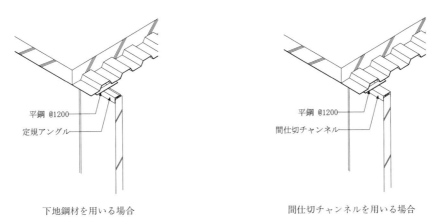

解説図 7.19 デッキプレートへの下地鋼材および間仕切チャンネル取付け方法の例

　また，縦壁フットプレート構法の場合，開口部両脇の開口補強鋼材の縦材上部は，開口補強鋼材が面内方向に可動となるように取り付け，パネルのスライドを妨げないようにする．縦材下部は，プレートなどをあらかじめ床面に設置し，縦材を溶接などにより取り付ける．

7.4.2　パネルの取付け

a．出隅部・入隅部のパネルの縦目地および外壁・柱・梁・上部スラブとパネルとの間には，伸縮目地を設ける．
b．間仕切壁ロッキング構法の場合は，下記による．
　（1）　パネルの下部は，RFプレートにより床面に固定し，面内方向にロッキング可能なようにパネルの下部にクリアランスを設ける．なお，必要に応じてクリアランスに耐火目地材を充填する．
　（2）　パネルの上部は，パネル内部に設置されたアンカーにボルトを使って締結されたイナズマプレートなどの取付け金物を用いて，下地鋼材に取り付ける．
c．縦壁フットプレート構法の場合は，下記による．
　（1）　パネルの下部は，フットプレートにより床面に固定する．
　（2）　パネルの上部はかかり代を確保し，面内方向に可動となるよう下地鋼材に取り付ける．

d．縦壁ロッキング構法および横壁アンカー構法の場合，パネルの取付けは，7.3に準じて行う．
　　e．パネルに作用する正圧方向と負圧方向の設計荷重が異なる場合，パネルの表裏を確認して取り付ける．

　a．パネルは，施工図どおり割付け墨に合わせて開口位置を確認しながら，通り良く取り付ける．
　出隅部・入隅部の縦目地および外壁や柱などとパネルとの間には，構法に応じた適切な伸縮目地を設けてパネルを取り付ける．また，パネル上部を支持する梁やスラブの曲げ変形およびクリープ変形などを吸収する目的や，地震時等における躯体との変形差を吸収する目的で，パネル上部は10～20 mm程度の隙間を設けて取り付ける．
　伸縮目地の耐火処理は7.2.5による．なお，この目地部にモルタルなどの伸縮性のない耐火材料を充填することは，伸縮目地の変位吸収機能を損なうので避ける．
　パネルを貫通する梁や設備配管などの周囲にも，標準で幅10～20 mm程度の伸縮目地を設ける．パネルを貫通する梁の周囲の伸縮目地の例を解説図7.20に示す．なお，層間変形角が大きい場合など，目地幅の標準値を超える場合は設計図書などによる．

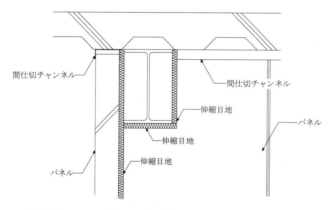

解説図7.20　パネルを貫通する梁の周囲の伸縮目地の例

　b．間仕切壁ロッキング構法
（1）パネル下部は，RFプレートをパネルの短辺小口の幅中央部付近にカットネイルにて留め付け，打込みピンやあと施工アンカーなどを用いて，RFプレートをスラブに固定する〔解説図7.21参照〕．

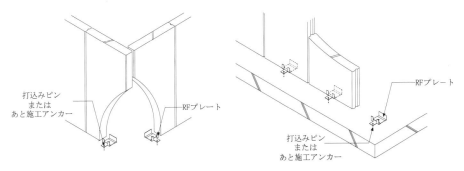

解説図 7.21　間仕切壁ロッキング構法のパネル下部取付け方法の例

（2）パネル上部は，パネル内部に設置されたアンカーにボルトを使って締結されたイナズマプレートRなどの取付け金物を，定規アングルなどの下地鋼材に取り付ける〔解説図7.22参照〕．

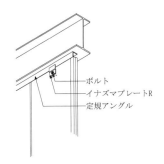

解説図 7.22　間仕切壁ロッキング構法のパネル上部取付け方法の例

c．縦壁フットプレート構法
（1）パネル下部は，パネルの短辺小口にフットプレートを挟み込み，打込みピンやあと施工アンカーなどを用いてフットプレートをスラブに固定する〔解説図7.23参照〕．
　伸縮目地部のパネル下部は，フックボルトや端部用フットプレート（フットプレートC）を用いて

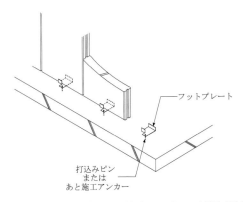

解説図 7.23　縦壁フットプレート構法のパネル下部取付け方法の例

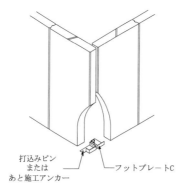
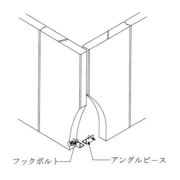

フットプレートによる取付け　　　　　　フックボルトによる取付け

解説図 7.24　縦壁フットプレート構法の出隅部・入隅部のパネル下部取付け方法の例

固定する．出隅部・入隅部のパネル下部取付け例を解説図 7.24 に示す．

ボルト止めの位置は，パネル短辺小口より 50 mm 以上離し，長辺側面より 100 mm 以上でパネルの補強材に当たらない位置に取り付ける．座掘り孔の深さは 30 mm 程度とする．

なお，長辺目地に接着材を用いる場合は，4.5 c に示す接着材を用いる．

（2）　パネル上部の取付けは，面内方向に可動となるように取り付ける．その取付け方法は，間仕切チャンネル，間仕切 L 形金物および定規アングルの 3 種類の方法による〔解説図 7.25 参照〕．なお，パネル上部において間仕切チャンネルおよび間仕切 L 形金物を用いる場合は，パネル面外方向の荷重に対してパネルを支持するために，かかり代を 10 mm 以上確保する必要がある．ただし，かかり代を大きくしすぎると，パネルのはめ込みに難が生じてしまうことや，施工誤差によるかかり代の減少を考慮すると，かかり代は 20 mm 程度とすることが望ましい〔解説図 7.26 参照〕．なお，パネルの短辺小口に面取り加工を施した場合は，面取り加工部分を除いた部分でかかり代を確保する．

間仕切チャンネルを用いる場合　　間仕切 L 形金物を用いる場合　　定規アングルを用いる場合

解説図 7.25　縦壁フットプレート構法の上部の取付け方法の例

7節 施 工 —127—

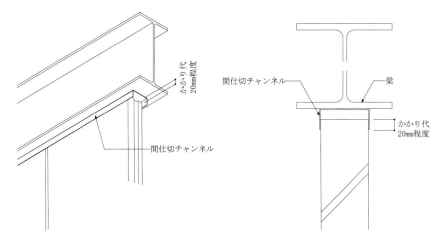

解説図 7.26　縦壁フットプレート構法のパネル上部のかかり代

　d．外壁の取付け構法である縦壁ロッキング構法および横壁アンカー構法を間仕切壁に用いる場合のパネル取付けは，7.3に準ずる．
　e．エレベーターシャフトやガス消火設備を有する室の壁など，2.3に示す慣性力以外の荷重がパネルに作用する場合，正圧方向と負圧方向の設計荷重が異なる可能性がある．その場合，外壁用パネルと同様にパネルの表裏を確認して取り付ける．なお，パネルへ作用する荷重が2.3に示す慣性力を下回る場合においては，パネルの表裏に関係なく用いることができる．

7.5　屋根および床
7.5.1　屋根用および床用パネルの取付け

> a．パネルは表裏を確認し，有効なかかり代を確保して，通り良く敷き並べる．
> b．敷設筋構法および木造用敷設筋構法は，長辺目地に挿入した目地鉄筋および充填モルタルにより，取付け金物を用いて下地に取り付ける．なお，木造用ねじ止め構法においては，木ねじを用いて支持構造部材や下地木材に取り付ける．

　a．パネルは，正および負の荷重に対して強度が異なるため，パネルの取付けにあたっては，小口の表示によりパネルの上下面を確認する．パネル小口の表示については，解説表4.8を参照する．
　パネルのかかり代は，5.3.3（4）に従い，適切に確保する必要がある．
　b．各構法における屋根用および床用パネルの取付けの留意点を以下に示す．
（1）敷設筋構法
　屋根用および床用パネルの取付け金物は，小梁やかさ上げ鋼材の所定の位置に溶接する．取付け金物の溶接長さを解説図7.27に示す．

解説図 7.27 取付け金物の溶接長さ

　パネル長辺目地には，長さ 1000 mm 程度の目地鉄筋をスラブプレートの穴に通しバランス良く両側に 500 mm ずつとなるように，目地部に敷設する．ただし，建物周辺部や柱まわりなどでは，スラブプレートまたはマルカンに長さ 500 mm の目地鉄筋を挿入する〔解説図 7.28 参照〕．

　建物周辺部や隅角部および階段室まわりなどで目地鉄筋によるパネルの固定ができない箇所は，ボルトと座金（丸座金または角座金）を用いてパネルを取り付ける〔解説図 7.29 参照〕．

　パネル目地部には施工現場のごみが入りやすいので，パネル取付け後に目地部を清掃し，すみやかにモルタルを充填する．

　建物周辺部で，外壁用パネルと屋根用および床用パネルとの間にすき間が生ずるが，この部分にはモルタルまたは耐火目地材などを充填する．なお，モルタルを用いる場合は，モルタルと外壁用パネルの間に絶縁材を取り付ける．絶縁材は，一般にクラフトテープなどが用いられる．

　天井を設ける場合は，原則として梁などの躯体から天井を吊る．また，屋根用および床用パネルの長辺目地に専用のインサートを挿入して天井を吊る場合もある．この場合は，モルタル充填前にパネルが欠けないように注意しながら，長辺目地に天井インサートを挿入する．

7節 施 工 —129—

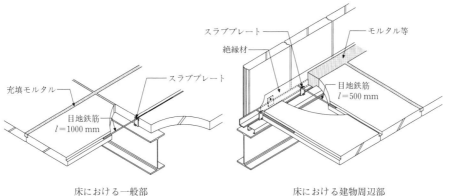

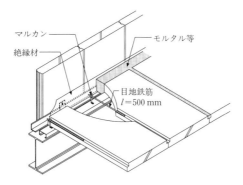

解説図 7.28 目地鉄筋による取付け例

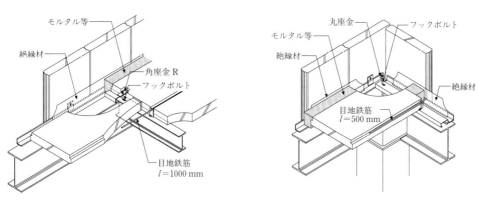

解説図 7.29 ボルト止めによる取付け例

（2）　木造用敷設筋構法

　屋根用および床用パネルの取付け金物は，小梁や下地木材の所定の位置に取り付ける．取付け金物の下地へのねじ込み深さは 50 mm 以上とし，作業上，先穴をあける必要がある．各取付け金物における先穴の径の目安を解説表 7.1 に示す．

解説表 7.1　先穴の径の目安

種　類	先穴の径の目安
ねじ付マルカン　径 6 mm	3 mm
ラグスクリュー　径 12 mm	8 mm

　パネル長辺目地には，長さ 1000 mm 程度の目地鉄筋をねじ付マルカンの穴に通し，バランス良く両側に 500 mm ずつとなるように，目地部に敷設する．ただし，建物周辺部などでは，ねじ付マルカンに長さ 500 mm の鉄筋を挿入する．

　隅角部，柱まわりおよび階段室まわりなどで，目地鉄筋によるパネルの固定ができない箇所は，パネル長辺部にあっては，ラグスクリューと角座金を用いてパネルを取り付け，パネル短辺部にあっては木ねじまたは押え金物で取り付ける．なお，屋根における建物周辺部の長辺端部は角座金 R を使用する〔解説図 7.30 参照〕．なお，木ねじを用いる場合の木ねじの材質と留め付け方法は，7.5.1 b（3）に準じる．

　パネル目地部には，施工現場のごみが入りやすいのでパネル取付け後に目地部を清掃し，すみやかにモルタルを充填する．また，モルタルを充填する際には，短辺目地においてはモルタルにより支持構造部材が汚れないように，支持構造部材の上面にブチルテープを張る等の措置を施す．

　建物周辺部で，外壁用パネルと屋根用および床用パネルとの間に隙間が生ずるが，この部分にはモルタルまたは耐火目地材などを充填する．

　天井を設ける場合は，原則として梁などの躯体から天井を吊る．また，屋根用および床用パネルの長辺目地に専用のインサートを挿入して天井を吊る場合もある．この場合は，モルタル充填前にパネルが欠けないように注意しながら，長辺目地に天井インサートを挿入する．

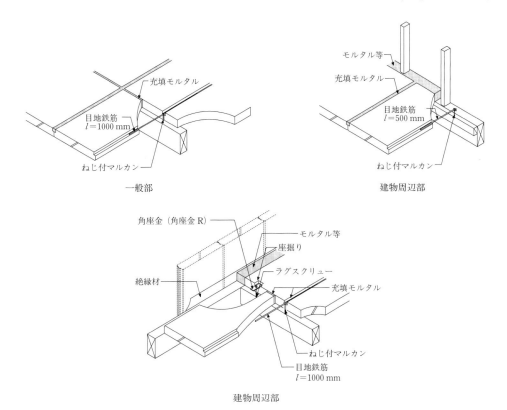

解説図 7.30 パネルの取付け例

(3) 木造用ねじ止め構法

屋根用および床用パネルの取付け金物は，小梁や下地木材の所定の位置に取り付ける．標準的なパネルの取付け例を解説図 7.31 に示す．取付けに用いる木ねじは，解説表 7.2 に示すようにパネルの厚さに応じた寸法のものとする．なお，木ねじの材質は 4.5 f による．

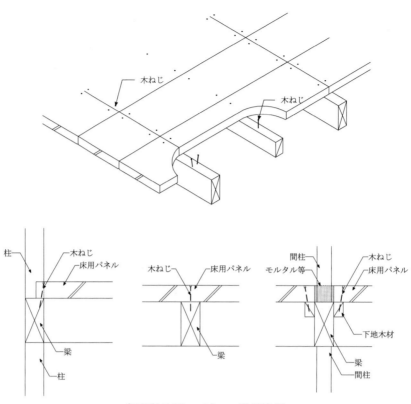

解説図 7.31 パネルの取付け例

解説表 7.2 木ねじの標準寸法および材質（単位：mm）

パネル厚さ	長さ	頭径	呼び径	材 質
75・80	110	11	5.5	・JIS G 3507-1：2005（冷間圧造用炭素鋼-第1部：線材）SWCH16A～22A および SWCH16K～22K ・JIS G 4315：2000（冷間圧造用ステンレス鋼線）
100	130			
120・125	155			

　木ねじの打込み数は，各支持構造部材に対し，パネル幅方向につき2本を標準とし，パネルを貫通して支持構造部材に打ち込むこととする．木ねじを打ち込む際，その頭はパネル表面より7mm程度沈み込むように打ち込む．打込みに際しては，支持構造部材間の不陸に留意し，中間に位置する支持構造部材に対しても木ねじを打ち込んで固定するものとする．木ねじの支持構造部材への打込み深さは，35mm以上とする．

　屋根用および床用パネルの木ねじの打込み位置は，パネルの小口から近い位置に打ち込むとパネルの割れが発生しやすいため，解説図 7.32 を標準とする．なお，屋根用パネルは，木ねじの打込み本数が標準であれば，2.3 c に示す負の風荷重に対して強度上の安全性が確認されている．

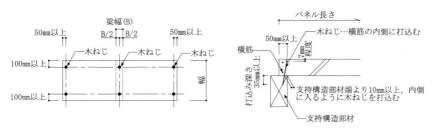

解説図7.32　木ねじの打込み位置および本数

参 考 文 献

1) 日本規格協会：日本工業規格 JIS Z 3801（手溶接技術検定における試験方法及び判定基準），1997

8節 検 査

8.1 一般事項

---

a．本節は，施工現場内における ALC パネル工事の検査を対象とする．
b．施工者は，施工計画時に検査の項目および範囲などを監理者と協議して施工計画書に明記し，それに基づいて検査を実施する．

---

a．本節は施工現場内での検査を対象とし，検査範囲はパネル取付け前の下地の確認から使用材料の受入れ検査，パネル取付け工事およびパネル相互のシーリング工事までとしている．

b．実施する検査の項目・範囲・箇所および検査者などは施工計画時に監理者と協議し，6.2 の施工計画書に示し，検査を実施する．

また，検査の結果は JASS 1 に基づき記録する．

8.2 下地の確認

施工者は，パネル工事の着手前に下地の精度を確認し，パネル取付けに支障がある場合は，手直し方法などを監理者と協議して処置する．

ここでいう下地とは，パネルを支持する布基礎・柱・間柱・大梁・持出し鋼材・小梁およびスラブなどの躯体と，かさ上げ鋼材・埋込み金物などを指す．

躯体は，本会編「建築工事標準仕様書 JASS 6 鉄骨工事」[1]（以下，JASS 6 という）の鉄骨精度検査基準や，本会編「鉄骨精度測定指針」[2]（2018 年版），JASS 5 および本会編「建築工事標準仕様書・同解説 JASS 11 木工事」[3]（以下，JASS 11 という）の寸法精度などに基づき，ALC パネル工事に先立ち検査されていることを前提とする．したがって，測定結果をまとめた検査報告書により基準の範囲内であること，またはパネル取付けに支障がないことを確認する．

ALC パネル工事にあたって，パネルの取付けに支障があるような下地の精度の場合は，予定した定規アングルなどの部材の寸法変更あるいは調整のための資材の調達・施工の手間などが発生することになる．そのため，施工者は必要に応じて専門工事業者と連携して下地の精度を確認する．パネルの取付けに支障があるような場合は監理者と協議し，ALC パネル工事の着手前に手直しを行う必要がある．

なお，JASS 5，JASS 6 および JASS 11 の検査項目にはないが，パネルの取付けに際し施工者が確認する必要がある下地の検査項目について，解説表 8.1 および解説図 8.1 に示す．

8節 検　査 —135—

解説表8.1　下地の検査項目の例

	検査項目	検査方法	許容差	対処方法の例
外壁・間仕切壁	①立上りコンクリートのレベル	レベル，コンベックスルールなどを用い測定する．	$-5\,\mathrm{mm} \leqq \varDelta H \leqq 5\,\mathrm{mm}$	均しモルタルにて再調整する．
	②立上りコンクリートの通り	鋼製巻尺，コンベックスルールなどを用い測定する．	$-10\,\mathrm{mm} \leqq \varDelta W$	モルタルにて再調整する．
	③コンクリートスラブの止め位置（定規アングル取付けのため）	コンベックスルールなどを用い，取付け部の位置を測定する．	$0 \leqq \varDelta L \leqq 10\,\mathrm{mm}$	コンクリートをはつる．
	④埋込みアンカーのピッチ	コンベックスルールなどを用い測定する．	$-50\,\mathrm{mm} \leqq \varDelta L \leqq 50\,\mathrm{mm}$	あと施工アンカーなどで対処する．
	⑤パネルが取り付く部分の高さ寸法	コンベックスルールなどを用い，取付け部の高さを測定する．	$-5\,\mathrm{mm} \leqq \varDelta H \leqq 5\,\mathrm{mm}$	モルタルなどにより不陸や高さを再調整する．
屋根・床	⑥かさ上げ鋼材の通り	鋼製巻尺およびコンベックスルールなどを用い測定する．	$-10\,\mathrm{mm} \leqq \varDelta W \leqq 10\,\mathrm{mm}$	かかり代不足を補強鋼材などで補う．もしくは再取付けを行う．
	⑦下地木材の高さ	レベル，コンベックスルールなどを用い測定する．	$-3\,\mathrm{mm} \leqq \varDelta H \leqq 3\,\mathrm{mm}$	かさ上げ材などで不陸や高さを再調整する．もしくは再取付けを行う．

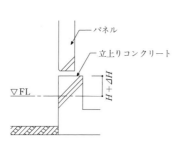

① 立上りコンクリートのレベル
基準レベルから立上りコンクリートまでの高さを測定する．

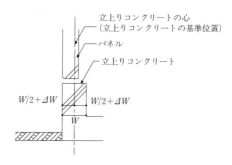

② 立上りコンクリートの通り
立上りコンクリートの心（基準位置）から立上りコンクリートの側面までの距離を測定する．

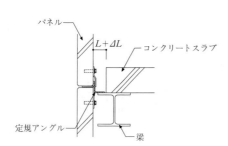

③ コンクリートスラブなどの止め位置
（定規アングル取付けのため）
コンクリートスラブなどの止め位置から計画上のパネル裏面までの距離を測定する．

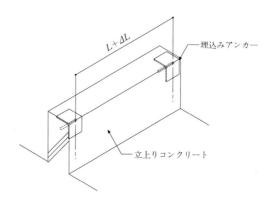

④-1 埋込みアンカーのピッチ
埋込みアンカー間の距離を測定する．

解説図 8.1 検査項目の測定部位

8 節 検　　査　—137—

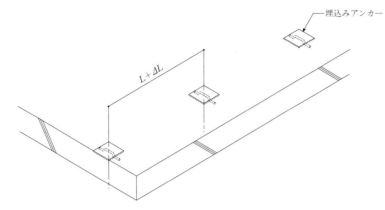

④-2　埋込みアンカーのピッチ
　　　埋込みアンカー間の距離を測定する．

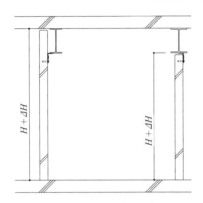

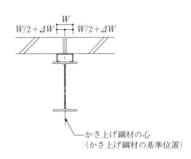

⑤　パネルが取り付く部分の高さ寸法
　　パネルが取り付く部分の内法寸法を測定する．

⑥　かさ上げ鋼材の通り
　　かさ上げ鋼材の心（基準位置）からかさ上げ鋼材の側面までの距離を測定する．

⑦　下地木材の高さ
　　梁天端から下地木材までの高さを測定する．

解説図 8.1　（つづき）

—138— JASS 21 ALCパネル工事（解説）

8.3 受入検査

> a．施工者は，パネルおよび下地鋼材などの搬入される材料について，特記仕様書・施工計画書およ
> び施工図に適合していることを，目視，納品書などにより確認する．
> b．施工者は，受入検査結果を記録し，監理者の求めに応じて報告する．

　a．受入検査は，施工計画書・施工図に基づき搬入されるパネル，下地鋼材および取付け金物な
どが6.2の施工計画書および設計仕様に適合していることを確認する．

（1）　パネルの確認

　施工者は，専門工事業者とともにパネルの種類・寸法・枚数を確認する．また，外観についても
異常がないことを確認する．

　一般に，搬入されるパネルはすべて日本工業規格（JIS）への適合性の認証を受けており，工場ご
とにパネルの品質に関する定常的な試験を実施している．このため，物件ごとの特別な試験や確認
を行う必要はない．したがって，パネルの品質の確認は，パネルに表示されているJISマークおよ
び日本工業規格（JIS）適合性認証書により確認する．

　①　種類・寸法の確認

　パネルの種類・寸法などは，解説表4.8に示すように，パネルの小口に表示されている．した
がって，搬入されたパネルの表示と納品書を照合する．

　パネル長辺の形状は，パネルの種類ごとに加工形状が異なっているため，目視により確認する．
また，意匠パネルは表面加工，模様の凹凸のパターンを目視により確認する．

　②　外観の確認

　パネルの外観は，欠け・ひび割れなどの有無を目視により確認する．

　パネルは，欠けや割れを生じやすい材料であり，注意して取り扱う必要がある．ただし，一部
分に欠けや割れを生じたパネルは，その欠損部分の大きさをスケールにより実測し，その使用条
件，仕上げ方法などと欠損箇所数などに応じて，使用上支障のない範囲にあるかどうかを判断す
る．使用上支障がない程度の欠けのパネルは，通常，補修して使用されるが，その場合に補修し
て使用できる欠損部分の大きさの目安を解説表8.2に示す．補修したパネルおよび箇所について
は記録し，監理者に報告することが望ましい．また，解説表8.2の目安を超える場合は，監理者
と協議の上，パネルが使用上支障がないことを確認し，補修して使用する．

　パネル強度上支障のあるパネルは使用してはならない．例えば，パネルの幅または長さ方向全
体にわたりひび割れがあるもの，あるいはパネルの補強材が大きく露出しているような欠けのあ
るものがそれに該当する．

（2）　その他の材料

　下地鋼材および取付け金物などの材質，防せい処理は，4.2の仕様に適合していることを確認す
る．

　本仕様書に示される取付け金物には，「ALCパネル取付け金物等規格」に示されたものと，パネル
製造業者が指定した取付け金物がある．

「ALCパネル取付け金物等規格」に示された取付け金物には，解説図8.2に示すシンボルマークが金物またはこん包に表示されている．したがって，そのシンボルマークの有無を目視により確認する．

パネル製造業者が指定した金物は，その材質・形状・寸法および防せい処理の仕様が定められている．また，指定した金物にはパネル製造業者名・金物の種類が金物またはこん包に表示されている．したがって，そのパネル製造業者名および金物の種類を目視により確認する．

鉄筋は4.2，砂，セメントは4.3の仕様に適合していることを確認する．また，伸縮目地に充填する耐火目地材や，パネル間目地部のシーリング材などは4.5.aの仕様に適合していることを確認する．

解説表8.2 補修して使用できる欠損部分の大きさの目安

欠損箇所	大きさの範囲
角部の欠け	パネル長さ方向の欠け $b_1 \leq 80$ mm $l_1 \leq 300$ mm パネル幅方向の欠け $b_2 \leq W/2$ $l_2 \leq 80$ mm
側面の欠け	$b \leq 40$ mm $l \leq 300$ mm

［注］＊　斜線は欠損部分を表す．

解説図8.2　金物などに表示しているシンボルマーク

―140― JASS 21　ALCパネル工事（解説）

8.4　工 事 検 査

> ａ．施工者は，工事の進捗状況に合わせて工事検査を行い，施工計画書および施工図に適合している
> ことを確認する．また，必要に応じて監理者の立会いにより検査を実施する．
> ｂ．施工者は，必要に応じて専門工事業者に自主検査を行うよう指示する．

　ａ．工事検査の項目，時期，箇所，検査者の業務区分は，関係者と事前に協議し明確にする．

　施工者は，下記項目について工事検査を行い，施工計画書および施工図に適合していることを確認する．また，必要に応じて，監理者の立会いにより検査を実施する．

（1）　パネルの保管，養生状態の検査

（2）　下地の墨出しの検査

（3）　下地鋼材の取付け検査

（4）　パネルの取付け検査，傷および欠け等の検査

（5）　シーリング工事に関する検査

　検査項目のうち，下地鋼材や取付け金物の位置・溶接箇所などは，工事の進捗状況によっては確認が困難となる部分もあり，工程を十分把握し確認する必要がある．

　検査の項目，時期，方法，業務区分をまとめたシートの例を解説表8.3に示すので，参照する．なお，検査項目はパネルの取付け部位や構法に共通する項目とした．

　ｂ．施工者は，必要に応じて専門工事業者に自主検査を行うよう指示する．専門工事業者は，自主検査を実施した場合，施工要領書，施工図などと照合して確認した事項および是正した事項を施工者に報告する．

8節 検 査 —141—

解説表8.3 工事検査の検査項目シートの例

工事検査の検査項目　　　◎：指示・確認　○：立会い　□：自主検査				業務区分		
項　目	時　期	方法	照合対象	専門工事業者	施工者	監理者
(1) パネルの保管・養生の状態	パネル搬入後〜パネル建込み終了前	目視	施工計画書施工要領書			
(2) 下地鋼材用の墨出し精度	墨出し終了後〜下地鋼材取付け前	実測	施工図			
パネルの割付け墨の位置	墨出し終了後〜パネル取付け前	実測	施工図			
(3) 指定された部材寸法の下地鋼材の使用	下地鋼材の取付け前〜パネル建込み前	目視	施工図			
下地鋼材の取付け精度	下地鋼材の取付け後〜パネル建込み前	実測	施工図			
下地鋼材の溶接部の長さ・位置・精度・外観	下地鋼材の取付け後〜さび止め塗料の塗布前	実測目視	施工計画書施工図			
溶接部の指定さび止め塗料の使用	下地鋼材の取付け後〜パネル建込み前	目視	施工計画書			
(4) パネルの取付け精度	パネル取付け終了後〜完了検査	実測	施工計画書施工図			
取付け金物などの溶接部の長さ・位置・精度・外観	取付け金物の溶接後〜さび止め塗料の塗布前	実測目視	施工計画書施工図			
溶接部の指定さび止め塗料の使用	取付け金物の溶接後〜完了検査	目視	施工計画書施工図			
開口の位置・大きさ	開口補強鋼材の取付け後〜完了検査前	実測	施工図			
取付け構法に応じた開口補強鋼材の取付け方	開口補強鋼材の取付け後〜パネル取付け終了時	目視	施工図			
指定された部材寸法の開口補強鋼材の使用	開口補強鋼材の取付け後〜完了検査	目視	施工図			
パネルの切断・溝掘り・孔あけ寸法	パネルの加工後〜完了検査	実測	施工計画書施工要領書			
パネルの外観・欠け・表面のキズ	パネルの取付け後〜完了検査	目視	施工要領書			
(5) シーリング目地の形状・寸法	パネル取付け終了後〜シーリング打設前	実測	施工図			
プライマーおよびバックアップ材の使用	バックアップ材の充填後〜シーリング打設前	目視	施工要領書施工図			

—142— JASS 21 ALC パネル工事（解説）

8.5 完了検査

施工者は，ALC パネル工事完了後，完了検査を行い，施工計画書および施工図に適合していること
を確認する．また，監理者の求めに応じて検査結果を報告する．

施工者は，下記項目について完了検査を行い，施工計画書および施工図に適合していることを確
認する．また，必要に応じて専門工事業者を立ち会わせる．なお，検査した結果は，監理者の求め
に応じて報告する．

（1） パネルの取付け検査
（2） シーリング材の外観検査
（3） パネル全体の外観検査

工事検査項目のうち，完了検査時でも確認できるパネルの取付け状態などは，この項で実施して
もよい．完了検査の項目などをまとめた例を解説表 8.4 に示す．

解説表 8.4　完了検査の検査項目の例

	検査項目	検査方法	照合対象
(1)	パネルの取付け精度	コンベックスルールにより実測する	施工計画書・施工図
	溶接部の指定さび止め塗料の使用	目視により確認する	施工計画書・施工図
	開口の位置・大きさ	コンベックスルールにより実測する	施工図
	指定された部材寸法の開口補強鋼材の使用	目視により確認する	施工図
	パネルの切断・溝掘り・孔あけ寸法	コンベックスルールにより実測する	施工計画書・施工要領書
	パネルの欠け・表面のキズ	目視により確認する	施工要領書
(2)	シーリング材の外観	目視またはコンベックスルールにより確認する	施工計画書・施工図
(3)	パネル全体の外観	目視により確認する	施工要領書

参 考 文 献
1) 日本建築学会：建築工事標準仕様書　JASS 6　鉄骨工事，2018
2) 日本建築学会：鉄骨精度測定指針，2018
3) 日本建築学会：建築工事標準仕様書・同解説　JASS 11　木工事，2005

9節 特 記

9.1 総 則

a．本節は，本仕様書における特記事項を示す．
b．本節は，本仕様書の一般的な規定に優先する．

　特記事項は，設計者または工事監理者が，特に重要な規定あるいは設計上の要求から，性能，品質および施工方法などを規定する必要がある場合に，本仕様書の一般的な規定に優先し，定めるものである．

9.2 特記事項

a．外壁，間仕切壁，屋根および床の各部位における特記事項は，以下に示すとおりである．なお，
　＊印を付した項目は，必ず特記事項の内容を定めなければならない．
　（1） 性　　　能
　　＊耐火性能（2.2 c）
　　＊耐荷重性能（2.3 c）
　　　耐震性能（2.4）
　（2） 取付け構法
　　＊外壁用パネルの取付け構法の種類（3.1 a）
　　＊間仕切壁用パネルの取付け構法の種類（3.2 a）
　　＊屋根用パネルの取付け構法の種類（3.3 a）
　　＊床用パネルの取付け構法の種類（3.3 a）
　（3） 材　　　料
　　　パネル（＊種類，寸法（＊厚さ），製造業者）（4.1）
　　　シーリング材（＊種類）（4.5 a）
　（4） パネルと下地等の計画
　　　有害な影響を受けるおそれのある環境で使用する場合（5.5 b）
b．上記以外の構法による場合は，特記による．

　a．特記事項の内容を定める場合には，仕様書本文の内容と設計上の要求を十分検討し，適切な項目および内容とすることが望ましい．なお，特記事項は，特記仕様書および設計図書などにより示すこととする．

　性能の特記については，2.1.2に従い，実験や計算などで性能が確認されたパネルおよび構法などを要求する性能値に応じて選択した上で，その性能値を特記する．

　特記事項のうち，必ずその内容を定めなければならない項目についての記入例を以下に示す．特に外壁用パネルにおいて，意匠パネルを用いる場合の表面加工形状やパネルの長辺側面の加工形状

－144－　JASS 21　ALC パネル工事（解説）

などは，もれのないように図面または特記の備考欄に指定する．

記入例

（1）性　　能

　＊耐火性能（2.2 c）

　　＊は，下記の「パネル（＊種類，寸法（＊厚さ），製造業者）（4.1）の記載例」の表中に記載した．

　＊耐荷重性能（2.3 c）

　　＊は，下記の「パネル（＊種類，寸法（＊厚さ），製造業者）（4.1）の記載例」の表中に記載した設計荷重に該当する．

（2）取付け構法

　外壁用パネルの取付け構法の種類（3.1 a）および間仕切壁用パネルの取付け構法の種類（3.2 a）の記載例

部　位	取付け箇所	＊取付け構法の種類	備　考
外壁	1，2，A，D 通り	縦壁ロッキング構法	
間仕切壁	B，C 通り	縦壁フットプレート構法	
	階段室	縦壁ロッキング構法	

（3）材　　料

パネル（＊種類，寸法（＊厚さ），製造業者）（4.1）の記載例

＊種類	使用箇所	＊厚さ (mm)	＊設計荷重 (N/m²)		＊耐火性能 (時間)	製造業者	備　考
			正荷重	負荷重			
外壁	1，2，A，D 通り	150	1800	1200	1		意匠パネル (300 mm グリッド)
間仕切壁	B，C 通り，階段室	100	—		1		
屋根		100	2000	1000	0.5		
床	5 - 8 F	100	3600		1		
床	2 - 4 F	150	3600		2		

ｂ．特記された各項目の仕様について，関連する項目の仕様などとも照合し，相互の仕様の整合が図られていることを確認する．特に建築基準法などの法令に関係する項目の特記には，十分な注意が必要である．以下に注意すべき主な項目の例を示す．

注意すべき例

① 床用パネルの厚さと耐火時間〔解説表 2.2 参照〕

　床用パネルは，耐火 1 時間用が厚さ 100 mm 以上，耐火 2 時間用が厚さ 120 mm 以上であることから，厚さ 100 mm は耐火 1 時間用に限られる．また，厚さ 120 mm 以上のパネルには耐火 1 時間用と耐火 2 時間用がある．したがって，必要な耐火時間により床パネルの厚さを選定する必要がある．

② パネル厚さとパネル長さの関係〔解説表 4.2，4.3 参照〕

　パネル長さは，その種類および厚さごとに最大支点間距離が定められている．ただし，取付け構法および設計荷重の大きさによっては，使用できるパネル長さが短くなる場合がある．したがって，パネル厚さ，取付け構法および設計荷重から使用可能なパネル長さを確認する必要がある．

③ 間仕切壁用パネルへのシーリング〔7.2.8 参照〕

　間仕切壁用パネルにおいては，遮煙性能の確保および美観の向上などを目的として，パネル間や他部材との目地にシーリング材を充填する場合がある．その場合は，シーリング材の種類および施工する箇所を確認する必要がある．

付　録

目　次

付1．ALC パネル構造設計指針・同解説

    （監修(独)建築研究所　発行 ALC 協会　制定　平成 25 年）……………………147

付2．ALC パネル取付け構法標準・同解説（発行 ALC 協会　改定　平成 25 年）…………168

付3．ALC パネル取付け金物等規格（抜粋）（発行 ALC 協会　改定　平成 25 年）…………208

付4．耐火防火構造一覧………………………………………………………………219

付5．JASS 21：2005 より削除した取付け構法　……………………………………223

付6．JASS 21：1998 より削除した取付け構法　……………………………………226

付7．風圧力の計算例…………………………………………………………………228

付8．開口補強鋼材およびパラペット部補強鋼材の部材検討例…………………………230

付9．施工計画書および施工要領書の例………………………………………………235

付10．施工図の例………………………………………………………………………247

付11．関 連 工 事………………………………………………………………………254

付1． ALCパネル構造設計指針・同解説

　本指針は，ALCパネルを，建築物の床版，屋根版または帳壁に用いる場合の，建築基準法の規定による必要性能および仕様を具現化するための，ALCパネルの強度設計および取付け部の構造方法の標準を示したものである．

　ALC協会では，「ALC構造設計基準・同解説」（昭和42年制定，昭和58年改正）を制定し，旧建築基準法第38条に基づく大臣認定を受けて，幅広く運用してきた．

　平成12年に施行された建築基準法改正により法第38条が削除され，大臣認定が失効となったことを機に，ALC協会は，改正建築基準法との整合並びに技術的背景の変化に対応することを主目的に，関係各方面の学識経験者からなる編集委員会を設置し，新たな技術基準として「ALCパネル構造設計指針・同解説」の初版を制定し，独立行政法人建築研究所の監修を受けて平成16年に発刊した．

　その後，平成19年の「建築物の安全性の確保を図るための建築基準法等の一部を改正する法律」の施行に伴い，ALCパネルに関する技術基準として，告示も多数公布された．

　また，平成22年10月に「公共建築物等における木材の利用の促進に関する法律」が施行され，平成23年5月に発表された「木造計画・設計基準及び同資料」（監修：国土交通省大臣官房官庁営繕部，編集・発行：社団法人公共建築協会）において，木造建築物の床材にALC厚形パネルの仕様が例示された．新たな建築構造物への用途拡大が期待されるとともに，対応技術の拡充も必要とされるようになった．

　ALC協会では，これら技術基準との整合性を確認するとともに，ALC厚形パネルを木造建築物に使用するための新たな仕様の整備を行うために，関係各方面の学識経験者からなる編集委員会を設置し，本指針の見直し・確認を行い，独立行政法人建築研究所の監修を受けて，改定版を発行したものである．

ALC パネル構造設計指針・同解説

第1章 総 則
第1条 適用範囲

1．本指針は，建築物の床版，屋根版又は帳壁（非耐力壁の外壁又は間仕切壁）に，厚さ75 mm 以上の ALC パネルを用いる場合の，ALC パネル及びその取付け部の構造設計に適用する．なお，床版又は屋根版に ALC パネルを用いる場合，建築物に作用する水平力（面内せん断力）を斜材の併用その他の措置を講ずることにより，ALC パネルが負担しない構造とする．
2．ALC パネルを用いた建築物各部の設計は，建築基準法の規定に適合するように行う．
3．本指針に記載されていない事項については，関連諸規準及び仕様書による．

1．本指針は，厚さ75 mm 以上の ALC 厚形パネルを，建築物の床版，屋根版又は帳壁（非耐力壁の外壁又は間仕切壁）に用いる場合の，ALC パネル及びその取付け部の構造設計に適用する．ALC パネルの品質については，第4条の規定に基づき，JIS A 5416 : 2007「軽量気泡コンクリートパネル（ALC パネル）」[1]に規定されるもの（建築基準法第37条第二号に定める認定を受けたものを含む）でなければならない．

床用・屋根用 ALC パネルに作用する荷重及び外力は，床用 ALC パネルにあっては，固定荷重，積載荷重であり，屋根用 ALC パネルにあっては固定荷重，積載荷重，積雪荷重及び風圧力である．

帳壁用 ALC パネルに作用する荷重及び外力は，外壁にあっては風圧力及び ALC パネル自重による地震時の荷重であり，間仕切壁にあっては，ALC パネルに地震時に作用する慣性力である．

本指針は，これら ALC パネルに作用する設計荷重及び外力に対するパネルの構造設計ならびに取付け部の構造方法について規定するものである．

なお，第2項解説に示す平成19年国土交通省告示第599号[2]の第2第1項第一号では，「軽量気泡コンクリートパネルは，斜材の併用その他の措置を講ずることにより建築物に作用する水平力を負担しない構造方法としなくてはならない」と規定されている．本指針においても，斜材（ブレース・火打ちなど．以下，斜材という）などを併用せずに ALC パネルに水平力（面内せん断力）を負担させる構造の場合は，適用の対象外とする．

2．本指針は，ALC パネルを建築物の床版，屋根版又は帳壁に用いる場合の，建築基準法の規定による必要性能及び仕様を具現化するための，ALC パネルの構造設計及び取付け部の構造方法の標準を示したものである．

構造耐力上主要な部分の構造方法について，建築基準法施行令（以下，令という）第3章第3節から第7節に規定される構造方法以外のものを対象として令第80条の2の規定に基づく国土交通大臣の定める技術基準が定められた場合には，それに従った構造としなくてはならない．

木造又は鉄骨造建築物の床版又は屋根版に ALC パネルを用いる場合には，令第80条の2第一号に基づく平成19年国土交通省告示第599号に「構造耐力上主要な部分である床版又は屋根版に軽量気泡コンクリートパネルを用いる場合における当該床版又は屋根版の構造方法に関する安全上必要な技術的基準を定める件」として技術基準が規定され，施行されているため，ALC パネルならびに ALC パネル取付け部の構造方法について，同告示に従わなくてはならない．なお，同告示は帳壁を対象にしていない．

帳壁については，構造種別に関わらず適用範囲に含めている．

上記以外にも，当然ながら，建築基準法に基づく構造方法及び構造計算に関する諸基準（以下，「構造関係技術基準」という）が適用される場合には，それに従う必要がある．それらの準拠すべき ALC パネルに関連する技術基準として，告示[2]~[10]も多数公布されている．それら ALC パネルに関連する構造関係技術基準を補足・解説するため，「2009年版 ALC パネルを用いた建築物の構造関係技術基準解説書」[11]が，構造計算規定を中心とした構造関係技術基準の解説書として，「建築物の構造関係技術基準解説書」[12]が，それぞれ平成21年12月及び平成19年8月に発刊されているので参考とする必要がある．

本指針の内容は，これら法令の規定等と整合性を確保することを意図しているが，関係法令等の改正

付1．ALCパネル構造設計指針・同解説 —149—

などにより齟齬が生じた場合には，関係法令を優先する．なお，構造関係技術基準と本指針における対応に関しては，付表1に整理している．

3．ALCパネル及び取付け部の性能を発揮させるためには，ALCパネルを用いるための建築計画及び施工などに配慮しなくてはならない．本指針はALCパネルの構造設計に関する指針であるため，記載されてない事項については，「非構造部材の耐震設計施工指針・同解説および耐震設計施工要領」[13]や「鋼構造計算規準—許容応力度設計法—」[14]などの関連諸規準及び「建築工事標準仕様書・同解説 JASS 21 -2005 ALCパネル工事」[15]などの仕様書などを参考とする．

本指針の規定を満足する具体的な取付け構法の標準仕様が，ALC協会「ALCパネル取付け構法標準・同解説（平成25年版）」[16]（以下，構法標準という）に示されている．本指針では解説の該当部分で構法標準を参照しているほか，構法標準に規定されている取付け構法を付表2に整理して示している．

第2条 用 語

本指針に用いる用語を次のように定める．

ALC	Autoclaved Lightweight aerated Concreteの略で，セメント，石灰質原料及びけい酸質原料を主原料とし，高温高圧蒸気養生された軽量気泡コンクリート．
ALCパネル	ALCを適切な補強材で補強し，成形したもの．
床用ALCパネル	床版に用いるものとして設計され，補強されたALCパネル．
屋根用ALCパネル	屋根版に用いるものとして設計され，補強されたALCパネル．
外壁用ALCパネル	帳壁のうち，外壁に用いるものとして設計され，補強されたALCパネル．
間仕切壁用ALCパネル	帳壁のうち，間仕切壁に用いるものとして設計され，補強されたALCパネル．
補強材	ALCパネル内に配置され，ALCパネルを補強する棒鋼，鉄線，溶接金網，メタルラスなどの総称．
補強筋	補強材のうち，棒鋼，鉄線などの線状のもの．
設計荷重	ALCパネルの強度及び取付け構法の設計を行うために設定される荷重．
支持構造部材	ALCパネルを支持する柱，梁などの総称．
下地鋼材	ALCパネルを取り付けるための下地となる鋼材．
下地木材	ALCパネルを取り付けるための下地となる木製部材．
取付け金物	ALCパネルを支持構造部材，下地鋼材あるいは下地木材に取り付けるための金物などの総称．
ALCパネル取付け部分	ALCパネルに作用する荷重を取付け金物や下地鋼材あるいは下地木材に伝達するALCパネルの部分．
取付け部	ALCパネル取付け部分，取付け金物，モルタル及び取付け金物と下地鋼材との緊結部分を包含した部分，ならびに木造にあってはALCパネル取付け部分，取付け金物，モルタル及び取付け金物と下地木材との緊結部分を包含した部分．
開口補強鋼材	開口部及び開口部回りに作用する外力を，ALCパネルに負担させることなく支持構造部材に伝達させるための鋼材．

A L C ：ALCはセメント，石灰及びけい石などの原料を粉砕したものに水と気泡剤としてアルミニウム粉末などを加え，多孔質化したものをオートクレーブ養生によって十分反応硬化させた軽量気泡コンクリートである．オートクレーブ養生とは，高温高圧蒸気による養生である．

ALCパネル：ALCパネルは，窯業系建築材料としては極めて軽く，耐火性，断熱性に優れているため，

建物の各部位に使用されており，床版用，屋根版用，外壁用，間仕切壁用に区分され，用途に応じた補強が施される．

ALC は，鉄筋コンクリート造におけるコンクリートのような強アルカリ性による補強材に対する防錆能力を期待することはできないため，さびの発生のおそれのある補強材を使用する場合には，さびの発生を抑制することを目的に，補強材表面を防錆材で被覆して用いる．補強材には，棒鋼，鉄線，溶接金網，メタルラスなどがあり，一般には棒鋼もしくは鉄線などの線状のものが多く用いられている．本指針ではこれらの線状の補強材を「補強筋」と称し，これは一般的に呼称している「鉄筋」と同義である．補強筋は一般に，ALC パネルの長辺方向に配置される主筋と短辺方向に配置される横筋とで構成される．

また，ALC パネルは使用される部位に応じて本指針第 10 条及び解説に示す設計荷重に対して強度計算を行い，それぞれ床用 ALC パネル，屋根用 ALC パネル，外壁用 ALC パネル，間仕切壁用 ALC パネルという．

補 強 材：ALC パネルを補強するために，ALC パネル内に配置・埋設された棒鋼，鉄線，溶接金網，メタルラスなどの総称をいう．

補 強 筋：補強材のうち，棒鋼，鉄線などの線状のものをいう．一般に，ALC パネル支点間方向に配置される主筋と，主筋に交わる方向に配置される横筋とで構成される．なお，許容応力度を用いた計算でパネルの強度を算定する場合は，補強筋による補強に限られる．補強筋は一般的に呼称している鉄筋と同義である．

設 計 荷 重：ALC パネル及び取付け部の構造設計を行うために設定する ALC パネルの面外方向の荷重をいう．設計荷重は固定荷重，積載荷重，積雪荷重，風圧力などを考慮し，建築基準法を満足するものでなくてはならない．なお，本指針の規定により確認され，ALC パネル製造業者が表示する荷重を一般に許容荷重といい，これは JIS A 5416：2007「軽量気泡コンクリートパネル（ALC パネル）」に示されている単位荷重に相当する．

支持構造部材：ALC パネルを支持する柱，間柱や大梁，小梁，中間梁あるいは床などをいう．

下 地 鋼 材：ALC パネルの取付けに際して下地となり，支持構造部材に取り付けられている鋼材をいう．定規アングル，かさ上げ鋼材などがあり，等辺山形鋼，リップ溝形鋼などが用いられる．

下 地 木 材：ALC パネルの取付けに際して下地となり，支持構造部材に取り付けられている木製部材をいう．受け材，添え木などがある．

取付け金物：ALC パネルを支持構造部材，下地鋼材あるいは下地木材に取り付けるための ALC パネル工事専用の金物などをいう．「構法標準」に示されている取付け金物は「ALC パネル取付け金物等規格」（ALC 協会編　平成 25 年版）[17]に規定されている．

ALC パネル取付け部分：ALC パネルに作用する荷重を下地鋼材又は下地木材に伝達する ALC パネルの部分であって，下地鋼材又は下地木材と接する ALC 部分，ALC パネル内部のアンカーあるいはアンカー回りの ALC 部分及びボルト，ねじで固定されている ALC 部分をいう．なお，ALC パネル間の目地鉄筋とモルタルとで ALC パネルを固定する取付け構法である敷設筋構法などの場合は，目地モルタルに接する ALC 部分も含む．

取 付 け 部：ALC パネル取付け部分，取付け金物，モルタル及び取付け金物と下地鋼材ならびに下地木材との緊結部分を包含した部分のことをいう．

開口補強鋼材：帳壁用 ALC パネルにおいて，窓や出入口などの開口部の建具にかかる外力を直接支持構造部材に伝え，かつ開口部上下（縦壁の場合）や左右（横壁の場合）のパネルを支持するための補強鋼材をいう．通常，等辺山形鋼などが用いられる．

付1．ALCパネル構造設計指針・同解説 —151—

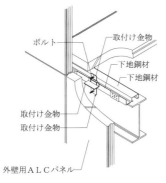
a）外壁（縦壁ロッキング構法）の場合

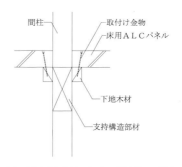
b）床版（木造用ねじ止め構法※）の場合

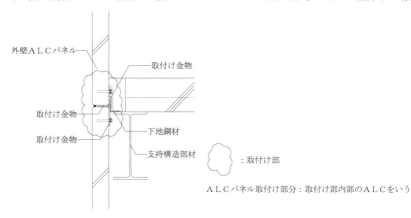
c）ALCパネル取付け部分及び取付け部（縦壁ロッキング構法の場合）

解説図-1　各部の名称

※ 2013年6月版にありました「木床ねじ止め構法」は「木造用ねじ止め構法」に名称変更しました．

第3条　一般事項

1．ALCパネルには，防水処理又は仕上げを施すことを原則とする．
2．腐食，腐朽又は摩損のおそれのある部分にALCパネルを使用する場合には，適切な防水，防湿及び防護措置を行う．
3．ALCパネルへの過大な集中荷重は避ける．

1．ALCは多孔質な材料であり，吸水性が他の窯業系建築材料に比べて高いため，屋外に面する部分については，防水性，耐久性を確保するため，防水処理を施したり，防水効果のある仕上げを施す必要がある．特に，屋根版に使用する場合は，アスファルト防水あるいはシート防水などの防水層をALCパネル表面に施さなくてはならない．また，外壁など雨水のかかる部分には，ALCパネル間目地部にシーリングを施すとともに，ALCパネルの表面に防水効果のある仕上げを施す．浴室やプール，水槽などが配置され，多量の水蒸気による吸水，吸湿のおそれのある場合は，要求性能に応じた防湿，防水処理をALCパネル表面に施す．ALCパネル表面が露出する仕上げ面となる内壁や天井面についても，美観上及び表面に付着したALC粉末の落下防止のために，簡易な仕上塗材などによる仕上げを施すことを原則とする．なお，寒冷地や海岸地域などの特殊な条件下における防水処理又は仕上げについては，特に注意が必要である．詳細については「ALCパネルの仕上げおよび防水」（ALC協会）[18]を参照されたい．

－152－ 付　　録

2．ALCパネルは常時土，水又は酸などに直接に接する部分への使用は原則として避けなくてはならない．また，物理的，化学的に有害な影響を受けるおそれのある部分に使用する場合には，防水，防湿及び防護のための措置を講じる必要がある．

　　　また，ALCパネルを床版に使用する場合は，ALCパネル表面の摩損などを防止するために必ず根太組，合板又はモルタル塗り等の下地を設ける．

3．高置水槽などの特に大きな重量物は，ALCパネルへ過大な集中荷重が作用することを避けるため，直接構造躯体で支持する．

　　　なお，フリーアクセスフロアやユニットバスなどを設けることによりALCパネルに集中荷重が作用する場合には，ALCパネル面のめり込みや局部破壊を避けるために捨て合板，プレート，又はアングルなどを配置して集中荷重及び衝撃力を分散させる措置を講じる必要がある．

第2章　ALCパネル等の品質
第4条　ALCパネルの品質

> 　　ALCパネルに用いるALC及び補強材の品質はJIS A 5416 : 2007「軽量気泡コンクリートパネル（ALCパネル）」に適合するものとし，ALCパネルの強度上及び耐久性上支障のあるひび割れ，気泡むら，欠け又は反りなどがあってはならない．

　ALC及び補強材の品質は，JIS A 5416 : 2007「軽量気泡コンクリートパネル（ALCパネル）[1]に適合するものとする．なお，ALCパネルは，本条の規定を満足するほか，第1条の規定により，厚さ75 mm以上のものとする必要がある．

　ALCパネルは，建築基準法第37条の規定に基づく平成12年建設省告示第1446号[10]により，「指定建築材料」に指定されると共に，その品質がJIS A 5416 : 1997「軽量気泡コンクリートパネル（ALCパネル）」[19]に適合すべきことが規定されている．それに基づき，建築物の基礎または主要構造部のほか，安全上，防火上または衛生上重要な部分として政令（第144条の3）で定める部分に使用する場合には，その品質が当該JIS規格に適合するALCパネルを用いなければならない．この場合，建築基準法第37条第二号に定める認定を受けたALCパネルも同等な扱いとなる．

　2007年にJIS A 5416「軽量気泡コンクリートパネル（ALCパネル）」が改正されているが，その改正内容はコーナーパネルの追加，ALCパネルの幅・長さ寸法やパネル取付け用埋設アンカーの性能の規定などである．したがって，2007年のJIS A 5416に適合する製品は，一般に，指定されている1997年のJISの品質に関する内容(材料の特性値，製造管理方法)に適合するものとして，平成12年建設省告示第1446号による「指定建築材料」として扱うことができると考えられる[注1]．

　JIS A 5416 : 1997「軽量気泡コンクリートパネル（ALCパネル）」によるALCの特性値は解説表-1のとおりであり，補強材はJIS G 3101に規定する棒鋼，JIS G 3532に規定する鉄線もしくはJIS G 3551に規定する溶接金網，JIS A 5505に規定するメタルラス又はそれらと同等以上の品質を有するものと規定されている．

解説表-1　JIS A 5416 : 1997「軽量気泡コンクリートパネル（ALCパネル）」によるALCの特性値

項　　目	規定値
密　　度　kg/m³	450を超え550未満
圧縮強度　N/mm²	3.0以上
乾燥収縮率	0.05 %以下

※ JIS A 5416 : 2007と同じ値である．

付1．ALCパネル構造設計指針・同解説 —153—

　本指針では，ALCパネルの補強材に棒鋼または鉄線などの補強筋を用いた場合の，許容応力度による
ALCパネル強度の計算方法について規定しており，計算に用いるALC及び補強筋の許容応力度は，JIS A
5416：2007「軽量気泡コンクリートパネル（ALCパネル）」に適合した市場品を基に定めた数値を採用してい
る．

　また，許容応力度によるALCパネルの強度計算が困難な場合には，JIS A 5416：2007「軽量気泡コンクリー
トパネル（ALCパネル）」に規定するALCパネルの曲げ強さ試験（以下，ALCパネルの曲げ強さ試験と
いう）を行い，同JISに規定される「厚形パネルの曲げ強さ」を満たすことを確認する．

　なお，部分的なひび割れや欠けの生じたALCパネルを用いる場合には，「建築工事標準仕様書・同解説
JASS 21-2005　ALCパネル工事」15)に規定する範囲において，そこに示される補修方法により行う．その際
には不具合部分を入念に補修し，補修部分がALCパネルの強度上及び耐久性上そして防水上支障のない
ことを目視等により確認して使用しなくてはならない．

注1：2007年版「建築物の構造関係技術基準解説書」12)によれば，『法第37条で指定建築材料に対して要求
　　　しているのは，JISあるいはJAS品（製品）であることではなく，指定JIS等の規定のうち品質に関
　　　する内容（材料の特性値，製造管理方法等）への適合である（中略）指定された規格の内容の一部が
　　　改正された場合においても，それが材料告示における指定JIS等にここまで述べてきたような意味で
　　　「適合」している場合には，新しい規格による材料を使用してよい．逆に材料告示のJIS等規格の年号
　　　が最新のものに改正された場合も，旧規格が新規格に「適合」していれば，認定の（再）取得の必要
　　　はない．一般的には品質に関する項目が改正されていない限り，JIS規格の改正の前後で扱いの変更は
　　　ないものと考えてよい』とされている．

第5条　取付け金物，充てん用モルタル，目地鉄筋の品質

> 　ALCパネルの取付けに用いる取付け金物，目地の充てんに使用するモルタル及び目地鉄筋の品質は
> ALCパネルの強度上及び耐久性上支障のないものとする．

　ALCパネルの取付けに使用する取付け金物の材質，形状，寸法は，ALCパネルの取付け耐力あるいは層
間変形追従性能など，ALCパネルの取付け性能に強度上等支障のないものとする．また，それらの性能が
保持されるように，耐久性上支障のないように防錆処理を施したものを用いる．

　一般には，「ALCパネル取付け金物等規格（ALC協会編　平成25年版）」17)に適合するものあるいは
ALCパネル製造業者が指定したものとする．これらは性能が事前に確認された取付け金物として用いられ
ている．これら以外の取付け金物を用いる場合には，ALCパネルが使用される条件に基づく必要性能に対
し強度上安全であることを個別に確認した上で用いなければならない．

　充てん用モルタル及び目地鉄筋は，「建築工事標準仕様書・同解説　JASS 21-2005　ALCパネル工事」4
節　材料の項の規定に準拠する．一般に，敷設筋構法などで用いられる目地鉄筋は目地モルタルで被覆さ
れるので，防錆処理は必要とされない．

第3章　材料の定数
第6条　許容応力度

> 　ALCパネルの構造設計に用いる材料の許容応力度は表-1による．

表-1　許容応力度（N/mm²）

材料	応力の種類	長期	短期
ALC	圧縮	1.3	2.0
	せん断	0.08	0.12
補強筋	引張及び圧縮	120	180

　構造耐力上主要な部分である床版又は屋根版に用いる ALC パネルに使用する ALC の許容応力度については，平成 13 年国土交通省告示第 1024 号[9]『特殊な許容応力度及び特殊な材料強度を定める件』において，圧縮及びせん断の許容応力度が定められている．ALC パネルを非構造部材として帳壁に用いる場合についても，これらの数値を用いるものとする．なお，これらの数値は「ALC 構造設計基準・同解説」（発行：ALC 協会，昭和 58 年改正）[20]及び「ALC パネル構造設計指針・同解説（平成 16 年版）」（発行：ALC 協会）に示されてきた数値と同値である．

　補強筋の許容応力度の特徴は，鉄筋コンクリートの場合に比べて著しく小さく規定されていることである．これは，設計荷重時に曲げひび割れを生じさせないことを前提としている ALC パネルの構造設計において，補強筋の許容応力度を小さく設定しておくことにより，ALC パネルの断面に生じる引張りひずみを抑える措置である．

　ALC パネルの補強筋として使用される棒鋼もしくは鉄線は，JIS A 5416 : 2007「軽量気泡コンクリートパネル（ALC パネル）」[1]によれば，JIS G 3101（一般構造用圧延鋼材）に規定する棒鋼又は JIS G 3532（鉄線）に規定する鉄線とされている．現在，ALC パネル製造業者で主に使用されている補強筋は，JIS G 3532（鉄線）に規定される線径が 4 ～ 8 mm 程度の普通鉄線であり，その引張強さは 390N/mm²以上と規定されており，本指針で定める補強筋の短期の許容応力度の 2 倍以上である．

　補強筋の付着の許容応力度はとくに規定されていないが，これは ALC パネルの場合，使用する補強筋の線径が小さく，かつ格子状に溶接された横筋が定着に有効に作用するためである．補強筋の ALC に対する付着応力度は，実験の結果[21]，圧縮強度の 1/2 ～ 1/3 の値が得られている．また，荷重の大きな ALC パネルについて計算した結果，その際必要な付着応力度は 0.25～0.45 N/mm²程度発生していることが分かっており，一般に製造されている ALC パネルでの曲げ試験の結果でも付着破壊は生じていないことから，付着上の安全は確保されているものと考えられる．

　なお，ALC パネルの補強材として溶接金網又はメタルラスなどを用いる場合は，試験などによって強度確認を行うこととし，ここでは許容応力度は規定していない．

　JIS A 5416 : 2007「軽量気泡コンクリートパネル（ALC パネル）」に規定される曲げ強さは，ALC パネルは設計荷重時に曲げひび割れを生じさせないことを原則としており，本指針でも，許容応力度に基づく計算により ALC パネル強度を検討する場合，同様に設計荷重時に ALC パネルに曲げひび割れを発生させないこととしている．この場合の ALC の曲げ応力度は，解説表-2 の値を用いるものとし，具体的な計算については第 10 条第 3 項第二号の解説を参照することとする．

解説表-2　曲げひび割れ時の ALC の曲げ応力度

曲げひび割れ時の ALC の曲げ応力度	1.0 N/mm²

　解説表-2 の数値は，旧建築基準法第 38 条に基づく大臣認定を取得した「ALC 構造設計基準・同解説」（発行：ALC 協会，昭和 58 年改正）において採用されたものである．これは，ALC パネル曲げ試験を基に曲げひび割れ発生荷重時に ALC パネル引張側縁に生じる見かけの応力度の平均値より求めた数値であり，曲げひび割れ安全性を計算により確認する上で有効である[21]．

付 1．ALC パネル構造設計指針・同解説 — 155 —

第 7 条　ヤング係数

> ALC パネルの構造設計に用いる材料のヤング係数は表-2による．
>
> ### 表-2　ヤング係数（N/mm²）
>
> | 材　料 | ヤング係数 |
> |---|---|
> | ALC | 1.75×10^3 |
> | 補強筋 | 2.05×10^5 |

　ALC のヤング係数は，通常，圧縮強度の 1/3 荷重時のセカントモデュラスを用いており，その実態は，表-2 の数値を上回っている．

　なお，それぞれのヤング係数は許容応力度と同一の方法で，「ALC 構造設計基準」（発行：ALC 協会，昭和 58 年改正）に規定されていた値から SI 単位系に換算したが，補強筋については数値の丸め方を，鋼材等の材料強度の基準強度を定める告示などの関連諸基準と同一の方法とした．

第 8 条　ALC パネルの単位容積質量

> 　ALC パネルの構造設計に用いる ALC パネルの単位容積質量は 650 kg/m³とする．ただし，負の風圧力により屋根パネルの設計を行う場合の単位容積質量は 550 kg/m³とする．

　ALC パネル及びその取付け部の構造設計に用いる ALC パネルの単位容積質量は，650 kg/m³とする．これは，気乾状態での ALC の密度及びパネル内部の補強材重量による ALC パネル質量と，取付け金物，充てん用モルタル及び仕上塗材の質量を考慮し，安全側の数値としたものである．

　ただし，屋根用 ALC パネルの設計に際し，負の風圧力（吹上げ荷重）によって許容応力度に基づく強度計算を行う場合の ALC パネルの単位容積質量は 550 kg/m³とする．これは，ALC パネル質量のみを考慮して，安全側の数値としたものである．

　これらの数値は，建築物の構造設計における ALC パネルの重量計算に際しても採用することができる．ただし，仕上塗材以外の仕上げの重量については，別途計算が必要である．

　なお，設計に用いる ALC パネルの単位容積重量(kN/m³)は，前述の単位容積質量に重力加速度を掛け合わせた値を用いることとし，650 kg/m³の場合は 6.37 kN/m³，550 kg/m³の場合は 5.39 kN/m³となる．

第 4 章　ALC パネルの設計
第 9 条　ALC パネルの構造方法

> 　ALC パネルの構造方法は，以下の各項を満足するものとする．
> 1．床用 ALC パネル及び屋根用 ALC パネルは単純梁又は連続梁として，外壁用 ALC パネル及び間仕切壁用 ALC パネルは単純梁として用いることとする．単純梁として用いる場合の厚さと最大支点間距離は表-3に，連続梁として用いる場合は表-4に示す値とする．

表-3 単純梁として用いる場合の厚さと最大支点間距離（mm）

種　類	厚　さ	最大支点間距離
床用 ALC パネル	100 以上	厚さの 25 倍
屋根用 ALC パネル	75 以上	厚さの 30 倍
外壁用 ALC パネル	100 以上	厚さの 35 倍
間仕切壁用 ALC パネル	75 及び 80	4000
	100	5000
	120 及び 125	6000
	150	6000

表-4 連続梁として用いる場合の厚さ，最大支点間距離と最大パネル長さ（mm）

種類	厚さ	最大支点間距離	最大パネル長さ
床用 ALC パネル	100 以上	（床用 ALC パネル厚×25/2）＋100	厚さの 25 倍
屋根用 ALC パネル	75 以上	（屋根用 ALC パネル厚×30/2）＋100	厚さの 30 倍

2．ALC パネルの補強材に補強筋を用いる場合の主筋は，床用 ALC パネルにあってはパネル幅 610 mm について引張側に 3 本以上，圧縮側に 2 本以上，屋根用 ALC パネル，外壁用 ALC パネル及び間仕切壁用 ALC パネルにあってはパネル幅 610 mm について 3 本以上とし，横筋と有効に緊結すると共に，補強筋は ALC パネル強度上有効に配置する．

1．床用 ALC パネル及び屋根用 ALC パネルは単純梁又は連続梁として，外壁用 ALC パネル及び間仕切壁用 ALC パネルは単純梁として用いることとする．

　ALC パネルの厚さに関する規定は，平成 19 年国土交通省告示第 599 号[2]第 2 第 1 項第二号に規定されており，最低限必要な厚さについては，支点間の距離（l）に対して，床用 ALC パネルにあっては $l/25$ 以上，屋根用 ALC パネルにあっては $l/30$ 以上とされている．これは，実質的に厚さごとの ALC パネルの最大支点間距離を規定しており，表-3 に示す単純梁として用いる場合の床用 ALC パネルならびに屋根用 ALC パネルの厚さと最大支点間距離の関係となる．なお，一般に安全側として ALC パネル長さを支点間距離として強度計算が行われている．解説図-2 は単純梁及び連続梁の場合の ALC パネル長さと支点間距離の関係を示したものである．

　また，外壁用 ALC パネルについては，旧建築基準法第 38 条の規定に基づく「ALC 構造設計基準」（発行：ALC 協会，昭和 58 年改正）[20]で，ALC パネルの厚さに対して規定された $l/35$ 以上としている．

　表-4 は，連続梁として用いる場合の床用 ALC パネルならびに屋根用 ALC パネルの厚さ，最大支点間距離ならびに最大パネル長さとの関係を示したものである．

　最大パネル長さは，表-3 に示す単純梁として用いる場合の床用 ALC パネルならびに屋根用 ALC パネルの最大支点間距離の値と同一としており，最大支点間距離は木造のモジュールを考慮して最大パネル長さの 1/2 に 100 mm を加えた値としている．

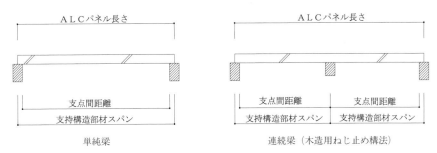

解説図-2 ALCパネル長さと支点間距離の関係

　本項規定は，通常の配筋によって支持可能な範囲に納まる長さである．ただし，許容荷重が大きくなる場合には ALC パネルの強度上，支点間距離が短くなる場合があるので注意が必要である．この場合には，ALC パネル製造業者との協議が必要である．なお，厚さ 120 mm の外壁用 ALC パネルの最大支点間距離は厚さ 125 mm と同じとするが，ALC パネルの構造計算はそれぞれの厚さに基づいて行う．また，表面に凹凸模様が施された外壁用意匠パネルの場合，最大支点間距離算定用の ALC パネル厚さは，ALC パネル表面の凹部の寸法としている．ただし，この場合の凹部の最小寸法は 90 mm とする．

解説図-3 外壁用意匠パネルの最大支点間距離算定用の ALC パネル厚さ（断面図）

　間仕切壁用 ALC パネルは，運搬時あるいは施工時のハンドリング，または地震時の荷重などを考慮し，一般的に ALC パネル自重相当の荷重を設計荷重としている．したがって，他の部位に比べて検討すべき外力が小さいことから，支点間距離を長く設定している．本指針では，ALC パネルの強度を考慮し，表-3 に示す数値を間仕切壁の厚さごとの最大支点間距離とした．

2．ALC パネルの補強材として用いられる補強筋は，ALC パネルの支点間距離方向（長さ方向）に配置される主筋と，主筋に交わる方向（幅方向）に配置される横筋とにより構成される．

　ALC パネルの主筋は，強度上，ALC パネル幅方向の両端ならびに中央部にバランスよく配置することとし，ALC パネルにかかる荷重及び外力を均等に負担させなければならない．

　床用 ALC パネル及び屋根用 ALC パネルの補強材については，平成 19 年国土交通省告示第 599 号第 2 第 1 項第三号に規定されており，床用 ALC パネルの主筋はパネル幅 610 mm に対して圧縮側に 2 本以上，引張り側に 3 本以上を，屋根用 ALC パネルの主筋はパネル幅 610 mm に対して 3 本以上配置する．

　外壁用 ALC パネル及び間仕切壁用 ALC パネルの主筋はパネル幅 610 mm に対して 3 本以上配置する．

　なお，横筋は，主筋の ALC に対する定着効果を期待していることから，主筋と格子状に溶接などによって緊結し，強度上バランスよく配置する．特に，ALC パネルの取付け部分となる両端部には，ALC パネル内部に生じる応力を支持構造部材に有効に伝達できるように横筋を配置しなければならない．

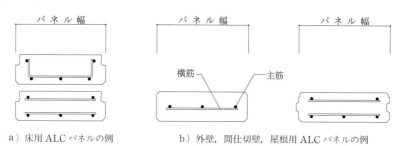

解説図-4　パネル幅及び配筋

第10条　ALCパネルの構造計算

> ALCパネルの構造計算は，以下の各項を満足するものとする．
> 1．設計荷重の算定に用いる荷重及び外力の種類は表-5による．
>
> **表-5　採用すべき荷重及び外力の種類**
>
> | 種　類 | 長　期 | 短　期 |
> |---|---|---|
> | 床用ALCパネル | 固定荷重，積載荷重 | — |
> | 屋根用ALCパネル | 固定荷重，積載荷重
積雪荷重（多雪区域） | 風圧力
積雪荷重（多雪区域以外） |
> | 外壁用ALCパネル | — | 暴風時：風圧力
地震時：地震力 |
> | 間仕切壁用ALCパネル | — | 地震力 |
>
> 2．ALCパネルの構造設計は，単純梁又は連続梁として行う．なお，連続梁の場合には，必要に応じて支持構造部材のたわみを考慮する．
> 3．ALCパネルの構造計算は，補強材に補強筋を用いる場合には許容応力度に基づく計算によることを原則とし，以下の各号の確認を行う．ALCパネルの表面から補強筋重心までの距離の構造計算上の設定値は12mm以上とする．
> 　なお，許容応力度に基づく計算が適当でないと認められる場合には，JIS A 5416:2007「軽量気泡コンクリートパネル（ALCパネル）」に規定される曲げ強さ試験による．
> 　一．ALCパネルの許容曲げモーメントが，設計荷重時に生じる最大曲げモーメントより大きいことを確認する．なお，許容応力度に基づく計算により許容曲げモーメントを求める場合には，一般社団法人日本建築学会「鉄筋コンクリート構造計算規準・同解説」の長方形梁の断面算定規定による．
> 　二．ALCパネルは，設計荷重時に発生する曲げモーメントにより曲げひび割れが発生しないことを確認する．
> 　三．ALCパネルの許容せん断力が，設計荷重時に生じる最大せん断力より大きいことを確認する．
> 　四．設計荷重時におけるALCパネルのたわみは，床版に使用する場合にあっては支点間距離の1/400以下，屋根版に使用する場合にあっては支点間距離の1/250以下，帳壁に使用する場合にあっては支点間距離の1/200以下であることを確認する．

1．ALCパネルの強度計算を行う場合の設計荷重は，用いられる建築物の設計図書に指定される荷重とす

付1．ALC パネル構造設計指針・同解説 —159—

る．設計荷重は，建築基準法に規定される荷重及び外力を基に算定される．本指針が対象とする ALC パネルの種類に応じた荷重及び外力は以下のとおりである．

1）床用 ALC パネル

床用 ALC パネルに作用する主な荷重は，令第 84 条に規定される固定荷重及び令第 85 条に規定される積載荷重とする．建物に加わる地震力や風圧力などにより床版に作用する水平力(面内せん断力)は，斜材など ALC パネル以外の構造部材で負担することとする．

2）屋根用 ALC パネル

屋根用 ALC パネルに作用する主な荷重及び外力は，令第 84 条に規定される固定荷重，令第 85 条に規定される積載荷重，令第 86 条に規定される積雪荷重ならびに令第 82 条の 4 に基づく平成 12 年建設省告示第 1458 号に規定される風圧力とする．床用 ALC パネルと同様，屋根版に作用する水平力(面内せん断力)は，斜材など ALC パネル以外の構造部材で負担することとする．

3）外壁用 ALC パネル及び間仕切壁用 ALC パネル

帳壁(非耐力壁の外壁又は間仕切壁)に作用する主な荷重及び外力は，外壁用 ALC パネルにあっては令第 82 条の 4 に基づく平成 12 年建設省告示第 1458 号に規定される風圧力と ALC パネル自重を基に計算される地震力とし，間仕切壁用 ALC パネルにあっては，ALC パネル自重を基に計算される地震力とする．

2．ALC パネルは，面外方向の荷重及び外力に対して，パネルの短辺を支持する単純梁又は連続梁として用いることを原則とする．「構法標準」に示される取付け構法も，この原則に基づいて設計されている．

ALC パネルの構造設計は，設計荷重が面外方向に等分布荷重として作用した場合に生じる ALC パネル各部の曲げ及びせん断応力が，ALC パネルの保有する耐力を上回らないことを確認する．ALC パネルに生じる応力は，支持状態に応じ，単純梁あるいは連続梁として計算する．また，外壁のパラペット部分など端部を持ち出して使用する場合には，端部を持ち出した単純梁として計算する．なお，連続梁や端部を持ち出した場合の ALC パネルの構造設計は，ALC パネルに作用する面外方向の荷重に対し，逆方向(負方向)の曲げモーメントが発生する．このような場合，ALC パネルの使用状況に応じて，ALC パネル断面が保有する荷重方向に対する正負両方向の耐力を計算し，ALC パネル各部に生じる応力に対し，構造上安全であることを確かめる．

解説図- 5 a）〜c）に，単純梁及び連続梁として計算する場合の M 図，Q 図及び δ 図を示す．

連続梁の各支持点のレベルは均一である前提で設計されるが，支持構造部材のたわみによって，ALC パネルの支持状態が変化し，各スパン中央部の曲げモーメントが大きくなることがある．この場合は，各スパンの中央部は単純梁モデル(解説図- 5 c) 1))，中間部の支点は一端ピン他端固定梁モデル(解説図- 5 c) 2)) として曲げモーメントを求めることでより安全側となる．

なお，3 点を超える連続梁の場合は，個別の検討を行うものとする．

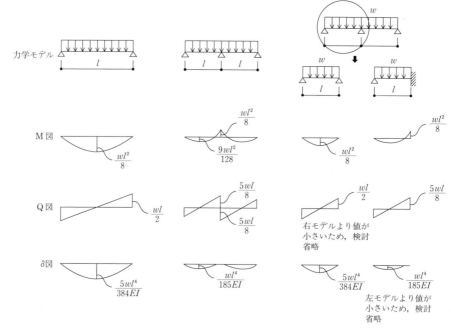

解説図-5　各力学モデルとM図，Q図及びδ図

3．ALCパネルの構造計算は，全ての部位において，本条第1項に示される設計荷重に対して許容曲げモーメント及び許容せん断力が上回ること，曲げひび割れが生じないこと，及びたわみが規定値以下であることを確認する．

　確認方法としては，許容応力度に基づく計算による方法と，ALCパネルの曲げ強さ試験による方法とがあるが，計算により確認する方法の方がより厳しくなるように設定されているため，本指針では，補強材に補強筋を用いる場合には，許容応力度に基づく計算により確認することを原則とする．なお，ALCパネルの表面から補強筋重心までの距離（以下，重心距離という）の構造計算上の設定値は12 mm以上とする．これは，使用されている補強筋の径が8 mm以下と小さいこと及び補強筋のALCパネル表面からの位置を余り小さく設定すると，ALCとの均一性が損なわれ，補強筋が有効に働かないおそれがあるためである．また，各ALCパネル製造業者においては，構造計算上の重心距離を予め設定し，実際のALCパネルもその設定値を用いて製造されている．

　補強材に溶接金網又はメタルラス等を用いた場合など，許容応力度に基づく計算が適当でないと判断される場合には，ALCパネル曲げ強さ試験によって曲げひび割れ強度ならびにたわみがJIS A 5416:2007「軽量気泡コンクリートパネル（ALCパネル）」[1]の規定に適合することを確認する．この場合，試験結果よりパネル断面が保有する曲げひび割れ耐力及び曲げ剛性を算出し，それに基づいて同種類の他の寸法のパネル強度及びたわみの確認を計算により行うこともできる．

　なお，JIS A 5416:2007「軽量気泡コンクリートパネル（ALCパネル）」により代表的なALCパネルによる定期的なALCパネル曲げ強さ試験を行うことが規定されており，ALCパネル製造業者ではこれら強度計算結果の検証が，継続的に行われている．

一．ALCパネルの許容曲げモーメントが，設計荷重時にALCパネルに生じる最大曲げモーメントよりも大きいことを確認する．

付 1. ALC パネル構造設計指針・同解説　—161—

　ALC パネルの曲げ強さの確認は試験により行われてきた．古くは，「ALC 研究会研究報告 1965」[22]での試験結果が日本建築学会で発表され，それらのデータに基づき ALC パネルの構造設計方法が確立されている．ALC パネルは，曲げひび割れ発生までは平面保持の仮定の成立が認められ，曲げひび割れ発生後は圧縮側，引張り側を通じての平面保持の仮定が成立しなくなる．これは通常の RC の断面でも同様のことであり，これらのことから，ALC パネルの断面算定は RC 梁と同様な方針で行うことができるとされている．具体的な ALC パネルの許容曲げモーメントの算定は，一般社団法人日本建築学会「鉄筋コンクリート構造計算規準・同解説」[23]の長方形梁の断面算定規定によっている．

許容曲げモーメント M の算定式

$$M = Cbd^2$$

　　ただし，C は C_1，C_2 のうち，小さい方による

$$C_1 = \frac{np_t f_c}{3X_{n1}}\{(1-X_{n1})(3-X_{n1})-\gamma(X_{n1}-d_{c1})(3d_{c1}-X_{n1})\}$$

$$C_2 = \frac{p_t f_t}{3(1-X_{n1})}\{(1-X_{n1})(3-X_{n1})-\gamma(X_{n1}-d_{c1})(3d_{c1}-X_{n1})\}$$

$$X_{n1} = np_t\left\{\sqrt{(1+\gamma)^2+\frac{2}{np_t}(1+\gamma\cdot d_{c1})}-(1+\gamma)\right\}$$

$$p_t = \frac{a_t}{bd}$$

　　　　M：許容曲げモーメント（N・mm）
　　　　b：ALC パネルの幅（mm）
　　　　d：ALC パネルの有効せい（mm）
　　　　n：ヤング係数比
　　　　p_t：引張鉄筋比
　　　X_{n1}：中立軸比
　　　d_{c1}：d_c/d
　　　　d_c：ALC パネルの圧縮縁から圧縮鉄筋重心までの距離（mm）
　　　　γ：複筋比
　　　　f_c：ALC の許容圧縮応力度（N/mm²）
　　　　f_t：補強筋の許容引張応力度（N/mm²）
　　　　a_t：引張鉄筋の断面積（mm²）

二．ALC パネルは，設計荷重時において曲げひび割れを生じさせないことを前提としている．

　　許容応力度に基づく計算により強度確認を行う場合には，次式により求めるひび割れ曲げモーメントが，設計荷重時に生じる最大曲げモーメントを上回ることを確認する．

$$M_c = \sigma_b \cdot Z_e$$

　　　　M_c：ひび割れ曲げモーメント（N・mm）
　　　　σ_b：曲げひび割れ時の ALC の曲げ引張応力度（1.0 N/mm²）
　　　　Z_e：補強筋を考慮した断面係数（mm³）

　　なお，ALC パネルの曲げ強度の確認を許容応力度に基づき行う場合で，補強筋の短期許容応力度を 140 N/mm²以下として行った場合には，前式のひび割れ曲げモーメントによる検討を省略することができる．これは，旧建築基準法第 38 条に基づく大臣認定を取得した「ALC 構造設計基準・同解説」（発行：ALC 協会，昭和 58 年）の制定時に，短期許容応力度を 140 N/mm²以下と低く設定した場合には，ALC パネルに曲げひび割れが生じないことが ALC パネルの曲げ強さ試験データ[24]により確認されていることによる．

　　また，ALC パネルの曲げ強さ試験により確認する場合には，設計荷重時において ALC パネルの引張

—162— 付　　録

り側縁に曲げひび割れが発生しないことを目視あるいは試験データに基づく荷重たわみ曲線の変曲点などにより確認する.

三．ALC パネルの許容せん断力 Q_A が，設計荷重時に生じる最大せん断力より大きいことを確認する．許容応力度に基づく計算により許容せん断力を求める場合には，次式による.

$$Q_A = b \cdot j \cdot f_s \cdot a$$

ただし，$a = \dfrac{4.5}{\dfrac{M}{Q \cdot d} + 0.5}$　かつ，$1 \leqq a \leqq 3$

b：ALC パネルの幅（mm）
j：ALC パネルの応力中心距離（mm）
f_s：ALC の許容せん断応力度（N/mm²）
a：パネルのせん断スパン比 $\dfrac{M}{Q \cdot d}$ による割増し係数
M：設計する ALC パネルの最大曲げモーメント（N·mm）
Q：設計する ALC パネルの最大せん断力（N）
d：ALC パネルの有効せい（mm）

ALC パネルに関する一方向単調加力時の数多くの実験資料より，せん断ひび割れ応力度 $\tau_c \left(= \dfrac{Q_c}{b \cdot j} \right)$ 及び終局強度 $\tau_u \left(= \dfrac{Q_u}{b \cdot j} \right)$ を与える実験式がせん断スパン比 $\dfrac{M}{Q \cdot d}$ の関数として提案されている.

　この実験式に 0.8 を乗じることにより，それぞれの下限せん断応力度を求め長期及び短期の $a \cdot f_s$ との関係を見ると，短期に関しては終局強度の値にほぼ近似した値を得る．長期に関してはひび割れ応力度の下限値は常に $a \cdot f_s$ を上回っており，前述の式中の a は妥当なものといえる[24].

四．ALC パネルの設計荷重時におけるたわみが解説表-4 を超えないことを確認する．なお，本規定値は設計荷重時における弾性設計上のたわみの限度を示すものであり，床版の場合の $l/400$ はクリープを考慮して長期荷重時に $l/250$ 以下に納まるよう決められている.

　平成 12 年建設省告示第 1459 号[7] の第 1 では，ALC パネルを床版に用いる場合の厚さの制限値が規定されており，厚さが当該床版の支点間距離の 1/25 以下の場合に，第 2 に規定する構造計算を行う必要があるとされている．具体的には，長期の設計荷重により生じるたわみの最大値に変形増大係数として 1.6 を乗じ，その値を床版の支点間距離で除した値が 1/250 以下であることを確認することになる．本指針で規定する数値 $l/400$ に，同告示による変形増大係数 1.6 を乗ずると $l/250$ となる．よって，同告示の規定を満足している.

　また，ALC パネルを屋根版及び帳壁に用いる場合は，旧建築基準法第 38 条の規定に基づく「ALC 構造設計基準」で規定された数値を用いている.

　なお，屋根版の場合，歩行用屋根及び多雪区域の屋根については，床版のたわみの規定値に従うものとする.

　各部位ごとの設計荷重の長期・短期別とたわみ限度との関係を解説表-4 に示す.

　許容応力度に基づく ALC パネルの強度計算は，ALC パネルに曲げひび割れが発生するまでは全断面が有効であるものとして計算することが出来る．したがって，ALC パネルのたわみの計算は補強筋を考

解説表-4　たわみ限度

ALC パネルが用いられる部位		床版	屋根版	帳壁
設計荷重	長期	$l/400$	$l/250$	—
	短期	—	$l/250$	$l/200$

l：支点間距離

慮した断面 2 次モーメントにより，設計荷重時のパネル最大たわみが解説表- 4 に規定する限度を超えないことを確認する．

　または，断面 2 次モーメントを試験により求め，設計荷重時のたわみが解説表- 4 に規定する限度を超えないことを計算により確認してもよい．

第5章　ALC パネル取付け部の設計
第 11 条　床版及び屋根版

1．床版及び屋根版に用いる ALC パネルは，建築物に作用する水平力（面内せん断力）を負担させないように支持構造部材に取り付ける．
2．床版及び屋根版に用いる ALC パネルは，取付け金物やモルタルなどを使用して，荷重及び外力により脱落又は局部的破壊を生じないように，構造耐力上有効に支持構造部材に取り付ける．

1．平成 19 年国土交通省告示第 599 号[2]第 2 第 1 項第一号により，「軽量気泡コンクリートパネルは，斜材の併用その他の措置を講ずることにより建築物に作用する水平力を負担しない構造方法としなくてはならない」と規定されている．

　床版及び屋根版に使用される ALC パネルの取付け構法には，「構法標準」に示される"敷設筋構法"が一般的に用いられている．本構法は，ALC パネルが水平力を負担しない床版及び屋根版における取付け構法として，旧建築基準法第 38 条の規定に基づく「ALC 構造設計基準」[20]で標準化されてきた取付け構法である．

　敷設筋構法は ALC パネルを目地部のモルタルと目地鉄筋とで支持構造部材に取り付ける構法であるが，近年では ALC パネルをボルトなどの取付け金物で支持構造部材に取り付ける乾式構法も普及している．これらも，建築物に作用する水平力を ALC パネルに伝達させない取付け構法と考えられている．「構法標準」以外の構法を用いる場合には，実況に応じた個別の検証によりその安全性を確認しなくてはならない．

2．床版及び屋根版に用いる ALC パネルは，固定荷重・積載荷重，風圧力，地震時の荷重などの外力に対して，脱落又は局部的破壊を生じないように，支持構造部材に取り付けなければならない．

　床用 ALC パネル及び屋根用 ALC パネルの取付け構法設計時の検討事項は以下のとおりである．

1）ALC パネル自重・固定荷重・積載荷重などの鉛直方向の荷重を，ALC パネルにひび割れなどを生じることなく，梁などの支持構造部材に有効に伝達する．
2）ALC パネルに作用する風圧力などにより生じる面外方向の荷重を，ALC パネルにひび割れ又は局部的破壊を生じることなく，梁などの支持構造部材に有効に伝達する．
3）ALC パネル自重・固定荷重・積載荷重などを基に計算される地震時の荷重に対し，ALC パネルにひび割れ又は局部的破壊を生じることなく，梁などの支持構造部材に有効に伝達する．

　床用 ALC パネル及び屋根用 ALC パネルの取付け構法は，許容応力度に基づく計算あるいは試験により，取付け部に生じる応力に対して構造設計上安全であることを確認する．

　「構法標準」には標準的な取付け構法が示されており，設計荷重などの ALC パネルの適用範囲が示されている．この範囲内であれば，強度上の安全性は確認されたものとして，個別の検証を省略している．適用範囲を超える場合は，使用条件に応じて強度上の検討が必要である．例えば，高い負の風圧力など，取付け部に作用する応力などを個別に検証して用いる．

　「構法標準」では，ALC パネルに作用する鉛直下向き方向の荷重や，正の風圧力を支持構造部材に有効に伝達するため，ALC パネルの支持構造部材へのかかり代を支点間距離の 1/75 以上かつ 40 mm 以上（木造用ねじ止め構法[*]は 50 mm 以上）としている．ALC パネルのかかり代に関する実験結果は「ALC 研究会研究報告　1965」[22]に報告されている．その報告によれば，かかり代は 20 mm 以上あれば端部の破壊がパネル破壊の直接原因とならないことが示されている．しかし，施工精度なども考慮の上，かかり代の設計値を上記のように規定している．よって，支持構造部材は，ALC パネルのかかり代に対する配慮が必要である．

—164— 付　　録

　なお，連続梁として床用 ALC パネル及び屋根用 ALC パネルを用いる場合は，各支持構造部材がほぼ同一レベルであることを前提とし，全ての支持構造部材に対して取付け金物で固定するものとする．

　また，「構法標準」では，ALC パネルに作用する負の風圧力に対して，荷重の大きさにより取付け金物の種類や大きさ，ボルト併用などによる取付け強度の補強の必要性などが規定されており，これを遵守しなければならない．

　なお，「構法標準」では，床用 ALC パネル及び屋根用 ALC パネルの標準的な取付け構法が示されているが，それ以外の取付け構法を用いてもよい．この場合には，前記 1 ）～ 3 ）に示す必要性能を有することを構造計算又は試験により各々確認し，用いるようにする．

※ 2013 年 6 月版にありました「木床ねじ止め構法」は「木造用ねじ止め構法」に名称変更しました．

第 12 条　帳　　壁

> 1 ．帳壁に用いる ALC パネルは，取付け金物などを使用して風圧力などの外力により脱落又は局部的破壊を生じないように構造耐力上有効に支持構造部材に取り付ける．
> 2 ．ALC パネルはその取付け部を可動とし，構造躯体の層間変形角 1/150 に対して脱落及び取付け耐力上支障のあるひび割れを生じさせないよう，支持構造部材に取り付ける．ただし，外力に対する構造躯体の変形が小さいことが確かめられた場合には，この限りではない．
> 3 ．開口部の周囲には開口補強鋼材を配置し，開口部にかかる風圧力などの外力は ALC パネルを介することなく支持構造部材に伝達する．

1 ．帳壁（非耐力壁の外壁又は間仕切壁）に用いる ALC パネルは，風圧力のほか ALC パネル自重などを基に計算される地震時の荷重などの外力に対して，脱落又は局部的破壊を生じないよう構造耐力上有効に支持構造部材に取り付けなければならない．

　外壁用 ALC パネルの取付け構法の設計に用いる風圧力は，令第 82 条の 4 の規定に基づく平成 12 年建設省告示第 1458 号[6]に規定される計算式により算出した数値を用いる．

　正の風圧力及び負の風圧力に対して，ALC パネルに作用する荷重の伝達部である ALC パネル取付け部分，取付け金物，取付け金物と下地鋼材又は下地木材の緊結部などの取付け部及び下地鋼材又は下地木材が十分な強度を有し，ALC パネルにひび割れなどの局部的破壊あるいは脱落などが生じないよう，ALC パネルの取付け強度上の安全性を確保して支持構造部材に取り付ける．

　取付け金物及び下地鋼材等の金物類ならびに溶接部などの強度は，許容応力度を用いた計算に基づいて安全性を確認する．ALC パネル取付け部分については，当該部分の引抜き強度の試験結果などより，その平均値から標準偏差を考慮した値が発生する応力以上であることを確認する．なお，ALC パネル取付け部分，取付け金物，取付け金物と下地鋼材又は下地木材との緊結部及び下地鋼材又は下地木材などの強度は，実 ALC パネルを用いた試験あるいは要素試験によって総合的な強度を確認することもできる．

　一般的に用いられている外壁用 ALC パネルの取付け構法は，設計荷重（例えば正風圧 2000 N/m²，負風圧 1600 N/m²）などの一定の使用条件下における取付け仕様が標準化されており，これらの技術資料に基づき構法を選定すればよい．具体的な ALC パネルの取付け構法の仕様については，「構法標準」あるいは ALC パネル製造業者の仕様書を参照されたい．

　この他に，ALC パネルに作用する外力として地震力があり，ALC パネルならびに仕上げ材などの自重によって地震時の取付け部に生じる応力が許容応力度を上回らないことを確認する．

　「構法標準」には，設計荷重などの ALC パネルの適用範囲が示されており，その範囲であれば，強度上の安全性を確認したものとして，個別の強度検証は省略することができることとしている．適用範囲を超える場合は，使用条件に応じて強度上の検討が必要である．

2 ．建築物の各階に生じる層間変位により，帳壁用 ALC パネルの取付け部に生じる応力が許容応力度を

超え，脱落又は局部的破壊を生じないよう，帳壁用 ALC パネルの取付け構法は，本項に規定する性能を有することが確認されたものでなくてはならない．

令第 39 条第 2 項の規定に基づく昭和 46 年建設省告示第 109 号第 3 第五号によれば，「高さ 31 m を超える建築物（＝略＝）の屋外に面する帳壁は，その高さの 1/150 の層間変位に対して脱落しないこと．（＝後略＝）」とある．

本指針では，ALC パネルの取付け部を可動とすることによって層間変位に追従させ，取付け強度上支障のあるひび割れが生じないよう，取付け部に生じる応力を許容応力度以下となるように規定すると共に，1/150 までの層間変形角に追従することを必要性能の下限値とし，上記告示が対象とする建築物の帳壁にも対応できるようにした．一般的に，それらの性能は試験により強制的に面内方向の層間変形を与えた試験体の取付け部に，取付け耐力上支障のあるひび割れの有無を確認することにより行われている．

一般的に使用されている外壁用 ALC パネルの取付け構法として，標準的な取付け構法が，「構法標準」に記されている．これらの取付け構法は，試験により 1/150 までの層間変形に追従し，取付け強度上有害なひび割れが生じないことが確認された構法である．

「構法標準」に示される取付け構法以外の取付け構法を使用する場合には，本指針に規定する変形追従性を保有していることを確認して用いなければならない．

層間変位に対する帳壁の追従性能の確認は，一般に JIS A 1414-2：2010「建築用パネルの性能試験方法—第 2 部：力学的特性に関する試験」[25]に規定される「5.9 変形性能試験」に準じ，試験体に強制変形を与えて行われる．層間変形に対する帳壁の追従性能確認は，一般に，短辺小口の接合部を含む実大パネルを用いた大きさ（W 3000×H 3500 mm 程度）で行われ，正負両方向の繰り返し加力による強制変形を与え，変形角ごとに取付け部の異状の有無を確認する．

本項の規定は ALC パネル帳壁の必要性能の下限値を示したものであり，ALC パネル帳壁の変形追従性能を 1/150 としたものではない．「構法標準」に示される取付け構法の中にも，1/150 を超える層間変形に追従する性能を有する取付け構法もある．より大きな層間変形追従性能が必要な場合には，それに見合う構法の選択を行えばよい．

ALC パネル帳壁の変形追従性能は，取付け構法の追従メカニズムにより大別されており，縦壁ロッキング構法，横壁アンカー構法では層間変形角 1/100 までの変形追従性能を保有しており，構法選択の目安としている．

なお，令第 82 条の 2 では層間変形角は 1/200 以内とすることが規定されている．この 1/200 の制限値は，帳壁，内外装材，設備等に著しい損傷の生じるおそれがないことが確認されれば，1/120 まで緩和できる．2007 年版「建築物の構造関係技術基準解説書」[12]によれば，この緩和は原則として実験又は計算により安全が確かめられた数値までとされており，縦壁ロッキング構法及び横壁アンカー構法はこの緩和規定を適用することができる．

また，平成 19 年国土交通省告示第 594 号[4]第 2 第二号の規定によれば，『非構造部材から伝達される力の影響を考慮して構造耐力上主要な部分に生じる力を計算しなければならない』，と規定されている．また，同号の規定では『ただし，特別な調査又は研究の結果に基づき非構造部材から伝達される力の影響がないものとしても構造耐力上安全であることが確かめられた場合にあっては，その限りでない．』とも規定されている．

一般的な ALC パネル帳壁については，これまでに蓄積されている各種の要素実験，実大実験の成果[26]があり，それらに基づき構造耐力上主要な部分への影響がないものとして考えられている．

ALC パネルの面外方向の荷重に対する曲げひび割れの安全性については，本指針では設計荷重時において曲げひび割れが生じないように許容応力度を用いた構造計算方法を規定している．また，許容応力度を用いた構造計算による確認が適当でないと判断される場合には，ALC パネル曲げ強さ試験により安全性を確認することも規定している．壁面に生じる面外の層間変形によって取付け部に生じる応力が許容応力度を超えないことは，試験により取付け部にひび割れが生じないことで確認することができる．

3．ALC パネル帳壁に窓，出入り口などの開口部を設ける場合には，当該部分に開口補強鋼材を配置し，開口部及び開口回りの ALC パネルに作用する風圧力などの外力を，ALC パネルを介することなく支持構造部材に伝達しなければならない．また，開口補強鋼材は外力に対して十分な強度を有し，有害な変

—166— 付　　録

形を生じないようにすると共に，ALC パネルの層間変形追従性能が低下しないよう，取り付けなければならない．開口補強鋼材の部材算定方法については，「建築工事標準仕様書・同解説　JASS 21[-2005] ALC パネル工事」[15]付 9 を参照されたい．

　開口部の構造をその他の構造とする場合には，ALC パネル帳壁の構造強度ならびに変形追従性能上支障がないことを，構造計算あるいは試験などにより確認しなくてはならない．

参 考 文 献

1) JIS A 5416[:2007]　「軽量気泡コンクリートパネル（ALC パネル）」
　　　　　　　　発行所：一般財団法人　日本規格協会　　　　2007 年 8 月

2) 平 19 国交告第 599 号　「構造耐力上主要な部分である床版又は屋根版に軽量気泡コンクリートパネルを用いる場合における当該床又は屋根版の構造方法に関する安全上必要な技術基準を定める件」
　　　　　　　　（改正告示　平成 19 年国交告第 1234 号を参照）

3) 平 19 国交告第 593 号　「建築基準法施行令第 36 条の 2 第五号の国土交通大臣が指定する建築物を定める件」

4) 平 19 国交告第 594 号　「保有水平耐力計算及び許容応力度等計算の方法を定める件」

5) 平 12 建告第 1457 号　「損傷限界変位，Td，Bdi，層間変位，安全限界変位，Ts，Bsi，Fh 及び Gs を計算する方法並びに屋根ふき材等及び外壁等の構造耐力上の安全を確かめるための構造計算の基準を定める件」

6) 平 12 建告第 1458 号　「屋根ふき材及び屋外に面する帳壁の風圧に対する構造耐力上の安全性を確かめるための構造計算の基準を定める件」
　　　　　　　　（改正告示　平成 19 年国交告第 1231 号を参照）

7) 平 12 建告第 1459 号　「建築物の使用上の支障が起こらないことを確かめる必要がある場合及びその確認方法を定める件」
　　　　　　　　（改正告示　平成 19 年国交告第 621 号を参照）

8) 平 12 建告第 1461 号　「超高層建築物の構造耐力上の安全性を確かめるための構造計算の基準を定める件」

9) 平 13 国交告第 1024 号　「特殊な許容応力度及び特殊な材料強度を定める件」
　　　　　　　　（改正告示　平成 19 年国交告第 625 号を参照）

10) 平 12 建告第 1446 号　「建築物の基礎，主要構造部等に使用する建築材料並びにこれらの建築材料が適合すべき日本工業規格又は日本農林規格及び品質に関する技術的基準を定める件」
　　　　　　　　（改正告示　平成 19 年国交告第 619 号を参照）

11) 2009 年版　ALC パネルを用いた建築物の構造関係技術基準解説書
　　　　　監修：国土交通省国土技術政策総合研究所，独立行政法人建築研究所
　　　　　企画：一般財団法人　日本建築センター
　　　　　発行所：全国官報販売共同組合　　　　2009 年 12 月

12) 2007 年版　建築物の構造関係技術基準解説書
　　　　　監修：国土交通省住宅局建築指導課，国土交通省国土技術政策総合研究所，
　　　　　独立行政法人建築研究所，日本建築行政会議
　　　　　編集協力：一般財団法人　日本建築防災協会，一般財団法人　日本建築センター
　　　　　発行所：全国官報販売共同組合　　　　2007 年 8 月

13) 非構造部材の耐震設計施工指針・同解説および耐震設計施工要領
　　　　　編集：一般社団法人　日本建築学会
　　　　　発行所：一般社団法人　日本建築学会　　　　2003 年 1 月　第 2 版

14) 鋼構造計算規準—許容応力度設計法—

付 1．ALC パネル構造設計指針・同解説 — 167 —

　　　　　　編集：一般社団法人　日本建築学会
　　　　　　発行所：一般社団法人　日本建築学会　　　2005 年 9 月　第 4 版
15)　建築工事標準仕様書・同解説　JASS 21　ALC パネル工事
　　　　　　編集：一般社団法人　日本建築学会
　　　　　　発行所：一般社団法人　日本建築学会　　　2005 年 10 月　第 4 版
16)　ALC パネル取付け構法標準・同解説（平成 25 年版）
　　　　　　発行：ALC 協会
17)　ALC パネル取付け金物等規格（平成 25 年版）
　　　　　　発行：ALC 協会
18)　ALC パネルの仕上げおよび防水（第 8 版）
　　　　　　発行：ALC 協会　　　2010 年 5 月　第 8 版
19)　JIS A 5416 : 1997　「軽量気泡コンクリートパネル（ALC パネル）」
　　　　　　発行所：一般財団法人　日本規格協会　　　1997 年 12 月
20)　ALC 構造設計基準　昭和 58 年 3 月改正版
　　　　　　発行：ALC 協会　　　1983 年 3 月
21)　松村　晃, オートクレーブ養生軽量気泡コンクリート（ALC）部材のせん断強度性状：オートクレーブ養生軽量気泡コンクリート部材の強度性状の研究その 1
　　　　　　日本建築学会論文報告集　第 336 号，pp.42-52，1984 年 2 月
22)　ALC 研究会研究報告　1965
　　　　　　編集：日本建築学会内　ALC 研究会
　　　　　　発行所：日本建築学会内　ALC 研究会　　　1965 年 3 月
23)　鉄筋コンクリート構造計算規準・同解説
　　　　　　編集：一般社団法人　日本建築学会
　　　　　　発行所：一般社団法人　日本建築学会　　　2010 年 2 月　第 8 版
24)　松村　晃, オートクレーブ養生軽量気泡コンクリート（ALC）部材のせん断強度性状：オートクレーブ養生軽量気泡コンクリート部材の強度性状の研究その 2
　　　　　　日本建築学会論文報告集　第 343 号，pp.13-23，1984 年 9 月
25)　JIS A 1414-2 : 2010 「建築用パネルの性能試験方法—第 2 部：力学的特性に関する試験」
　　　　　　発行所：一般財団法人　日本規格協会　　　2010 年 10 月
26)　松宮智央, 吹田啓一郎, 中島正愛, 劉　大偉, 井上真木, 竹原創平, ALC 版外壁が構造性能に及ぼす影響—実大 3 層鋼構造骨組を用いた耐震性能実証実験—
　　　　　　日本建築学会構造系論文集　第 581 号，pp.135-141，2004 年 7 月

付2．ALCパネル取付け構法標準・同解説

「ALCパネル取付け構法標準・同解説」（発行　ALC協会）（以下，「構法標準」という）は，「ALCパネル構造設計指針」（発行　ALC協会）（以下，「設計指針」という）に付録として添付されているものであり，「設計指針」に従い設計された，ALC協会が標準とする各取付け構法について，構法ごとの基本構成を記したものである．

第1章　共通事項
第1節　用　　　語

本構法標準に用いる用語を次のように定める．

ALC	Autoclaved Lightweight aerated Concrete の略で，セメント，石灰質原料及びけい酸質原料を主原料とし，高温高圧蒸気養生された軽量気泡コンクリート．
ALCパネル	ALCを適切な補強材で補強し，成形したもの．
床用ALCパネル	床版に用いるものとして設計され，補強されたALCパネル．
屋根用ALCパネル	屋根版に用いるものとして設計され，補強されたALCパネル．
外壁用ALCパネル	帳壁のうち，外壁に用いるものとして設計され，補強されたALCパネル．
間仕切壁用ALCパネル	帳壁のうち，間仕切壁に用いるものとして設計され，補強されたALCパネル．
補強材	ALCパネル内に配置され，ALCパネルを補強する棒鋼，鉄線，溶接金網，メタルラスなどの総称．
補強筋	補強材のうち，棒鋼，鉄線などの線状のもの．
設計荷重	ALCパネルの強度及び取付け構法の設計を行うために設定される荷重．
支持構造部材	ALCパネルを支持する柱，梁などの総称．
下地鋼材	ALCパネルを取り付けるための下地となる鋼材．
下地木材	ALCパネルを取り付けるための下地となる木製部材．
取付け金物	ALCパネルを支持構造部材，下地鋼材あるいは下地木材に取り付けるための金物などの総称．
補修用モルタル	ALCパネルの欠損部の補修や座掘りによるALCパネルの凹部などを埋め戻すための専用モルタル．
ALCパネル取付け部分	ALCパネルに作用する荷重を取付け金物や下地鋼材あるいは下地木材に伝達するALCパネルの部分．
取付け部	ALCパネル取付け部分，取付け金物，モルタルおよび取付け金物と下地鋼材との緊結部分を包含した部分，ならびに木造にあってはALCパネル取付け部分，取付け金物，モルタルおよび取付け金物と下地木材との緊結部分を包含した部分．
はね出し部	パラペットなどにおいて，ALCパネルの支持部から補強鋼材などの支持を設けることなくALCパネルを延長した部分．
かかり代	ALCパネルが支持構造部材に接する部分の長辺方向の長さ．
開口補強鋼材	開口部および開口部廻りに作用する外力を，ALCパネルに負担させることなく支持構造部材に伝達させるための鋼材．

付2．ALCパネル取付け構法標準・同解説 — 169 —

伸縮目地	地震時などの躯体の変形時に外壁用または間仕切壁用パネルが損傷を受けないように，ALCパネル間に隙間を設けた目地．
座掘り	ALCパネルを取り付けるために，パネル面を掘り込む作業およびその作業によって加工された孔．
耐火目地材	ALCパネル間などに設けた伸縮目地に，耐火性能を確保するために充填する材料．
打込みピン	ALCパネルの取付け金物を固定するための，発射打込み鋲．
ムーブメント	ALCパネルの接合部の目地に生じる伸縮やずれの挙動またはその量．
ワーキングジョイント	ムーブメントの大きい目地．
ノンワーキングジョイント	ムーブメントが生じないか，または極めて小さい目地．

A　L　C　　ALCはセメント，石灰およびけい石などの原料を粉砕したものに水と気泡剤としてアルミニウム粉末などを加え，多孔質化したものをオートクレーブ養生によって十分反応硬化させた軽量気泡コンクリートである．オートクレーブ養生とは，高温高圧蒸気による養生である．

ALCパネル　　ALCパネルは建物の各部位に使用されており，床版用，屋根版用，外壁用，間仕切壁用に区分され，用途に応じた補強が施される．ALCは，鉄筋コンクリート造におけるコンクリートのような強アルカリ性による補強材に対する防錆能力を期待することはできないため，さびの発生のおそれのある補強材を使用する場合には，さびの発生を抑制することを目的に，補強材表面を防錆材で被覆して用いる．補強材には，棒鋼，鉄線，溶接金網，メタルラスなどがあり，一般には棒鋼もしくは鉄線などの線状のものが用いられている．

補　強　材　　ALCパネルを補強するために，ALCパネル内に配置・埋設された棒鋼，鉄線，溶接金網，メタルラスなどの総称をいう．

補　強　筋　　補強材のうち，棒鋼，鉄線などの線状のものをいう．一般にALCパネル支点間方向に配置される主筋と，主筋に交わる方向に配置される横筋とで構成される．補強筋は一般的に呼称している鉄筋と同義である．

設　計　荷　重　　ALCパネルおよび取付け部の構造設計を行うために設定するALCパネルの面外方向の荷重をいう．設計荷重は固定荷重，積載荷重，積雪荷重，風圧力などを考慮し，建築基準法を満足しなくてはならない．ALCパネル製造業者が表示する荷重を一般に許容荷重といい，JIS A 5416：2007「軽量気泡コンクリートパネル（ALCパネル）」に示されている単位荷重に相当する．

支持構造部材　　ALCパネルを支持する柱，間柱や大梁，小梁，中間梁，床などをいう．

下 地 鋼 材　　ALCパネルの取付けに際して下地となり，支持構造部材に取り付けられている鋼材をいう．定規アングル，かさ上げ鋼材などがあり，等辺山形鋼，リップ溝形鋼などが用いられる．

下 地 木 材　　ALCパネルの取付けに際して下地となり，支持構造部材に取り付けられている木製部材をいう．受け材，添え木などがある．

取付け金物　　ALCパネルを支持構造部材，下地鋼材あるいは下地木材に取り付けるためのALCパネル工事専用の金物などをいう．取付け金物やALCパネルを仮止めする場合に用いるカットネイルも含まれる．取付け金物の寸法・形状，材質および防錆処理については，「ALCパネル取付け金物等規格」（ALC協会編　平成25年版）に規定されている．

補修用モルタル　　施工現場で小運搬，敷込みおよび建込みなど作業中に生じたALCパネルの欠損部の補修や座掘り部分を埋め戻すために，専用に調合されたモルタルをいう．

ALCパネル取付け部分　　ALCパネルに作用する荷重を下地鋼材または下地木材に伝達するALCパネルの部分であって，下地鋼材または下地木材と接するALC部分，ALCパネル内部のアンカーあるいはアンカーまわりのALC部分およびボルト，ねじで固定されているALC部分をいう．ALCパネル間の目地鉄筋とモルタルとでALCパネルを固定する取付け構法である敷設筋構法などの場合は，目地モルタルに接するALC部分も含む．

—170— 付　録

取付け部	ALCパネル取付け部分，取付け金物，モルタルおよび取付け金物と下地鋼材ならびに下地木材との緊結部分を包含した部分のことをいう．
はね出し部	パラペットなどにおいて，ALCパネルの支持部から補強鋼材などの支持を設けることなくALCパネルを延長した部分をいう．
かかり代	ALCパネルが支持構造部材に接する部分の長辺方向の長さをいう．
開口補強鋼材	帳壁用ALCパネルにおいて，窓や出入口などの開口部の建具にかかる外力を直接支持構造部材に伝え，かつ開口部上下（縦壁の場合）や左右（横壁の場合）のパネルを支持するための補強鋼材をいう．通常，等辺山形鋼などが用いられる．
伸縮目地	地震時などの躯体の変形時に外壁用または間仕切壁用パネルが損傷を受けないように，ALCパネル間に隙間を設けた目地をいう．一般に，伸縮目地の幅は10〜20 mmである．
座掘り	ALCパネルを取り付けるために，ALCパネル面をボルトの座金部分がかかるように掘り込む作業およびその作業によって加工された孔をいう．座金より表面側の孔部分は，補修用モルタルで埋め戻される．
耐火目地材	ALCパネル間に設けた伸縮目地に耐火性能を確保するために充填する，伸縮性のある材料をいう．
打込みピン	間仕切チャンネルや間仕切L形金物，フットプレート，RFプレートなどの間仕切壁用ALCパネルを固定するための取付け金物などを支持構造部材に緊結するために用いる，発射打込み鋲をいう．

参考文献　・建築工事標準仕様書・同解説　JASS 8　防水工事（一般社団法人　日本建築学会）
　　　　　・建築用シーリング材ハンドブック（日本シーリング材工業会）

第2節　一般事項

1．ALCパネルには，防水処理または仕上げを施すことを原則とする．
2．腐食，腐朽または摩損のおそれのある部分にALCパネルを使用する場合には，適切な防水，防湿および防護措置を行う．
3．ALCパネルへの過大な集中荷重は避ける．
4．耐火性能を必要とする伸縮目地には耐火目地材を充填する．

1．ALCは多孔質な材料であり，吸水性が他の窯業系建築材料に比べて高いため，屋外に面する部分については，防水性，耐久性を確保するため，防水処理または防水効果のある仕上げを施す必要がある．特に，屋根版に使用する場合は，アスファルト防水あるいはシート防水などの防水層をALCパネル表面に施さなくてはならない．また，外壁など雨水のかかる部分には，ALCパネル間目地部にシーリングを施すとともに，ALCパネルの表面に防水効果のある仕上げを施す．浴室やプール，水槽などが配置され，多量の水蒸気による吸水，吸湿のおそれのある場合は，要求性能に応じた防水，防湿処理をALCパネル表面に施す．ALCパネル表面が露出する仕上げ面となる内壁や天井面についても，美観上および表面に付着したALC粉末の落下防止のために，簡易な仕上塗材などによる仕上げを施すことを原則とする．

　なお，寒冷地や海岸地域などの特殊な条件下における防水処理または仕上げについては，特に注意が必要である．詳細については「ALCパネルの仕上げおよび防水」（ALC協会）を参照されたい．

2．ALCパネルは常時土，水または酸などに直接に接する部分への使用は原則として避けなくてはならない．また，物理的，化学的に有害な影響を受けるおそれのある部分に使用する場合には，防水，防湿および防護のための措置を講じる必要がある．

　ALCパネルを床版に使用する場合は，ALCパネル表面の摩損を防止するために必ず根太組，合板張りまたはモルタル塗り等の下地を設ける．

3．高置貯水槽などの特に大きな重量物は，ALCパネルへの過大な集中荷重が作用することを避けるため，直接構造躯体で支持する．

なお，フリーアクセスフロアやユニットバスなどを設けることによりALCパネルに集中荷重が作用する場合には，ALCパネル面のめり込みや局部破壊を避けるために捨て合板，鋼製のプレート，または等辺山形鋼などを配置して集中荷重および衝撃力を分散させる措置を講じる必要がある．

4．床版，屋根版，外壁および間仕切壁の構法において，耐火性能を必要とする伸縮目地には耐火目地材を充填する．

耐火目地材はJIS A 9504（人造鉱物繊維保温材）のロックウール保温板に規定される密度80 kg/m³程度のもの，またはJIS R 3311（セラミックファイバーブランケット）に規定される材質と同等以上の品質を有するもので，密度は96 kg/m³程度のものとする．使用に際しては，20％程度圧縮し，幅は50 mm以上のものを用いる．

第2章 外 壁

第1節 縦壁ロッキング構法

1．適用範囲

> 本構法は，鉄骨造，鉄筋コンクリート造および鉄骨鉄筋コンクリート造などの建築物において，正の風圧力2000 N/m²，負の風圧力1600 N/m²までの外壁にJIS A 5416に適合するALC厚形パネル（以下，ALCパネルという）を帳壁として用いる縦壁ロッキング構法（以下，ロッキング構法という）に適用する．

本構法は，鉄骨造，鉄筋コンクリート造および鉄骨鉄筋コンクリート造などの建築物の躯体の層間変形に対し，ALCパネルが1枚ごとに微少回転して面内方向に追従する機構でありALCパネル内部に設置されたアンカーと取付け金物により躯体に取り付けることを特徴とした取付け構法である（解説図2.1.1参照）．

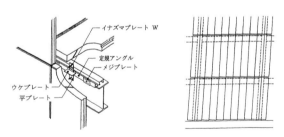

解説図2.1.1 ロッキング構法の取付け例と層間変形時のALCのパネルの動き

ALCパネルは正の風圧力に対しては2000 N/m²，負の風圧力に対しては1600 N/m²までの部分に取付けが可能である．パラペットなどALCパネルをはね出して使用する場合，はね出し部分に作用する正および負の風圧力が3300 N/m²までの部分に取り付けることができる．ただし，はね出し長さは厚さの6倍以下とする．本構法は，外壁を対象としているが，間仕切壁に用いることもできる．

2．取付け下地

ALCパネルの取付け下地は，ALCパネルに加わる外力やALCパネル重量を構造躯体に伝達する重要な役割を有するほか，ALCパネルの施工精度に直接影響するので，所定の位置に精度良く取り付ける必要がある．

2.1 躯体とのクリアランス

> ALCパネルを支持する梁の外面とALCパネル裏面との間には，適切なクリアランスを設ける．

　躯体の建て方誤差の吸収や柱まわりのダイアフラム等の突起物を回避するため，調整代としてのクリアランスが必要である．また，柱・梁などのALCパネルを支持する構造躯体とALCパネル裏面との間には，取付け金物が位置し，そのための隙間を設ける必要がある．このようなことを前提に，梁外面とALCパネル裏面とのクリアランスは30 mm以上を標準とする（解説図2.1.2参照）．
　誤差の吸収代はALCパネルと取付け躯体とのクリアランスの大きさによるが，建て方誤差が大きすぎる場合は，ALCパネルの施工精度に著しい悪影響を与えるので，事前に施工図などを基に確認し，問題がある場合には，専門工事業者は施工者（元請）と協議を行い，適切な指示を受ける必要がある．次工程に悪影響を及ぼさないためにも，ALCパネル取付け着手前の確認は重要である．

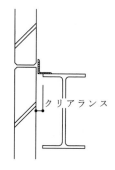

解説図2.1.2　梁外面とALCパネル裏面とのクリアランス

2.2 下地鋼材

> ALCパネルと躯体の間には，定規アングルなどの下地鋼材を構造耐力上支障のないように設ける．

　定規アングルは，施工現場で鉄骨躯体に溶接により取り付ける．ALCパネル重量ならびにALCパネルに加わる風圧力などの外力を構造躯体に伝達するという構造的役割の点から溶接標準を遵守する．また，ALCパネルの施工精度に大きく影響するので，墨出しを行い精度良く堅固に取り付ける事が肝要である．
　ロッキング構法の定規アングルの溶接標準は，解説図2.1.3に示すとおりである．

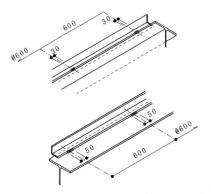

溶接のサイズ：3.2 mm

解説図2.1.3　定規アングルの溶接標準

2.3 開口補強鋼材

> 窓および出入口などの開口部まわりには有効な開口補強鋼材を設ける．

窓および出入口などの開口部まわりには，小壁（腰壁，垂壁）のALCパネルを支持するとともに，開口部を支持する開口補強鋼材を設ける（解説図2.1.4参照）．

開口補強鋼材は，開口部の大きさ，風圧力などに対し，構造安全上有効な断面を有するものとする．

なお，開口補強鋼材には等辺山形鋼が主に用いられている．この場合，適応できる開口部の大きさに構造的限界がある．

等辺山形鋼による補強の限界を超えた場合には，耐風梁などの構造材により補強を行なう．

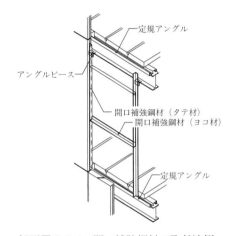

解説図2.1.4 開口補強鋼材の取付け例

3．ALCパネルの取付け
3.1 取付け構法の詳細

> a．ALCパネルは，ALCパネル内部に設けたアンカー位置で，平プレート，イナズマプレートW，ボルトなどの取付け金物により，下地鋼材に取り付ける．
> b．ALCパネルの重量は，ALCパネル下部短辺小口の幅中央でウケプレートなどの取付け金物で有効に支持する．
> c．平プレートなどの取付け金物の厚さによって生じるALCパネル裏面と定規アングルとの隙間には，目地部にメジプレートを挟み込む．
> d．ALCパネルの短辺相互の接合部，出隅・入隅部ならびに他部材との取合い部には伸縮目地を設ける．

ロッキング構法は，ALCパネルと下地鋼材に溶接固定された取付け金物を，ボルトを介して微少回転可能なように取り付ける構法である．

a．ALCパネルは，アンカー位置において，平プレート，イナズマプレートW，ボルトなどの取付け金物により，下地鋼材に取り付ける．

一般部のALCパネル上部の取付けは，ALCパネルアンカー部に平プレートをボルトにより締結し，平プレートをウケプレートとの隙間に挟み込み，ウケプレートを定規アングルに溶接により固定する．なお，負の風圧力1100 N/m²を超える場合には，曲げ強度の高い平プレートHを使用する（解説図2.1.5参照）．

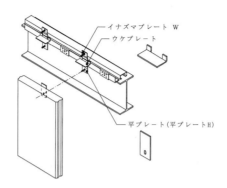

解説図 2.1.5　一般部 ALC パネル上部取付け

各取付け金物の溶接標準を解説図 2.1.6 に示す．

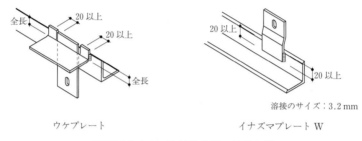

解説図 2.1.6　取付け金物の溶接標準

　一般部の取付けでは，下段の ALC パネル上部の取付け金物である平プレートを押さえ込むように ALC パネル幅中央にウケプレートを位置させ，定規アングルに溶接により固定する（解説図 2.1.6 参照）．
　はね出し部等の取付けでは，ALC パネルに接するように定規アングルを設け，イナズマプレート R を定規アングルに溶接し固定する．はね出し部の取付け状況を解説図 2.1.7 に示す．
　ALC パネル下部の取付けは，一般部の場合にはイナズマプレート W などの取付け金物を定規アングルに引掛けるように位置させ，ALC パネルのアンカー部にボルトを用いて取り付けし，イナズマプレート W と定規アングルを溶接により固定する．ALC パネル下部の取付け状況を解説図 2.1.8 に示す．
　下地鋼材とイナズマプレート R との溶接は，解説図 2.1.6 のイナズマプレート W に準ずる．

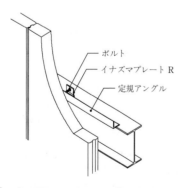 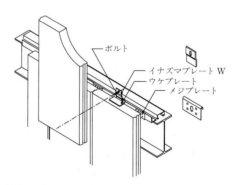

解説図 2.1.7　はね出し部の取付け　　**解説図 2.1.8　一般部 ALC パネル下部取付け**

一般に，ALCパネルの取付け代として，解説図2.1.9に示すとおり，コンクリートスラブとの間には80～100 mm程度の隙間が設けられており，ALCパネルの建て込み終了後，当該部分にはモルタルなどが充填される．この場合，モルタルとALCパネル下部が接着し，ALCパネルのロッキング挙動を妨げるおそれがあるため，ALCパネル下部裏面にはモルタルとの付着を防ぐ絶縁材を設ける．絶縁材には，クラフト粘着テープなどモルタルが付着し難いものを用いる（解説図2.1.9参照）．

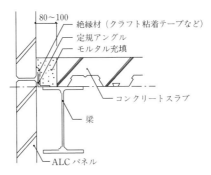

解説図2.1.9　壁と床とのクリアランス

なお，解説文で例示する標準的なロッキング構法以外のロッキング構法として解説表2.1.1に示すものがある．

解説表2.1.1　代表的なロッキング構法の名称

商品名	構法名称	ALCパネル製造業者
ヘーベル	HDR構法	旭化成建材(株)
シポレックス	SDR構法	住友金属鉱山シポレックス(株)
クリオン	CDR構法	クリオン(株)

b．躯体変形時のALCパネルのロッキング挙動を妨げないよう，ALCパネルの重量はALCパネル下部の幅中央でウケプレートにより支持する（解説図2.1.8参照）．

ALCパネル下部が，コンクリートスラブ面や布基礎天端に位置する場合には，ALCパネルとコンクリート躯体との間に定規アングルなどの下地鋼材を設け，下地鋼材にALCパネルを接し，イナズマプレートRを用いて一般部と同様に固定する．この場合，ALCパネル下端角部がロッキング時に定規アングルに接して欠け・ひび割れを生じさせないよう，ALCパネル幅中央部にRスペーサーを設置する（解説図2.1.10参照）．

開口部など，開口補強鋼材でALCパネルが支持される場合，開口上部のALCパネルの下端小口面と開口補強鋼材（ヨコ材）との間にはRスペーサーを用いない．これは，ALCパネル長さが短くロッキング挙動が小さいことや実験で悪影響のないことが確認されていることによる．ただし，開口上部のALCパネル長さが目安として1.8 mを超える場合は，Rスペーサーを設ける．

ALCパネルは，開口補強鋼材にイナズマプレートRとボルトを用いて取り付ける（解説図2.1.11参照）．

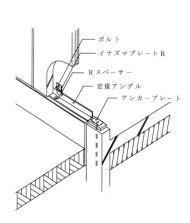

解説図 2.1.10　布基礎部の取付け

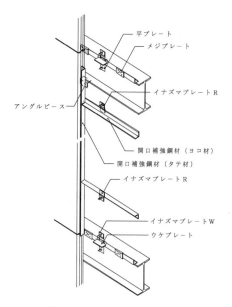

解説図 2.1.11　開口部の取付け

c．一般部の取付けにおいては，ALCパネルは平プレートを介して定規アングルに取り付けるため，ALCパネル幅両端において ALCパネル裏面と定規アングルとの間に平プレートの厚さ6mmの隙間が生じる．そのため，ALCパネルの割付け目地に合わせて，ALCパネル裏面と定規アングルとの隙間にメジプレートを挟み込む．メジプレートの設置状況を解説図 2.1.12 に示す．

d．横目地となる ALCパネルの短辺相互の接合部，縦目地となる出入隅部ならびに他部材との取合い部の目地には 10～20mm 程度の伸縮目地を設ける（解説図 2.1.13，解説図 2.1.14，解説図 2.1.15 参照）．耐火性能を必要とする伸縮目地には，耐火目地材を充填する．

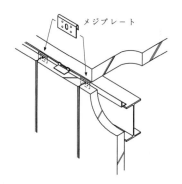

解説図 2.1.12　メジプレートの設置状況

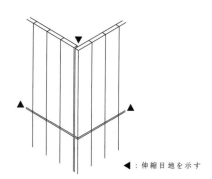

解説図 2.1.13　伸縮目地の位置

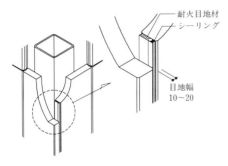
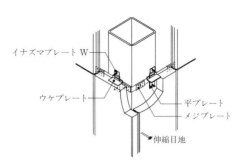

解説図 2.1.14　出入隅部の伸縮目地　　　解説図 2.1.15　出入隅部の取付け

3.2　目地構造

> ALC パネル間の目地シーリングは，2 面接着とする．

　ロッキング構法では ALC パネル間目地はすべてワーキングジョイントであり，目地部へのバックアップ材の充填，あるいは目地底へのボンドブレーカーの設置などにより，面内方向の躯体の挙動に追従できる 2 面接着とする（解説図 2.1.16 参照）．

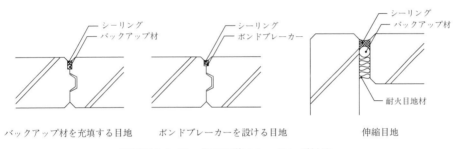

バックアップ材を充填する目地　　ボンドブレーカーを設ける目地　　伸縮目地

解説図 2.1.16　2 面接着のシーリング目地

第 3 章　間仕切壁

第 1 節　間仕切壁ロッキング構法

1．適用範囲

> 　本構法は，鉄骨造，鉄筋コンクリート造および鉄骨鉄筋コンクリート造などの建築物において，間仕切壁に JIS A 5416 に適合する ALC 厚形パネル（以下，ALC パネルという）を帳壁として用いる縦壁ロッキング構法（以下，間仕切壁ロッキング構法という）に適用する．

　本構法は，鉄骨造，鉄筋コンクリート造および鉄骨鉄筋コンクリート造などの建築物の躯体の層間変形に対して，ALC パネル下部を RF プレート，上部は ALC パネル内部に設置されたアンカー等と取付け金物により躯体に取り付け，ロッキングして追従する構法である（解説図 3.1.1 参照）．

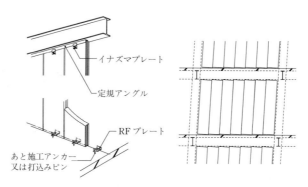

解説図 3.1.1　間仕切壁ロッキング構法の取付け例と層間変形時の ALC パネルの動き

2．取付け下地
2.1　躯体とのクリアランス

> ALC パネルを支持する梁・コンクリートスラブなどと ALC パネル上・下部ならびに柱や壁との間には，必要なクリアランスを設ける．

　間仕切壁用 ALC パネル上部と鉄骨梁またはコンクリートスラブ下面との間に，施工上必要なクリアランスを設けて ALC パネルを配置する．クリアランス寸法は 10～20 mm とする（解説図 3.1.2 参照）．
　ALC パネル下部は RF プレートをパネル幅中央部に設置することにより，躯体との間に 6 mm のクリアランスが設けられる．

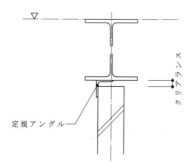

解説図 3.1.2　梁と ALC パネル上部とのクリアランス

2.2　下地鋼材

> 下地鋼材は，取付けに先立ち墨出しを行い，所定の位置に堅固に取り付ける．

　下地鋼材は，施工現場で取り付ける．ALC パネル上部を支持する定規アングルなどの下地鋼材の取付けに先立ち，墨出しを行い，下地鋼材を精度良く取り付ける．
　躯体が鉄骨の場合は溶接により取り付ける．定規アングルを取り付ける場合の溶接標準を解説図 3.1.3 に示す．
　なお，デッキプレート下面への下地鋼材の取付けにおいて，下地鋼材がデッキプレートの溝方向と平行となる場合，下地鋼材の取付けに先立ち，下地として平鋼などをデッキプレート下面にアンカーなどにより取り付けておく必要がある．デッキプレートへの下地鋼材の取付け例を解説図 3.1.4 に示す．
　躯体がコンクリートの場合は，あらかじめコンクリートに固定されたベースプレートに溶接等で取り付

 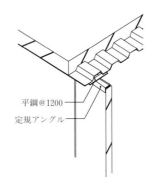

解説図 3.1.3　定規アングルの溶接標準　　解説図 3.1.4　デッキプレートへの下地鋼材の取付け例

ける．

2.3　開口補強鋼材

> 出入口などの開口部まわりには，有効な開口補強鋼材を設ける．

　出入口などの開口部および開口部まわりの ALC パネルを支持するために，開口補強鋼材を設ける．
　開口部両脇の開口補強鋼材の縦材上部は，定規アングルに溶接などで取り付け，縦材下部は，ベースプレートなどをあらかじめ床面に設け，溶接などにより取り付ける．
　なお，開口補強鋼材には等辺山形鋼が主に用いられている．この場合，適応できる開口部の大きさに構造的限界がある．等辺山形鋼による補強の限界を超えた場合には，構造材により補強を行う．

3．ALC パネルの取付け
3.1　取付け構法の詳細

> a．ALC パネルの上部は，ALC パネル内部に設けたアンカー位置で，イナズマプレート，ボルトなどの取付け金物により，下地鋼材に取り付ける．
> b．ALC パネルの下部は，RF プレートにより床面に固定する．
> c．開口部まわりの ALC パネルで RF プレートが使用できない箇所は，イナズマプレート等により下地鋼材に取り付ける．
> d．ALC パネルの出隅・入隅部の縦目地ならびに外壁，柱および梁と ALC パネルとの間には伸縮目地を設ける．
> e．その他の構法として，外壁構法を用いることができる．

　a．ALC パネル上部は，ALC パネル内部に設けたアンカーにイナズマプレートをボルトで固定し，定規アングルの一辺を ALC パネルとイナズマプレートで挟み込み，イナズマプレートを定規アングルに溶接して取り付ける．イナズマプレートに替えてフックボルトを用いてもよい（解説図 3.1.5 参照）．

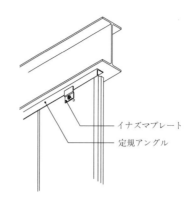

解説図 3.1.5 ALC パネル上部の取付け例

b．ALC パネル下部は，RF プレートを ALC パネル短辺小口の幅中央部付近にカットネイルにて留めつけ，コンクリートスラブにあと施工アンカーや打込みピンなどを用いて取り付ける（解説図 3.1.6 参照）．

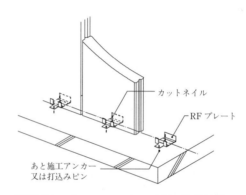

解説図 3.1.6 ALC パネル下部の取付け例

c．開口部下がり壁の ALC パネル下部は，ALC パネル上部と同様イナズマプレートなどを用い，開口補強鋼材の横材に溶接により取り付ける．その際，外壁の縦壁ロッキング構法に準じ，ALC パネルの長さが 1.8 m 以上の場合は R スペーサーを設ける．

d．地震時などにおける躯体の変形により，ALC パネルに損傷が生じないように出隅・入隅部の縦目地および外壁や柱などと ALC パネルとの間には，10 mm 以上の伸縮目地を設けて ALC パネルを取り付ける（解説図 3.1.7 参照）．

壁を貫通する梁や設備配管などとの取合い部にも，同様の目的で 20 mm 程度のクリアランスを設けて取り付ける．ALC パネルを貫通する梁の周囲のクリアランスの例を解説図 3.1.8 に示す．

付2．ALCパネル取付け構法標準・同解説 —181—

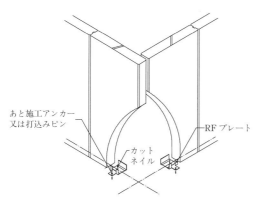

解説図 3.1.7　出隅（入隅）部の ALC パネル下部取付け例

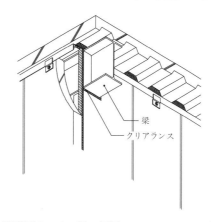

解説図 3.1.8　梁の周囲のクリアランスの例

　伸縮目地に耐火性能が要求される場合には，外力による建物の変形時に ALC パネルに悪影響を生じることなく，かつ耐火性能を確保するために耐火目地材を充填する．ALC パネル下部の隙間にも，耐火目地材を充填する．
　なお，防煙性能を確保するため耐火目地材を充填した目地にシーリング材を充填する場合は，特記による．
　e．外壁の取付け構法を準用する場合，ALC パネルの取付けは外壁構法の構法標準に準じて行う．
　外壁の取付け構法を準用した例を解説図 3.1.9 に示す．

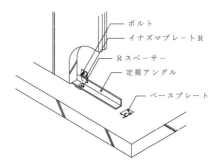

解説図 3.1.9　外壁構法を準用した例

第2節　縦壁フットプレート構法

1．適用範囲

> 　本構法は，鉄骨造，鉄筋コンクリート造および鉄骨鉄筋コンクリート造などの建築物において，間仕切壁に JIS A 5416 に適合する ALC 厚形パネル（以下，ALC パネルという）を帳壁として用いる縦壁フットプレート構法に適用する．

　本構法は，鉄骨造，鉄筋コンクリート造および鉄骨鉄筋コンクリート造などの建築物の躯体の層間変形に対して，ALC パネル上部がスライドして追従する機構で，ALC パネル下部をフットプレートにより躯体に固定することを特徴とした取付け構法である（解説図 3.2.1 参照）．

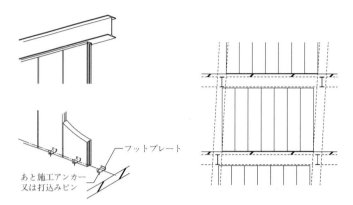

解説図 3.2.1　縦壁フットプレート構法の取付け例と層間変形時の ALC パネルの動き

2．取付け下地
2.1　躯体とのクリアランス

> ALC パネルを支持する梁・コンクリートスラブなどと ALC パネル上部との間には，必要なクリアランスを設ける．

間仕切壁用 ALC パネル上部と鉄骨梁またはコンクリートスラブ下面との間に，施工上必要なクリアランスを設けて ALC パネルを配置する．クリアランス寸法は，10〜20 mm とする（解説図 3.2.2 参照）．

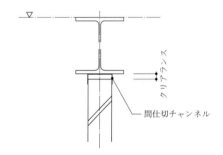

解説図 3.2.2　梁と ALC パネル上部とのクリアランス

2.2　下地鋼材

> 下地鋼材は，取付けに先立ち墨出しを行い，所定の位置に堅固に取り付ける．

間仕切チャンネルなどの下地鋼材は，施工現場で鉄骨躯体に溶接により取り付けられるが，その構造的役割から溶接標準を遵守する．
　また，ALC パネル上部を支持する間仕切チャンネルなどの下地鋼材の取付けに先立ち墨出しを行い，下地鋼材を精度良く取り付ける．
　間仕切チャンネルを取り付ける場合の溶接標準を解説図 3.2.3 に示す．
　なお，デッキプレート下面への下地鋼材の取付けにおいて，下地鋼材がデッキプレートの溝方向と平行となる場合，下地鋼材の取付けに先立ち，下地として平鋼などをデッキプレート下面にアンカーなどにより取り付けておく必要がある．デッキプレートへの下地鋼材の取付け例を解説図 3.2.4 に示す．
　間仕切壁用 ALC パネルの取付けにおいては，間仕切チャンネル，間仕切 L 形金物など，比較的厚さの薄

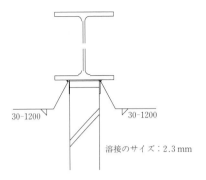 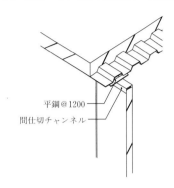

解説図 3.2.3　間仕切チャンネルの溶接標準　　解説図 3.2.4　デッキプレートへの下地鋼材の取付け例

い鋼板の専用下地鋼材を溶接することが多く，溶接棒の選択や，溶接電流の調節には特に注意が必要である．

2.3　開口補強鋼材

> 出入口などの開口部まわりには，有効な開口補強鋼材を設ける．

　ALCパネル上部を間仕切チャンネルを用いて取り付ける場合，出入口などには開口部および開口部まわりのALCパネルを支持するために，開口補強鋼材を設ける．
　開口部両脇の開口補強鋼材の縦材上部は，開口補強鋼材が面内方向に可動（スライド）となるように取り付け，壁面のスライド機能を妨げないようにする．縦材下部は，ベースプレートなどをあらかじめ床面に設け，溶接などにより取り付ける．
　なお，開口補強鋼材には等辺山形鋼が主に用いられている．この場合，適応できる開口部の大きさに構造的限界がある．等辺山形鋼による補強の限界を超えた場合には，構造材により補強を行う．

3．ALC パネルの取付け
3.1　取付け構法の詳細

> a．ALCパネルは，間仕切チャンネル等とのかかり代を確保の上，ALCパネル上部は面内方向に可動となるよう取り付ける．
> b．ALCパネルの出隅・入隅部の縦目地ならびに外壁，柱および梁とALCパネルとの間には伸縮目地を設ける．
> c．ALCパネル下部は，フットプレートにより床面に固定する．
> d．ALCパネルの長辺側面には接着材を用いる．
> e．開口部まわりのALCパネルでフットプレートが使用できない箇所は，座掘り孔を設けボルトにより下地鋼材に取り付ける．

　a．ALCパネルは，割付け墨に合わせて開口位置を確認しながら，目通りよく取り付ける．
　間仕切壁用ALCパネルは自重のみを外力として設計しているが，面外方向の荷重が作用した際に間仕切チャンネル等が確実にALCパネルを支持できるように，かかり代を10～20 mm程度確保するようにする（解説図3.2.5参照）．

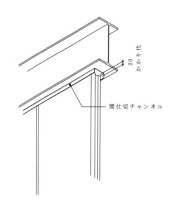

解説図 3.2.5 ALC パネル上部のかかり代

　ALC パネル上部の取付け例を，解説図 3.2.6 に示す．
（ア）　間仕切チャンネルを用いる場合は，ALC パネル上端を間仕切チャンネルに差し込み，取り付ける．
（イ）　間仕切 L 形金物を用いる場合は，間仕切 L 形金物と山形鋼で ALC パネル上端を挟み込み，取り付ける．
（ウ）　定規アングルとボルトを用いる場合は，定規アングルの一辺を ALC パネルとイナズマプレートで挟み込み，取り付ける．
　これらの例は，地震時などにおける建物の躯体の変形に追従できるよう，ALC パネル上部が面内方向に可動（スライド）となる取付け方法である．

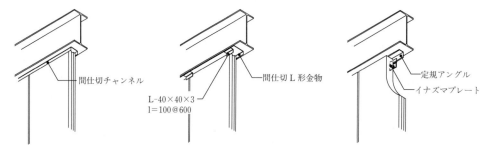

　　（ア）　間仕切チャンネルを用いる例　　（イ）　間仕切 L 形金物を用いる例　　（ウ）　定規アングルとボルトを用いる例

解説図 3.2.6 ALC パネル上部の取付け例

　b．地震時などにおける躯体の変形により，ALC パネルに損傷が生じないように出隅・入隅部の縦目地および外壁や柱および梁などと ALC パネルとの間には，10 mm 以上の伸縮目地を設けて ALC パネルを取り付ける．
　伸縮目地部の ALC パネル下部は，フットプレート C（端部用フットプレート）やフックボルト等を用いて固定する．出隅・入隅部における ALC パネルの取付け例を解説図 3.2.7 に示す．

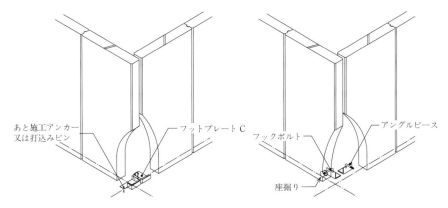

解説図 3.2.7 出隅・入隅部の ALC パネル下部取付け例

　ボルト止めの位置は，ALC パネル短辺小口より 50 mm 以上，長辺側面より 100 mm 以上でパネルの補強鉄筋に当たらない位置に取り付ける．ボルトの締付けにあたっては，ALC の強度を考慮し，ひび割れなどを生じさせないように締め付ける．

　座掘りが深すぎると取付け部強度が不足し，また，浅すぎると座掘りの埋戻しに浮きが生じやすくなるため，座掘り深さは 30 mm 程度とする．使用するボルトは，その先端から ALC パネル表面までの深さが 10 mm 程度となる長さのものを用いる（解説図 3.2.8 参照）．

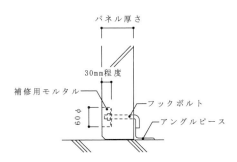

解説図 3.2.8 座掘りの例

　なお，座掘り部の埋戻しには，ALC パネル製造業者の指定する補修用モルタルを使用する．

　伸縮目地に耐火性能が要求される場合には，外力による建物の変形時に ALC パネルに悪影響を生じることなく，かつ耐火性能を確保するために耐火目地材を充填する．

　壁を貫通する梁や設備配管などとの取合い部にも，同様の目的で 20 mm 程度のクリアランスを設けて取り付ける．ALC パネルを貫通する梁の周囲のクリアランスの例を解説図 3.2.9 に示す．ALC パネル下部の隙間には，耐火目地材を充填する．

　なお，防煙性能を確保するため，耐火目地材を充填した目地にシーリング材を充填する場合は特記による．

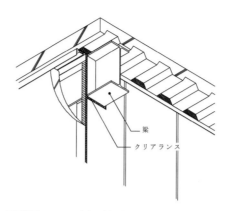

解説図 3.2.9 梁の周囲のクリアランスの例

c．ALC パネル下部は，ALC パネルの短辺小口にフットプレートを挟み込み，ALC パネルを割付け墨に合わせて設置し，フットプレートをコンクリートスラブにあと施工アンカーや打込みピンなどを用いて取り付ける（解説図 3.2.10 参照）．

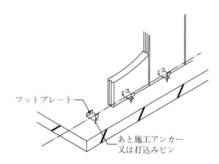

解説図 3.2.10 ALC パネル下部の取付け例

d．ALC パネルの一体化の目的で，ALC パネルの長辺側面相互の接合に接着材を用いる．接着材の種類および使用方法は，ALC パネル製造業者の指定するもの，または特記による．
　ALC パネル製造業者の指定する接着材の例としてはシリカ系接着材，セメント系接着材，アクリル樹脂系接着材がある．
　e．開口部まわりはフットプレートによる取付けができないため，当該部分は座掘り孔を設け，ボルトとイナズマプレートを用いて固定する．この場合，ALC パネル下部はイナズマプレート（場合によってはフックボルトを用いてもよい）と下地鋼材とを溶接により固定する．

第 4 章　床版・屋根版

第 1 節　敷設筋構法

1．適 用 範 囲

　本構法は，鉄骨造，鉄筋コンクリート造および鉄骨鉄筋コンクリート造などの建築物において，床版および負の風圧力 3000 N/m² までの閉鎖型建築物の屋根版（勾配 10 度未満）に JIS A 5416 に適合する ALC 厚形パネル（以下，ALC パネルという）を用いる敷設筋構法に適用する．

本構法は，ALCパネルをスラブプレート・目地鉄筋などにより，鉄骨造，鉄筋コンクリート造および鉄骨鉄筋コンクリート造などの建築物の躯体に固定することを特徴とした取付け構法である（解説図4.1.1参照）．

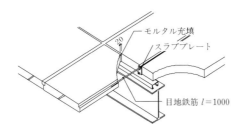

解説図4.1.1 敷設筋構法の取付け例

屋根用ALCパネルは閉鎖形建築物の勾配が10度未満の屋根版に使用することを想定しているため，正の風圧力は除外している．その場合の負の風圧力の最大は3000 N/m²とした．

なお，閉鎖型建築物で勾配が10度以上の場合や開放型建築物などについては，別途検討が必要である．

2．取付け下地

> a．梁は，ALCパネルの両端を支持するように配置する．
> b．ALCパネルのかかり代は支点間距離の1/75以上，かつ40 mm以上としなければならない．
> c．屋根用ALCパネルの水勾配は梁でとるものとする．
> d．集中荷重が作用する部分では，その直下にALCパネルを有効に支持する小梁を設ける．
> e．屋根面に開口を設ける場合には，有効な小梁を配置する．
> f．柱まわりなどは有効な下地鋼材を設ける．

a．ALCパネルは両端支持の単純ばりとして設計されており，固定荷重・積載荷重・積雪荷重・風圧力などの鉛直方向の荷重を受けるために，ALCパネルの両端を支持するように梁を配置するのが原則である．

ALCパネルの長さ方向のはね出しは，屋根用ALCパネルにあっては，ALCパネル厚さの3倍までとする．床用ALCパネルの場合は，ALCパネルのはね出しを行なってはならない．

また，幅方向のはね出しは屋根用パネル，床用パネルとも行わない．

b．床用および屋根用ALCパネルの両端のかかり寸法は，支点間距離の1/75以上，かつ40 mm以上としなければならない．

小梁の断面算定は，固定荷重・積雪荷重などを考慮した部材選定と同時に，かかり代の確保も考えなければならない．

大梁のハイテンションボルト部分などはかさ上げを行い，ALCパネル支持面を平滑にして，ALCパネルのかかり代を確保しなければならない（解説図4.1.2参照）．この際に使用するかさ上げ鋼材には，通常リップ溝形鋼のC-100×50×20×3.2が用いられており，小梁はその上面が大梁上面より50 mm高くなるように計画する．

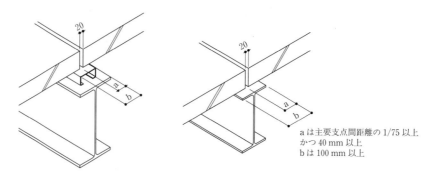

a は主要支点間距離の 1/75 以上
かつ 40 mm 以上
b は 100 mm 以上

解説図 4.1.2 ALC パネルのかかり代の基準

c．屋根用 ALC パネルを陸屋根に用いる場合，屋根面全体の水勾配は，原則として，屋根用 ALC パネルを支持する梁でとるようにする．ALC パネル上面へのモルタルの塗厚さを調整して水勾配を確保してはならない．

ALC パネル上面のモルタルの塗厚さを変えて水勾配をとると，モルタルの厚さが水上で厚くなりすぎ，モルタルの乾燥収縮による防水層の破断や ALC パネルのひび割れ，また仕上げ荷重が大きくなりすぎるなどの問題が起きるおそれがある．

ただし，ペントハウスまわりおよびドレンまわりなどの部分的な水勾配は，モルタルによりとることが一般的である．

また，水勾配に対してパネルの敷込み方向は直角方向とし，ALC パネルのたわみによって水たまりが発生しないよう，梁の配置を計画する（解説図 4.1.3 参照）．

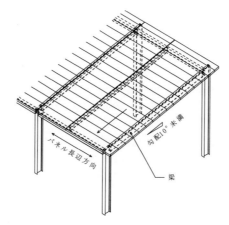

解説図 4.1.3 水勾配に対する ALC パネルの敷込み方向および梁の配置

d．集中荷重が作用する部分では，その直下に ALC パネルを受ける小梁を設ける．その際，ALC パネルが 3 点支持とならないように，ALC パネル割りを計画する必要がある（解説図 4.1.4 参照）．

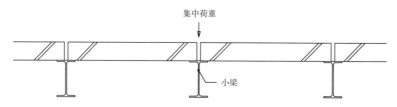

解説図 4.1.4 集中荷重が作用する部分の直下に設ける小梁

e．屋根面に，換気口やトップライトなどの開口を設ける場合には，強度上の検討を行い，ALCパネルを有効に支持する小梁を配置する（解説図4.1.5参照）．

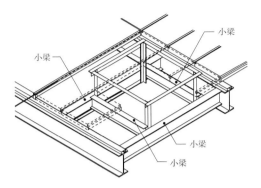

解説図 4.1.5 屋根面に開口部を設けた場合の小梁の例

f．柱まわりなどで，ALCパネルを欠込んで敷き込む部分には，この欠込み部分のALCパネルを支持することのできる下地鋼材を設け，平坦なALCパネル支持面を確保する（解説図4.1.6参照）．この下地鋼材の部材選定にあたっては，所定のかかり代が確保され，かつ強度上十分なものとする．

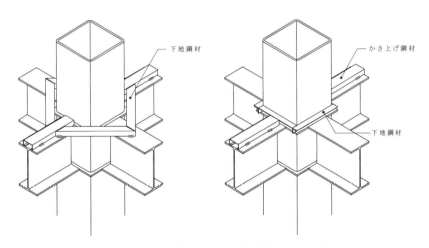

解説図 4.1.6 柱まわりの下地鋼材の取付け例

3．ALCパネルの取付け

> a．ALCパネルは取付け金物により，かさ上げ鋼材および小梁に取り付ける．
> b．ALCパネル長辺目地には，スラブプレートなどを介して，所定の長さの目地鉄筋を敷設し，モルタルを充填する．
> c．外周部などで目地鉄筋による取付けができない箇所は，ボルトなどを用いて取り付ける．
> d．ALCパネルの長さ方向または幅方向全体にわたる切断は行ってはならない．

敷設筋構法は，ALCパネル間の長辺目地に設けられた溝部に，短辺目地隙間に固定したスラブプレートを介して鉄筋を敷設し，溝部にモルタルを充填して取り付ける構法である．

a．ALCパネルの取付け金物のうち，スラブプレートはALCパネルの取付け後においては，充分な溶

接ができないため，ALCパネル取付け前に小梁やかさ上げ鋼材の所定の位置に溶接しておく必要がある．ただし，フックボルトなどの取付け金物で，ALCパネル取付け前でなくとも溶接などにより充分な固定が可能な場合には，ALCパネル取付け後に行ってもよい．

ALCパネルの取付けに用いる取付け金物の溶接標準を解説図4.1.7に示す．

溶接サイズ：3.2 mm

解説図4.1.7　取付け金物の溶接標準

b．ALCパネル長辺目地には，原則として長さ1000 mmの目地鉄筋をスラブプレートの穴に通しバランス良く両側に500 mmずつとなるように，かつ目地溝部の中央に位置するように敷設する．ただし，柱まわりおよび建物周辺部などでは，スラブプレートまたはマルカンに長さ500 mmの鉄筋を挿入し，ALCパネル端部のスラブプレートまたはマルカンから周辺側に長さ50 mm以上突き出すように敷設する．
または，フック付き目地鉄筋を用いる（解説図4.1.8参照）．

c．建物周辺部・隅角部，階段室まわりなどで目地鉄筋によりALCパネルの固定ができない箇所は，ボルトと座金（丸座金または角座金・角座金R）を用いて取り付ける（解説図4.1.9参照）．

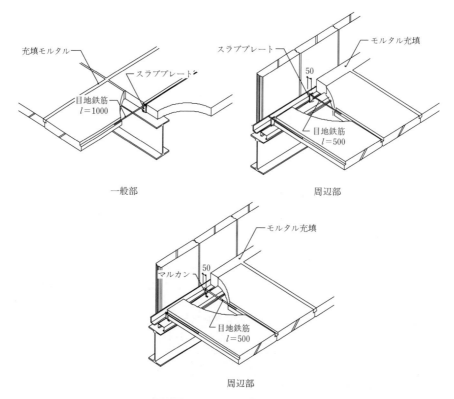

解説図4.1.8　目地鉄筋の長さ

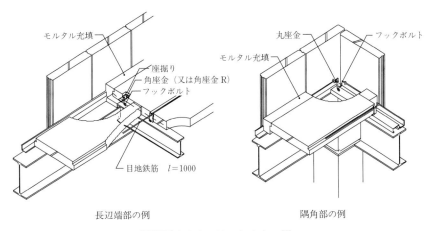

解説図 4.1.9 ボルト止めの例

また，建物周辺部の屋根用 ALC パネルの長辺端部は，角座金 R を使用する．
　d．現場における ALC パネルの長さ方向または幅方向全体にわたる切断は，補強材を切断し ALC パネルの強度に影響を与える恐れがあるので行ってはならない．

第 2 節　木造用敷設筋構法

1．適 用 範 囲

> 本構法は，木造建築物の床版および屋根版に JIS A 5416 に適合する ALC 厚形パネル（以下，ALC パネルという）を用いる木造用敷設筋構法に適用する．

　本構法は，厚さ 75 mm 以上（床にあっては 100 mm 以上）の ALC パネルを，主として枠組壁工法を除く軸組工法を用いた木造建築物の床版・屋根版にねじ付マルカン，目地鉄筋などを用いて支持構造部材固定することを特徴とする構法である（解説図 4.2.1 参照）．

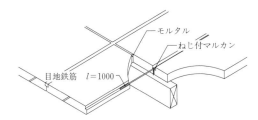

解説図 4.2.1　木造用敷設筋構法の取付け例

　屋根用 ALC パネルは，閉鎖型建築物で勾配が 10 度未満の部分に使用することを想定しているので正の風圧力は除外しており，負の風圧力については最大を 2212 N/m² とした．
　負の最大風圧力は，建築基準法施行令第 82 条の 4 の規定に基づく平成 12 年建設省告示第 1458 号により，建物高さ 15 m，基準風速 34 m/s，地表面粗度区分Ⅲとして算定した．
　なお，上記風圧力を超える場合や閉鎖型建築物で勾配が 10 度以上の場合，開放型建築物などについては，個別に検討が必要である．

2．取付け下地

> a．支持構造部材は，ALCパネルの両端を支持するように配置する．
> b．ALCパネルのかかり代は，支点間距離の1/75以上，かつ40 mm以上としなければならない．
> c．屋根用ALCパネルの水勾配は，支持構造部材でとるものとする．
> d．間柱は，ALCパネルの敷込みを考慮した方法とする．
> e．集中荷重が作用する部分もしくは屋根面に開口を設ける場合は，有効な支持構造部材を配置する．
> f．柱廻りなどは有効な補強のための下地木材を設ける．

　a．ALCパネルは単純梁として，鉛直方向の荷重を受けるためにALCパネルの短辺両端で支持するように支持構造部材を配置することを標準としている．

　ALCパネルは短辺の両端で支持することとしているため，原則として3辺支持は行わない．具体的には，ALCパネル短辺支持部の支持構造部材をかさ上げするか，もしくはALCパネル長辺下に位置する支持構造部材を下げる等の措置が必要である（解説図4.2.2参照）．

　ALCパネルの長さ方向のはね出しは，屋根用ALCパネルにあってはALCパネル厚さの3倍以内とする．床用ALCパネルは，ALCパネルのはね出だしを行ってはならない．また，幅方向のはね出しは屋根用ALCパネル，床用ALCパネルとも行わない．

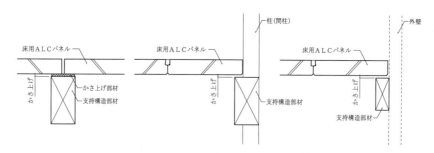

解説図4.2.2　短辺かさ上げの例

　b．床用および屋根用ALCパネル両端のかかり代は，支点間距離の1/75以上，かつ40 mm以上としなければならない（解説図4.2.3参照）．梁や大引きなどの支持構造部材の断面算定は，固定荷重・積載荷重・積雪荷重などの下向き方向の荷重を考慮した部材選定と同時に，かかり代の確保も考える必要がある．

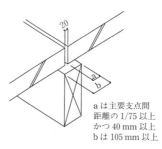

解説図4.2.3　かかり代の基準

　c．屋根用ALCパネルを陸屋根に用いる場合，屋根面全体の水勾配は，原則として，屋根用ALCパネルを支持する支持構造部材でとるようにする．水勾配に対してALCパネルの敷込み方向は直角方向とし，ALCパネルのたわみによって水たまりが発生しないよう，支持構造部材の配置を計画する．

d．間柱が床用 ALC パネル敷込み前に施工されていると ALC パネルの切欠き加工が多くなり，ALC パネルの強度や施工速度にも影響を及ぼすことになる．そのため，構造躯体の耐力に直接影響しない間柱については，床用 ALC パネル敷込み後に，間柱下部を固定できる納まりにする．やむを得ず，耐力壁などで間柱が先に施工される場合には，f．に準じた補強を行う．
　e．間仕切壁などの集中荷重が作用する部分の直下や屋根面にトップライトなどの開口部を設ける場合には，有効に梁などを配置する．
　f．柱廻りや外周部の間柱などで，ALC パネルを切り欠いて敷き込む部分で ALC パネルの強度に支障が生じる恐れがある場合には，下地木材（受け材）などで補強を行う．

3．ALC パネルの取付け

> a．ALC パネルは取付け金物により，梁などの支持構造部材に取り付ける．
> b．ALC パネル長辺目地には，ねじ付マルカンを配置して所定の長さの目地鉄筋を敷設し，モルタルを充填する．
> c．目地鉄筋が敷設できない箇所は，木ねじなどを用いて取り付ける．
> d．ALC パネルの長さ方向または幅方向全体にわたる切断は行ってはならない．

　木造用敷設筋構法は，ALC パネル間の長辺目地に設けられた溝部に，短辺目地の隙間（ALC パネル目地の交差部）に固定したねじ付マルカンを介して目地鉄筋を敷設し，目地部にモルタルを充填して取り付ける構法である．
　a．ねじ付マルカンは ALC パネルの敷込み後においては，ねじ込むことができないため，ALC パネル敷込み前に梁などの所定の位置に取り付けることを標準とする．これに対応するため，ALC パネル短辺の目地幅は設計上 20 mm を標準とし，長辺目地は突付けとする．
　b．ALC パネル長辺の目地には，長さ 1000 mm の目地鉄筋をねじ付マルカンの穴に通しバランス良く中央に位置するように敷設する．モルタルを充填する際には，短辺目地においてはモルタルにより支持構造部材が汚れないように，支持構造部材の上面にブチルテープを張る等の措置を施す．
　c．柱まわりや隅角部，階段まわり等で目地鉄筋により固定できない箇所は，ALC パネル長辺部にあっては木ねじまたはラグスクリュー＋角座金を用いて取り付け，ALC パネル短辺部にあっては木ねじまたは押え金物で取り付ける（解説図 4.2.4，4.2.5，4.2.6 参照）．なお，屋根における建物周辺部の長辺端部は角座金 R を使用する．ねじ付マルカンおよびラグスクリューのねじ込み深さは 50 mm 以上とし，作業上，先穴をあける必要がある（解説表 4.2.1 参照）．

解説表 4.2.1　先穴の寸法

種　類	先穴の径
ねじ付マルカン　径 6 mm	3 mm
ラグスクリュー　径 12 mm	8 mm

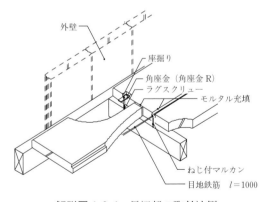

解説図 4.2.4　長辺部の取付け例

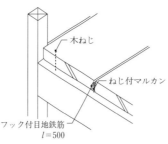
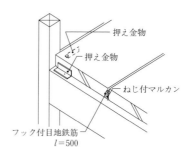

解説図 4.2.5 短辺端部の例1（木ねじ使用）　　**解説図 4.2.6** 短辺端部の例2（押え金物使用）

d．現場における ALC パネルの長さ方向または幅方向全体にわたる切断は，補強材を切断し ALC パネルの強度に影響を与える恐れがあるので行ってはならない．
　また，加工に関しては，以下の注意事項がある．
　1）ALC パネルの切欠き加工における柱等とのクリアランス寸法は 10 mm を標準とする．
　　　なお，柱等と ALC パネルとの間に生じた層間の隙間には，必要に応じてモルタルもしくは耐火目地材を充填する．
　2）ALC パネルの穴あけ加工は，主筋を切断しない範囲で直径 50 mm 以下とする．
　3）ALC パネルの切欠き加工により露出した補強材には，充填モルタルで被覆される場合を除いて，防せい処理を施す．
　なお，打込みにより生じる木ねじ頭部のパネル凹部は，ALC パネルの性能や床の仕上げへの影響がないため，原則として埋戻しは行わない．
　木造用敷設筋構法の施工の例を後添の解説図 4.2.7，解説図 4.2.8，解説図 4.2.9 に示す．

付2. ALCパネル取付け構法標準・同解説 —195—

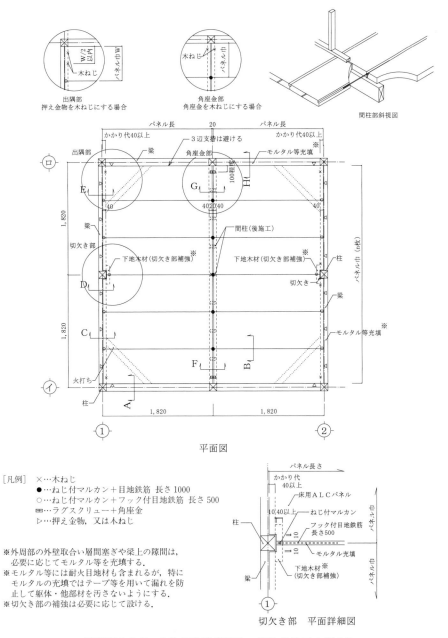

解説図 4.2.7 木造用敷設筋構法—間柱後施工の例 1/2

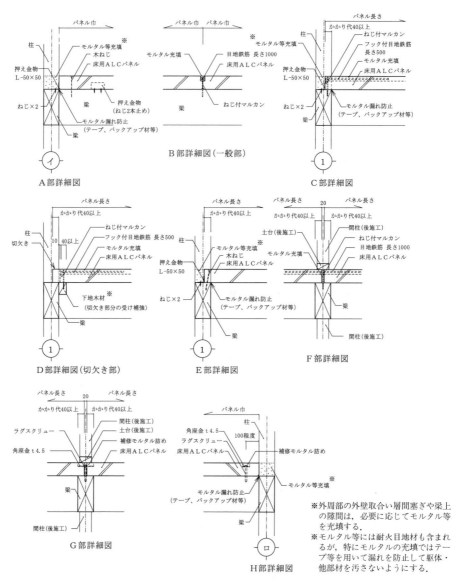

解説図 4.2.7 木造用敷設筋構法—間柱後施工の例 2/2

付2. ALCパネル取付け構法標準・同解説 —197—

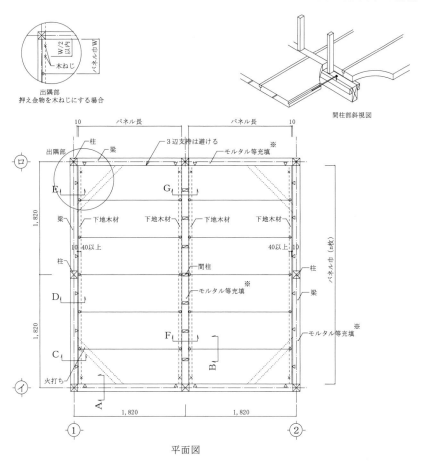

解説図 4.2.8 木造用敷設筋構法—間柱先施工の例 1/2

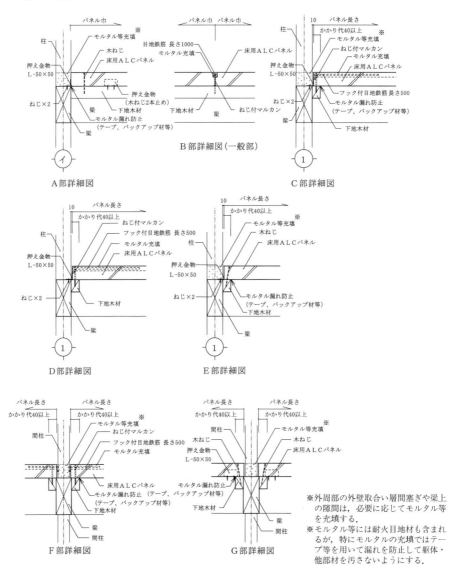

解説図 4.2.8 木造用敷設筋構法—間柱先施工の例 2/2

付2. ALCパネル取付け構法標準・同解説 —199—

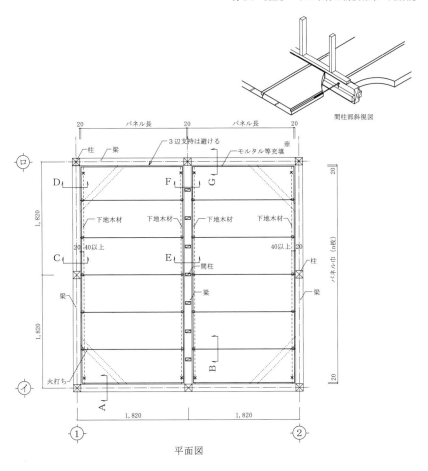

[凡例]　×…木ねじ
　　　　●…ねじ付マルカン＋目地鉄筋　長さ1000
　　　　○…ねじ付マルカン＋フック付目地鉄筋　長さ500

※外周部の外壁取合い層間塞ぎや梁上の隙間は，必要に応じてモルタル等を充填する．
※モルタル等には耐火目地材も含まれるが，特にモルタルの充填ではテープ等を用いて漏れを防止して躯体・他部材を汚さないようにする．

解説図4.2.9　木造用敷設筋構法—ALC床落し込み施工の例1/2

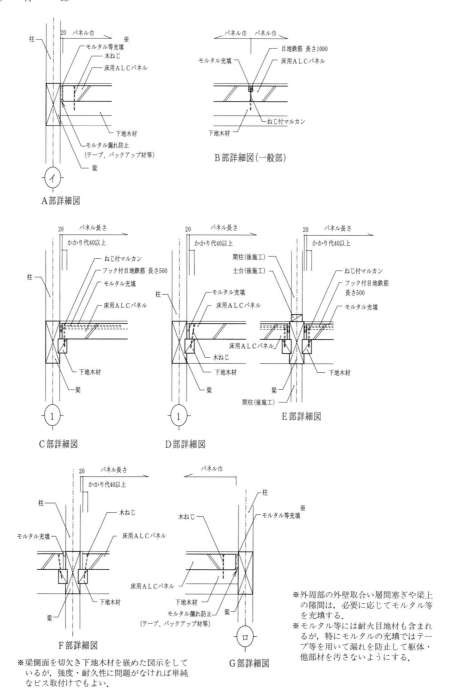

解説図 4.2.9 木造用敷設筋構法―ALC床落し込み施工の例 2/2

第3節　木造用ねじ止め構法

1．適用範囲

> 本構法は，木造建築物の床版および屋根版に JIS A 5416 に適合する ALC 厚形パネル（以下，ALC パネルという）を用いる木造用ねじ止め構法に適用する．

　本構法は，厚さ 75 mm 以上（床にあっては 100 mm 以上）の ALC パネルを，主として枠組壁工法を除く軸組工法を用いた木造建築物の床版・屋根版に木ねじなどを用いて支持構造部材に固定することを特徴とする構法である（解説図 4.3.1 参照）．

　屋根用 ALC パネルは，閉鎖型建築物で勾配が 10 度未満の部分に使用することを想定しているので正の風圧力は除外しており，負の風圧力については最大を 2212 N/m^2 とした．

　負の最大風圧力は，建築基準法施行令第 82 条の 4 の規定に基づく平成 12 年建設省告示第 1458 号により，建物高さ 15 m，基準風速 34 m/s，地表面粗度区分Ⅲとして算定した．

　なお，上記風圧力を超える場合や閉鎖型建築物で勾配が 10 度以上の場合，開放型建築物などについては，個別に検討が必要である．

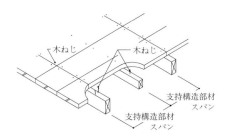

解説図 4.3.1　木造用ねじ止め構法の取付け例

2．取付け下地

> a．ALC パネルは，連続梁で支持構造部材を配置することを標準とする．
> b．ALC パネルのかかり代は，50 mm 以上とし，ALC パネル両端部に位置する支持構造部材の幅寸法は 105 mm 以上を標準とする．
> c．屋根用 ALC パネルの水勾配は，支持構造部材でとるものとする．
> d．間柱は，ALC パネルの敷込みを考慮した方法とする．
> e．集中荷重が作用する部分もしくは屋根面に開口を設ける場合は，有効な支持構造部材を配置する．
> f．柱まわりなどは有効な補強のための下地木材を設ける．

　a．本構法では，ALC パネルを連続梁として用いることを標準とするが，支持構造部材の間隔が小さく，その間隔が最大支点間距離以下になる場合は，単純梁として用いることができる．

　b．床用および屋根用 ALC パネル両端のかかり代は，積載荷重などの荷重を構造躯体に伝達させるとともに木ねじを有効に留め付けるため，50 mm 以上確保することを標準とする．これは，木造用敷設筋構法よりも大きい値である．

　ALC パネルの両端部に位置する支持構造部材の幅寸法は 105 mm 以上を標準とする．

　なお，ALC パネル長さの中間に配置される支持構造部材は 45 mm 以上とする．

　ALC パネルの両端でかかり代が確保できない箇所については，支持構造部材に下地木材（添え木）等を取り付けて，かかり代を確保する．

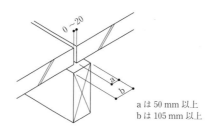

a は 50 mm 以上
b は 105 mm 以上

解説図 4.3.2　かかり代の基準

　c．屋根用 ALC パネルを陸屋根に用いる場合，屋根面全体の水勾配は，原則として，屋根用 ALC パネルを支持する支持構造部材でとるようにする．水勾配に対して ALC パネルの敷込み方向は直角方向とし，ALC パネルのたわみによって水たまりが発生しないよう，支持構造部材の配置を計画する．
　d．間柱が床用 ALC パネル敷込み前に施工されていると ALC パネルの切欠き加工が多くなり，ALC パネルの強度や施工速度にも影響を及ぼすことになる．そのため，構造躯体の耐力に直接影響しない間柱については床用 ALC パネル敷込み後に，間柱下部を固定できる納まりにする．やむを得ず，耐力壁などで間柱が先に施工される場合には，f．に準じた補強を行う．
　e．間仕切壁などの集中荷重が作用する部分の直下や屋根面にトップライトなどの開口部を設ける場合には，有効に梁などを配置する．
　f．柱まわりや外周部の間柱などで，ALC パネルを切り欠いて敷き込む部分で ALC パネルの強度に支障が生じる恐れがある場合は，下地木材（受け材）などで補強を行う．

3．ALC パネルの取付け

> a．ALC パネルは木ねじを用いて，梁などの支持構造部材に取り付ける．
> b．ALC パネルの長辺目地は突付けを標準とする．
> c．ALC パネルの長さ方向または幅方向全体にわたる切断は行ってはならない．

　本構法は，ALC パネル間の長辺目地部にモルタルを充填しないで，直接，支持構造部材に木ねじを打ち込んで取り付ける構法である．
　a．ALC パネルは，専用の木ねじを支持構造部材に打ち込んで固定することを標準とする．
　ALC パネルは支持構造部材がほぼ同一レベルとして設計されているので，大きなレベル差がある場合には，支持構造部材の上に調整材を挟むなどしてレベル差を調整する．
　取付けに用いる木ねじは，解説表 4.3.1 に示すように ALC パネル厚さに対応した寸法のものとする．

解説表 4.3.1　厚さ別木ねじの標準寸法および材質

ALC パネル厚さ	長さ	頭径	呼び径	材質
75・80	110	11 mm	5.5 mm	・JIS G 3507-1-2005（冷間圧造用炭素鋼―第 1 部：線材）SWCH16A～22A および SWCH16K～22K ・JIS G 4315-2000（冷間圧造用ステンレス鋼線）
100	130			
120・125	155			

　木ねじの材質でステンレス鋼を除いては，有効な防せい処理を施すものとする．具体的な処理方法の例としては，8 μm 程度の電気亜鉛めっきにクロメート処理を施したものがある．
　なお，防せい性能が同等以上の性能を有することが確認できれば，他の方法を採用することができる．
　木ねじの打込み数は，各支持構造部材に対し，パネル幅方向につき 2 本を標準とし，ALC パネルを貫通

して支持構造部材に打ち込むこととする．木ねじを打ち込む際，その頭はALCパネル表面より7mm程度沈み込むように打ち込む．打込みに際しては，支持構造部材間の不陸に留意し，中間に位置する支持構造部材に対しても木ねじを打ち込んで固定するものとする．木ねじの支持構造部材への打込み深さは35mm以上とする．

床用および屋根用ALCパネルの木ねじの打込み位置は，ALCパネルの小口から近い位置に打ち込むとALCパネルの割れが発生しやすいため，解説図4.3.3および解説図4.3.4を標準とする．なお，屋根用ALCパネルは，木ねじの打込み本数が標準であれば，適用範囲においては負の風圧力に対して強度上の安全性が確認されている．

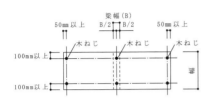 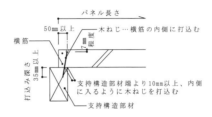

解説図4.3.3　木ねじの打込み位置と本数　　　解説図4.3.4　木ねじの打ち方の例

b．ALCパネルは上下を確認し，長辺は突付けとし短辺はかかり代が50mm以上あることを確認しながら敷き込む．

c．現場におけるALCパネルの長さ方向または幅方向全体にわたる切断は，補強材を切断しALCパネルの強度に影響を与える恐れがあるので，行ってはならない．

また，加工に関しては，以下の注意事項がある．
　1）ALCパネルの切欠き加工における柱とのクリアランス寸法は10mmを標準とする．
　　なお，柱等とALCパネルとの間に生じた層間の隙間には，必要に応じて耐火目地材を充填する．
　2）ALCパネルの穴あけ加工は，主筋を切断しない範囲で直径50mm以下とする．
　3）ALCパネルの切欠き加工により露出した補強材には，防せい処理を施す．

なお，打込みにより生じる木ねじ頭部のALCパネル凹部は，ALCパネルの性能や床の仕上げへの影響がないため，原則として埋戻しは行わない．

木造用ねじ止め構法の施工の例を後添の解説図4.3.5，解説図4.3.6に示す．

—204— 付　録

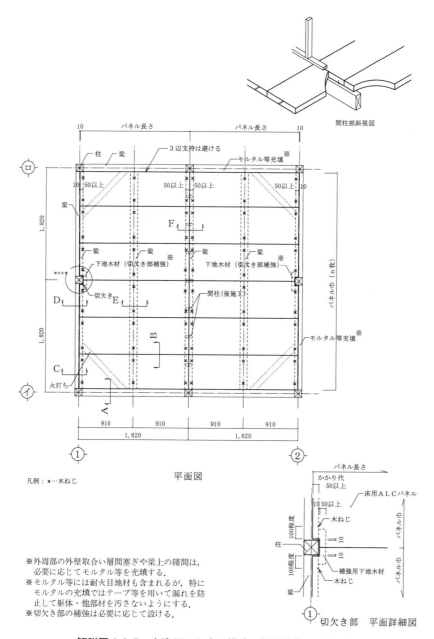

解説図 4.3.5　木造用ねじ止め構法―間柱後施工の例 1/2

付2．ALCパネル取付け構法標準・同解説 —205—

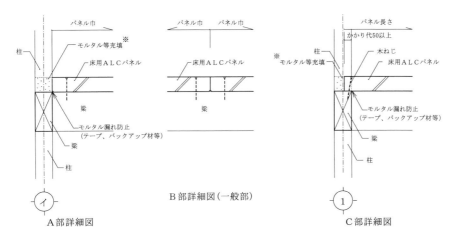

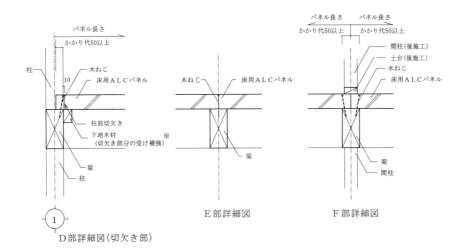

※外周部の外壁取合い層間塞ぎや梁上の隙間は，必要に応じてモルタル等を充填する．
※モルタル等には耐火目地材も含まれるが，特にモルタルの充填ではテープ等を用いて漏れを防止して躯体・他部材を汚さないようにする．
※切欠き部の補強は必要に応じて設ける．

解説図4.3.5　木造用ねじ止め構法—間柱後施工の例 2/2

—206— 付　録

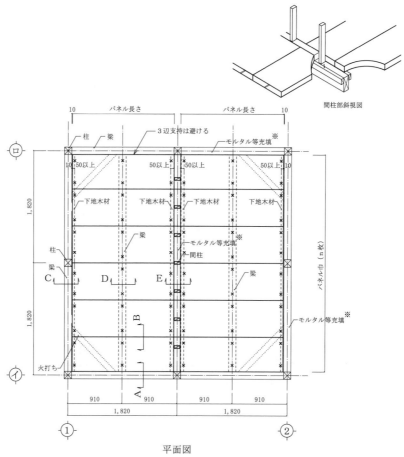

※外周部の外壁取合い層間塞ぎや梁上の隙間は，
　必要に応じてモルタル等を充填する．
※モルタル等には耐火目地材も含まれるが，特に
　モルタルの充填ではテープ等を用いて漏れを防
　止して躯体・他部材を汚さないようにする．

解説図 4.3.6　木造用ねじ止め構法―間柱先施工の例 1/2

付2. ALCパネル取付け構法標準・同解説 —207—

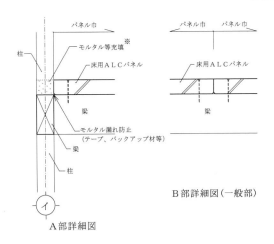

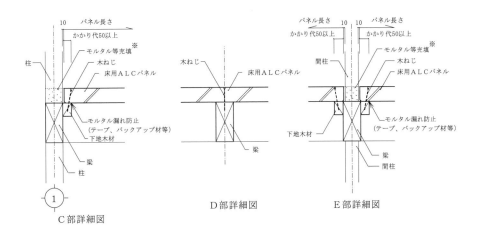

※外周部の外壁取合い層間塞ぎや梁上の隙間は，
　必要に応じてモルタル等を充填する．
※モルタル等には耐火目地材も含まれるが，特に
　モルタルの充填ではテープ等を用いて漏れを防
　止して躯体・他部材を汚さないようにする．

解説図 4.3.6　木造用ねじ止め構法—間柱先施工の例 2/2

付3. ALC パネル取付け金物等規格 (抜粋)

「ALC 取付け金物等規格」(発行 ALC 協会) は,「ALC 取付け構法標準・同解説」(発行 ALC 協会)
に基づき,ALC 協会が作成したものである. 以下にその抜粋を示す.

「ALC パネル取付け金物等規格」

1. 適 用 範 囲
「ALC パネル取付け構法標準」による各取付け構法に用いる ALC パネル取付け金物 (以下,取付け金物
等という) について定める.

2．ALC パネル取付け金物等の種類

取付け金物の種類，適用構法および適用部位は以下のとおりとする．

通し No	種　類	適用構法	適用部位			
			床	屋根	外壁	間仕切壁
1	ウケプレート	縦壁ロッキング構法			○	○
2	平プレート	縦壁ロッキング構法			○	○
3	平プレート H	縦壁ロッキング構法			○	
4	イナズマプレート R	縦壁ロッキング構法			○	○
5	イナズマプレート W	縦壁ロッキング構法			○	○
6	メジプレート	縦壁ロッキング構法			○	○
7	R スペーサー	縦壁ロッキング構法（丸座金・角座金共通金物）			○	○
8	ストレートボルト	横壁アンカー構法/縦壁フットプレート構法			○	○
9	開口用フックボルト	横壁アンカー構法/縦壁フットプレート構法			○	○
10	フックボルトセット	横壁アンカー構法/縦壁フットプレート構法/敷設筋構法	○	○	○	○
11	ナット付き丸座金	横壁アンカー構法/縦壁フットプレート構法/敷設筋構法	○	○	○	○
12	丸座金	横壁アンカー構法/縦壁フットプレート構法/敷設筋構法	○	○	○	○
13	フック付き目地鉄筋	敷設筋構法/木造用敷設筋構法	○	○		
14	フットプレート	縦壁フットプレート構法				○
15	フットプレート C	縦壁フットプレート構法				○
16	RF プレート	間仕切壁ロッキング構法				○
17	スラブプレート	敷設筋構法	○			
18	角座金	敷設筋構法/木造用敷設筋構法	○			
19	角座金 R	敷設筋構法（屋根）/木造用敷設筋構法（屋根）		○		
20	マルカン	敷設筋構法	○	○		
21	ねじ付マルカン	木造用敷設筋構法	○	○		
22	木ねじ	木造用ねじ止め構法/木造用敷設筋構法	○	○		
23	ラグスクリュー	木造用敷設筋構法	○	○		
24	押え金物	木造用敷設筋構法	○	○		
25	間仕切チャンネル	縦壁フットプレート構法				○
26	間仕切 L 型金物	縦壁フットプレート構法				○
27	カットネイル	全部位	○	○	○	○

3．形状・寸法，材質および防錆処理

形状・寸法，材質および防錆処理は図表による．
図表の形状・寸法，材質および防錆処理は，それぞれ一例を表示しています．

<凡例>
図表の各欄は，それぞれ☐内のことを表す．

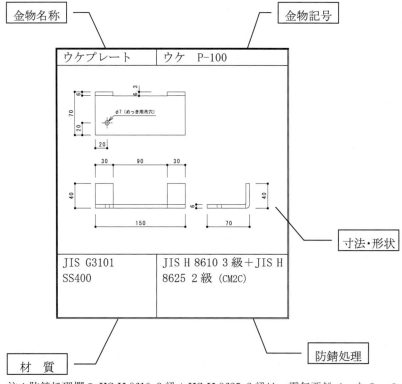

注：防錆処理欄の JIS H 8610 3級＋JIS H 8625 2級は，電気亜鉛メッキ8μの上にクロメート処理を行うことを表す．

図　　表

付3．ALC パネル取付け金物等規格（抜粋） —213—

外壁用構法

ウケプレート	ウケ　P-100	平プレート	ヒラ　P-100
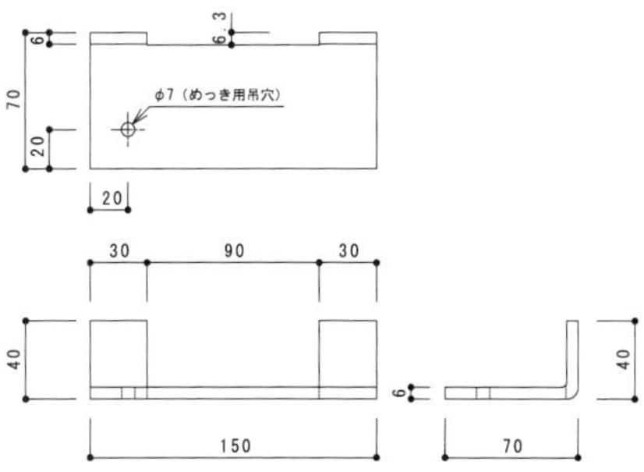		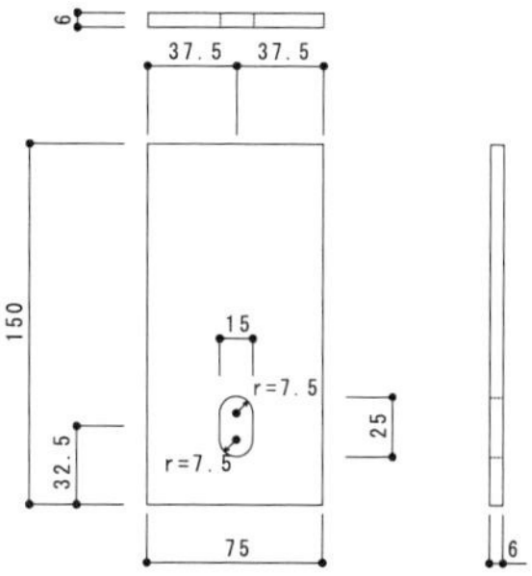	
JIS G 3101 SS400	JIS H 8610　3 級＋JIS H 8625　2 級（CM2C）	JIS G 3101 SS400	JIS H 8610　3 級＋JIS H 8625　2 級（CM2C）

平プレート H	ヒラ　PH-100	イナズマプレート R	イナズマ　PR-100
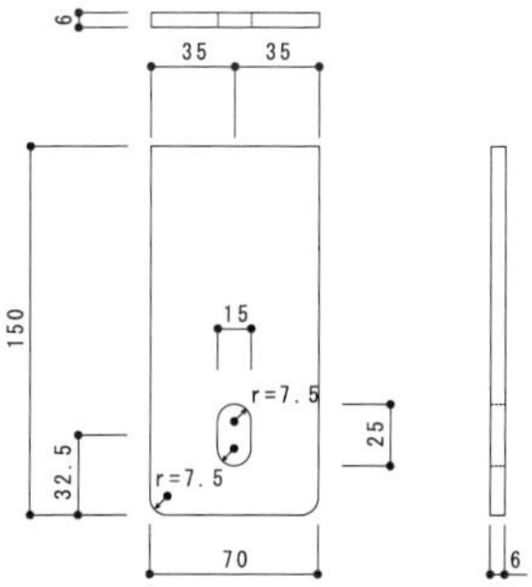		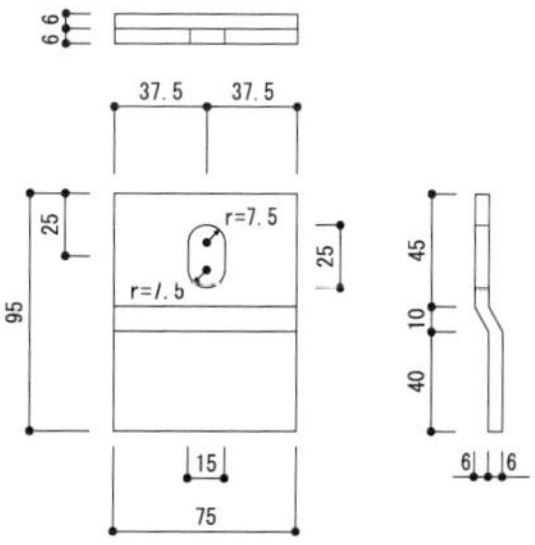	
JIS G 3106 SM490A と同等以上	JIS H 8610　3 級＋JIS H 8625　2 級（CM2C）	JIS G 3101 SS400	JIS H 8610　3 級＋JIS H 8625　2 級（CM2C）

外壁用構法

イナズマプレート W	イナズマ PW-100	メジプレート	メジ P
JIS G 3101　SS400	JIS H 8610 3級＋JIS H 8625 2級（CM2C）	JIS G 3101 JIS G 3113 JIS G 3131 JIS G 3141 JIS G 3302 [※1] JIS G 3313 [※2]	JIS H 8610 3級＋JIS H 8625 2級（CM2C）または JIS K 5674 1種2度塗りと同等以上．亜鉛めっき鋼板[※1,※2]では，JIS G 3302 は Z06，JIS G 3313 は E16 以上とし，クロム酸処理を施したもの．

間仕切壁用構法

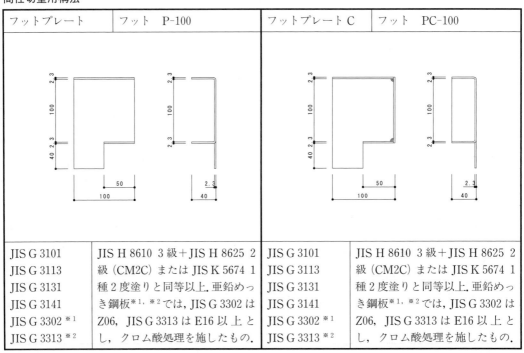

フットプレート	フット P-100	フットプレート C	フット PC-100
JIS G 3101 JIS G 3113 JIS G 3131 JIS G 3141 JIS G 3302 [※1] JIS G 3313 [※2]	JIS H 8610 3級＋JIS H 8625 2級（CM2C）または JIS K 5674 1種2度塗りと同等以上．亜鉛めっき鋼板[※1,※2]では，JIS G 3302 は Z06，JIS G 3313 は E16 以上とし，クロム酸処理を施したもの．	JIS G 3101 JIS G 3113 JIS G 3131 JIS G 3141 JIS G 3302 [※1] JIS G 3313 [※2]	JIS H 8610 3級＋JIS H 8625 2級（CM2C）または JIS K 5674 1種2度塗りと同等以上．亜鉛めっき鋼板[※1,※2]では，JIS G 3302 は Z06，JIS G 3313 は E16 以上とし，クロム酸処理を施したもの．

間仕切壁用構法

間仕切チャンネル	マジキリ C-100	間仕切L形金物	マジキリ L-100
JIS G 3101 JIS G 3113 JIS G 3131 JIS G 3141 JIS G 3302 [※1] JIS G 3313 [※2]	JIS H 8610 3級＋JIS H 8625 2級（CM2C）または JIS K 5674 1種2度塗りと同等以上．亜鉛めっき鋼板[※1, ※2]では，JIS G 3302 は Z06，JIS G 3313 は E16 以上とし，クロム酸処理を施したもの．	JIS G 3101 JIS G 3113 JIS G 3131 JIS G 3141 JIS G 3302 [※1] JIS G 3313 [※2]	JIS H 8610 3級＋JIS H 8625 2級（CM2C）または JIS K 5674 1種2度塗りと同等以上．亜鉛めっき鋼板[※1, ※2]では，JIS G 3302 は Z06，JIS G 3313 は E16 以上とし，クロム酸処理を施したもの．
RFプレート	RF-100	ストレートボルト	ストレート B-95
JIS G 3101 JIS G 3113 JIS G 3131 JIS G 3141 JIS G 3302 [※1] JIS G 3313 [※2]	JIS H 8610 3級＋JIS H 8625 2級（CM2C）または JIS K 5674 1種2度塗りと同等以上．亜鉛めっき鋼板[※1, ※2]では，JIS G 3302 は Z06，JIS G 3313 は E16 以上とし，クロム酸処理を施したもの．	JIS G 3101 JIS G 3112 JIS G 3505 JIS G 3507	JIS H 8610 3級＋JIS H 8625 2級（CM2C）

—216— 付　　録

屋根用および床用構法

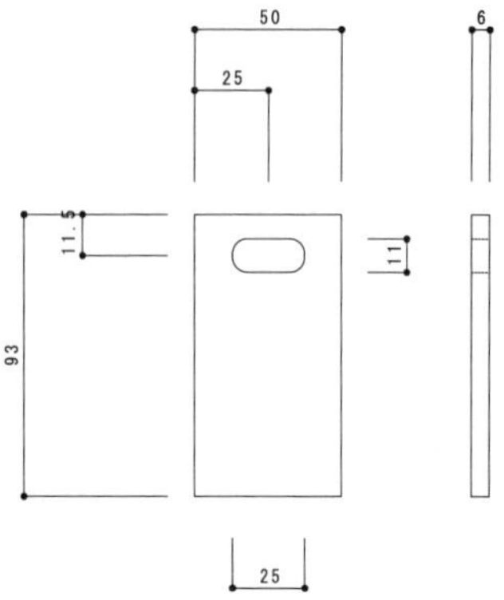

スラブプレート	スラブ　P-100	角座金	カクザ
JIS G 3101 JIS G 3131	JIS H 8610　3 級＋JIS H 8625　2 級（CM2C）	JIS G 3101 JIS G 3131 JIS G 3141	JIS H 8610　3 級＋JIS H 8625　2 級（CM2C）

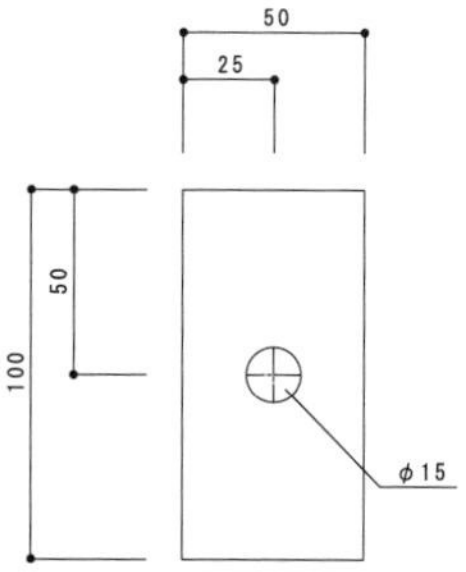

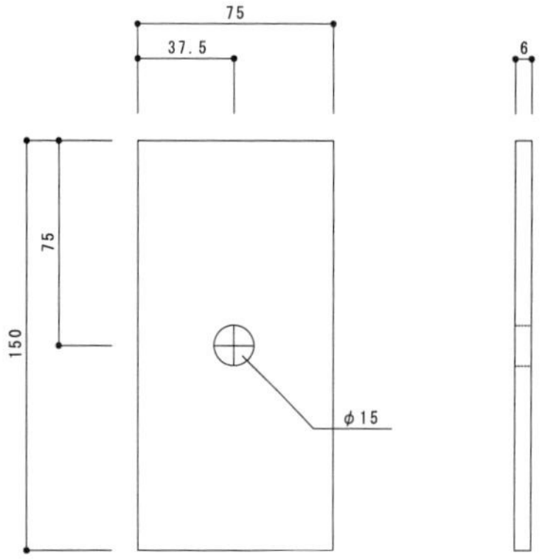

角座金 R	カクザ　R	マルカン	マルカン　M-100
JIS G 3101 JIS G 3131 JIS G 3141	JIS H 8610　3 級＋JIS H 8625　2 級（CM2C）	JIS G 3101 JIS G 3112 JIS G 3117 JIS G 3505	JIS H 8610　3 級＋JIS H 8625　2 級（CM2C）

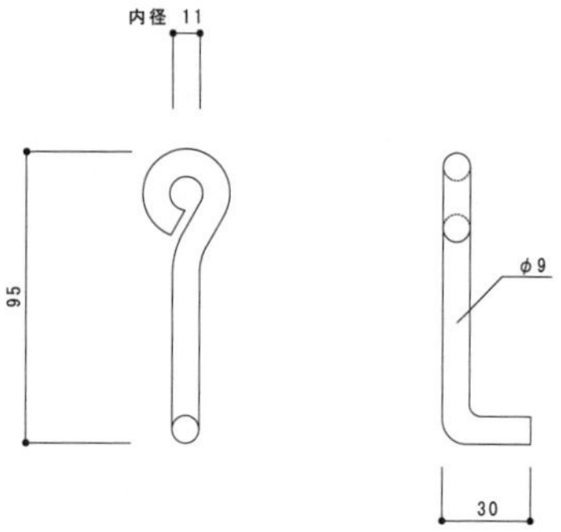

付3. ALCパネル取付け金物等規格（抜粋） —217—

屋根用および床用構法

ねじ付マルカン	NM-100	丸座金	マルザ　50
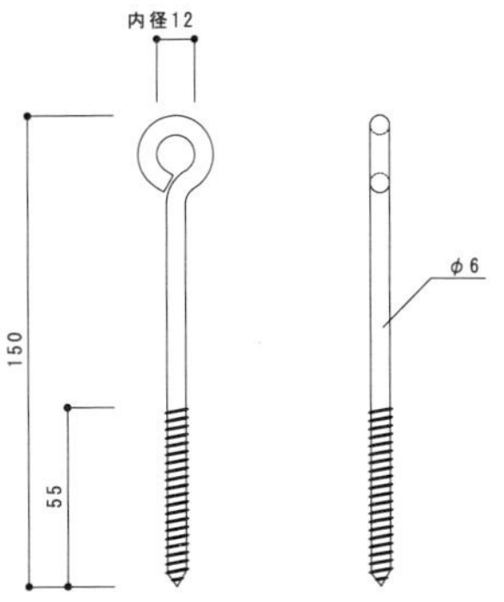		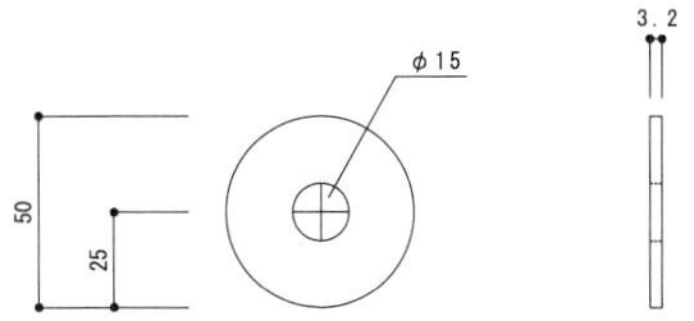	
JIS G 3101 JIS G 3112 JIS G 3117 JIS G 3505	JIS H 8610　3 級＋JIS H 8625　2 級（CM2C）と同等以上	JIS G 3101 JIS G 3131 JIS G 3141	JIS H 8610　3 級＋JIS H 8625　2 級（CM2C）
木ねじ	MN-100	ラグスクリュー	LS-100
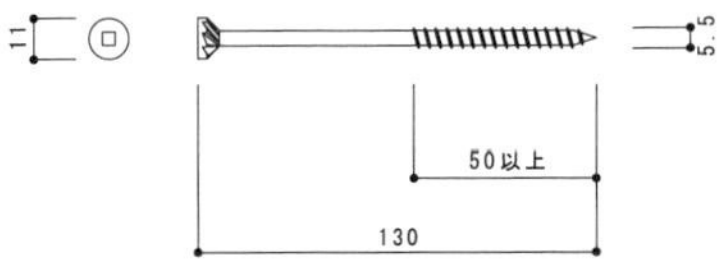		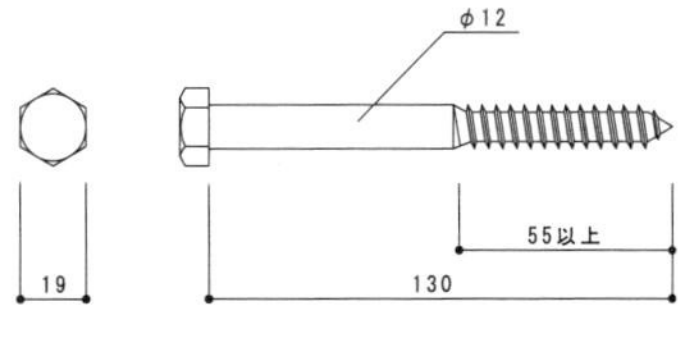	
JIS G 3507-1 SWCH16A〜22A および SWCH16K〜22K JIS G 4315	JIS H 8610　3 級＋JIS H 8625　2 級（CM2C）と同等以上（ステンレス鋼は除く）	JIS G 3507 SWRCH10R	JIS H 8610　3 級＋JIS H 8625　2 級（CM2C）と同等以上

屋根用および床用構法

フックボルト	フック B-105	フック付目地鉄筋	メジキン F
JIS G 3101 JIS G 3112 JIS G 3505	JIS H 8610 3 級＋JIS H 8625 2 級（CM2C）	JIS G 3101 JIS G 3505 JIS G 3112	—

押え金物	TK 100		
JIS G 3101 JIS G 3113 JIS G 3131 JIS G 3141 JIS G 3302 [1] JIS G 3313 [2] JIS G 3350	JIS H 8610 3 級＋JIS H 8625 2 級（CM2C）または JIS K 5674 1 種 2 度塗りと同等以上. 亜鉛めっき鋼板[1], [2]では, JIS G 3302 は Z06, JIS G 3313 は E16 以上とし, クロム酸処理を施したもの.		

付4． 耐火防火構造一覧

　パネルを使用した各部位の耐火構造，準耐火構造または防火構造には，関係する告示に規定されている仕様（以下，告示仕様という）と，建設大臣および国土交通大臣により認定されているものがある．告示仕様および認定の一覧を下記に示す．なお，以下の表では75 mm未満のパネルも記載されているが，本仕様書で扱う範囲は，パネル厚さ75 mm以上である．

　仕様の詳細については，ALC協会発行「ALCパネル防耐火構造（告示仕様）設計施工標準」および新日本法規出版発行「新 耐火防火構造・材料等便覧」などを参照されたい．

■パネルを用いた耐火構造の構造方法

・告示仕様

部　位	告示				備　考
	パネル厚さ (mm)	性　能	公布日	告示番号	
屋根	規定なし	30分間			該当するパネルの厚さは75 mm以上．
床	100 以上				―
外壁間仕切壁	75 以上*1				外壁用パネルの厚さは100 mm以上．
	50 以上				要件：あて木等*2，屋内側被覆*3 パネル＋強化せっこうボード*4厚さ15 mm以上．
外壁	規定なし	1 時間	H12.5.30	建設省告示第1399号	該当するパネルの厚さは35 mm以上． 要件：あて木等*2，屋内側被覆*3 パネル＋強化せっこうボード*4 2枚以上（厚さ計42 mm以上）またはパネル＋強化せっこうボード*4 2枚以上（厚さ計36 mm以上）およびケイカル板厚さ8 mm以上．
柱*5	35 以上				鉄骨柱（H形鋼（「断面積（mm²）/加熱周長（mm）」6.7以上，角形鋼管・円形鋼（鋼材厚9 mm以上）
法第21条第2項第二号に規定される「壁等」	75 以上	90分間	H27.2.23	国土交通省告示第250号	要件：3階建て以下の建築物（倉庫その他の物品（不燃性の物品を除く．）を保管する用途に供する建築物を除く．）で，屋根の仕上げを不燃材料としたもの．パネルを支持する支持構造部材については，2時間または3時間の耐火性能を有するもの．

—220— 付　　録

・国土交通大臣認定（ALC 協会加盟各社連名の認定）

部　位	パネル厚さ（mm）	性　能	認定年月日	認定番号	構造方法の名称
床	100 以上	1 時間	H14.5.17	FP060FL-9119	ALC パネル床
	120 以上	2 時間		FP120FL-9120	
梁（壁付）*5	壁：75 以上	2 時間	H14.5.17	FP120BM-9355	ALC パネル/ALC 耐火被覆板合成被覆/鉄骨はり
	被覆：50				
柱（壁付）他材合成（1）	壁：75 以上	1 時間	H14.5.17	FP060CN-9414	ALC パネル/繊維混入けい酸カルシウム耐火被覆板 1 号合成被覆/鉄骨柱
		2 時間		FP120CN-9415	
		1 時間	H14.5.17	FP060CN-9416	ALC パネル/繊維混入けい酸カルシウム耐火被覆板 2 号合成被覆/鉄骨柱
		2 時間		FP120CN-9417	
柱（壁付）他材合成（2）*2	壁：75 以上	1 時間	H14.5.17	FP060CN-9411	ALC パネル/軽量セメントモルタル合成被覆/鉄骨柱
		2 時間		FP120CN-9412	
		3 時間		FP180CN-9413	
柱（壁付）他材合成（3）	壁：75 以上	1 時間	H14.5.17	FP060CN-9408	ALC パネル/吹付けロックウール合成被覆/鉄骨柱
		2 時間		FP120CN-9409	
		3 時間		FP180CN-9410	
梁（壁付）他材合成（1）	壁：75 以上	1 時間	H14.5.17	FP060BM-9362	ALC パネル/繊維混入けい酸カルシウム耐火被覆板 1 号合成被覆/鉄骨はり
		2 時間		FP120BM-9363	
		1 時間	H14.5.17	FP060BM-9364	ALC パネル/繊維混入けい酸カルシウム耐火被覆板 2 号合成被覆/鉄骨はり
		2 時間		FP120BM-9365	
梁（壁付）他材合成（2）	壁：75 以上	1 時間	H14.5.17	FP060BM-9359	ALC パネル/軽量セメントモルタル合成被覆/鉄骨はり
		2 時間		FP120BM-9360	
		3 時間		FP180BM-9361	
梁（壁付）他材合成（3）	壁：75 以上	1 時間	H14.5.17	FP060BM-9356	ALC パネル/吹付けロックウール合成被覆/鉄骨はり
		2 時間		FP120BM-9357	
		3 時間		FP180BM-9358	
柱*5	35 以上	1 時間	H14.5.17	FP060CN-9405	ALC パネル張/鉄骨柱
	50 以上	2 時間		FP120CN-9406	
	75 以上*6	3 時間		FP180CN-9407	
梁*5	35 以上	1 時間	H14.5.17	FP060BM-9352	ALC パネル張/鉄骨はり
	50 以上	2 時間		FP120BM-9353	
	75 以上*6	3 時間		FP180BM-9354	
屋根*5	50 以上	30 分間	H14.5.17	FP030RF-9320	ALC パネル屋根
外壁*5	50 以上	1 時間	H14.5.17	FP060NE-9293	ALC パネル外壁
間仕切壁*5	50 以上	1 時間	H14.5.17	FP060BP-9012	両面 ALC パネル張/間仕切壁

付 4 ． 耐火防火構造一覧 　— 221 —

■パネルを用いた準耐火構造の構造方法

・告示仕様

部　位	告　示				備　考
	パネル 厚さ（mm）	性能	公布日	告示番号	
外壁*5 間仕切壁*5	35 以上	1 時間	H27.2.23	国土交通省 告示 第 253 号	要件：あて木等*2，屋内側被覆*3 間柱・下地：木材のみ
		45 分間	H12.5.24	建設省 告示 第 1358 号	要件：あて木等*2，屋内側被覆*3 間柱・下地：木材のみ
床*5	12 以上	1 時間	H27.2.23	国土交通省 告示 第 253 号	該当するパネルの厚さは 35 mm 以上． 要件：下面被覆*3 パネル＋合板等厚さ 12 mm 以上．
	9 以上	45 分間	H12.5.24	建設省 告示 第 1358 号	該当するパネルの厚さは 35 mm 以上． 要件：下面被覆*3 パネル＋合板等厚さ 12 mm 以上．

・国土交通大臣認定（ALC 協会加盟各社連名の認定）

部　位	パネル 厚さ（mm）	性能	認定年月日	認定番号	構造方法の名称
軒裏*5	35 以上	45 分間	H14.5.17	QF045RS-9103	ALC パネル張/木製軸組下地・鉄骨下地軒裏
		1 時間	H14.5.17	QF060RS-9104	ALC パネル張/木造下地・鉄骨下地軒裏
外壁*5	35 以上	45 分間	H14.5.17	QF045BE-9207	両面 ALC パネル張/木製軸組造・鉄骨造外壁
		1 時間	H14.5.17	QF060BE-9208	両面 ALC パネル張/木造・鉄骨造外壁
	35・37・50	1 時間	H14.10.25	QF060BE-0082	ALC パネル表張/強化せっこうボード裏張/木製軸組造外壁

― 222 ― 付　　録

■パネルを用いた防火構造認定の構造方法

・告示仕様

部　位	告　示				備　考
	パネル厚さ（mm）	性　能	公布日	告示番号	
外壁*5	35 以上	30 分間	H12.5.24	建設省告示第 1359 号	要件：屋内側被覆*3 間柱・下地：不燃材以外のみ

・国土交通大臣認定（ALC 協会加盟各社連盟の認定）

部　位	パネル厚さ（mm）	性　能	認定年月日	認定番号	構造方法の名称
外壁*5	50 以上	30 分間	H14.5.17	PC030NE-9080	ALC パネル張/軽量鉄骨下地外壁
	35 以上	30 分間	H14.5.17	PC030BE-9189	ALC パネル張/木造外壁
	50 以上	30 分間	H14.5.17	PC030NE-9081	ALC パネル張/木造外壁
	35・37	30 分間	H14.10.25	PC030BE-0181	仕上塗材塗 ALC パネル張/木製軸組造外壁
		30 分間	H14.10.25	PC030BE-0182	仕上塗材塗 ALC パネル張/木製軸組造外壁
	35・37・50	30 分間	H19.8.8	PC030BE-0882	仕上塗材塗 ALC パネル張/木製軸組造外壁
				PC030BE-0883	仕上塗材塗 ALC パネル・木質系ボード張/木製軸組造外壁
				PC030BE-0884	仕上塗材塗 ALC パネル・セメント板張/木製軸組造外壁
				PC030BE-0885	仕上塗材塗 ALC パネル・せっこうボード張/木製軸組造外壁
				PC030BE-0886	仕上塗材塗 ALC パネル・火山性ガラス質複層板張/木製軸組造外壁
				PC030BE-0887	仕上塗材塗 ALC パネル張/木製軸組造外壁
				PC030BE-0888	仕上塗材塗 ALC パネル・木質系ボード張/木製軸組造外壁
				PC030BE-0889	仕上塗材塗 ALC パネル・セメント板張/木製軸組造外壁
				PC030BE-0890	仕上塗材塗 ALC パネル・せっこうボード張/木製軸組造外壁
				PC030BE-0891	仕上塗材塗 ALC パネル・火山性ガラス質複層板張/木製軸組造外壁

［注］＊1：告示では 75 mm 以上となっているが，JIS A 5416 および ALC 協会発行「ALC パネル構造設計指針・同解説」では，外壁に用いられる厚形パネルは，100 mm 以上と規定されている．

　　＊2：防火被覆の取合いの部分，目地の部分その他これらに類する部分を，当該部分の裏面に当て木を設ける等当該建築物の内部への炎の侵入を有効に防止することができる構造とする．

　　＊3：組合せ可能な反対面の防火被覆仕様は，性能（耐火，1 時間・45 分・30 分準耐火，防火）および間柱（壁），根太（床）および下地の種類により異なる．

　　＊4：強化せっこうボード（ボード用原紙を除いた部分のせっこうの含有率を 95 ％以上，ガラス繊維の含有率を 0.4 ％以上とし，かつひる石の含有率を 2.5 ％以上としたものに限る．外壁に使用する場合は，「防水防かびタイプ」とする．）

　　＊5：75 mm 未満のパネルも掲載されているが，本仕様書で扱う範囲は，パネル厚さ 75 mm 以上である．

　　＊6：この 75 mm のパネルは，本仕様書で扱う 75 mm 以上のパネルとは異なる．

付5． JASS 21：2005 より削除した取付け構法

　本仕様書の 2005 年版では，縦壁で縦壁スライド構法，横壁で横壁ボルト止め構法が記載されていたが，今回の改定では本仕様書 3 節取付け構法 3.1.a に記述してあるように，縦壁スライド構法を削除し，横壁ボルト止め構法を横壁アンカー構法に名称を変更した．
　JASS 21：2005 に記載されていた縦壁スライド構法に関する記述の抜粋を以下に示す．また，名称変更された横壁ボルト止め構法に関する記述の抜粋も併せて記載する．改修工事・解体工事などで，これら 2 構法に関する内容の確認が必要とされる場合に参照されたい．

3 節　取付け構法

3.1　外　壁
（中　略）
（1）　構法の概要
　それぞれの構法の概要を以下に示す．
　（i）　縦　壁
（中　略）
　②　スライド構法
　スライド構法は，パネル下部はパネル間の縦目地空洞部に配置した目地鉄筋を定規アングルに固定したタテウケプレートなどの取付け金物に固定し，パネル上部は目地鉄筋をスライドハタプレートなどの取付け金物を介して定規アングルに取り付け，パネル上部が面内方向にスライドするように取り付ける構法である〔解説図 3.4 参照〕．
　スライド構法は，パネルの縦目地空洞部に充填されたモルタルと目地鉄筋などを用いてパネルを取り付ける構法である．この取付け方法は，低い負の風荷重に対して耐力上有効であるが，高層建築における高い負の風荷重に対して耐力が不足する．したがって，高い負の風荷重が加わる部分には，ボルトとイナズマプレートにより取付け強度の補強を行い，その目安を一般部においては負の風荷重 1600（N/m^2）とする〔解説図 3.5 参照〕．

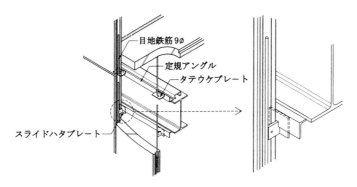

解説図 3.4　スライド構法の取付け例

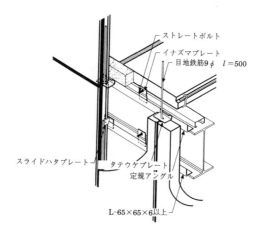

解説図 3.5 ボルトを併用するスライド構法の例

(ⅱ) 横　壁
① ボルト止め構法

　ボルト止め構法は，パネル両端部に座掘り加工を施し，定規アングルなどの下地鋼材に対し，フックボルトあるいはイナズマプレートとボルトにより取り付ける構法である．パネル重量は，3～5段ごとに定規アングルなどに取り付けた自重受け鋼材により支持する．躯体の層間変位に対して，上下段のパネル相互がずれ合い，柱および間柱に追従する取付け構法である〔解説図3.6参照〕．

　ボルト止め構法の改良型構法として，縦壁ロッキング構法と同様にパネル内部に設置したアンカーを用いて取付けを行い，ボルト止め構法での座掘り加工を不要とし，よりスムーズな取付け部の可動性を有することを特徴とする取付け構法が各パネル製造業者により開発されており，その総称を「アンカー構法」としている．パネル自重受け部の改良がなされ，高い変位追従性能が試験により確認されている．詳細は各パネル製造業者の仕様による．

　鉄筋コンクリート造などの建物に用いられる場合の取付け方は，コンクリート面に埋め込まれた金物に鉄骨造の場合と同様に定規アングルなどの下地鋼材を溶接により固定し，パネルを取り付ける．鉄筋コンクリート造の場合の取付け例を解説図3.7に示す．

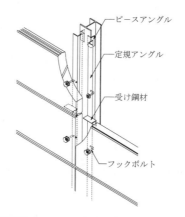

解説図 3.6 ボルト止め構法の取付け例

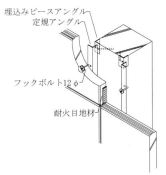

解説図 3.7 鉄筋コンクリート造へのパネルの取付け例

(後　略)

付6． JASS 21：1998 より削除した取付け構法

　本仕様書の1998年版では，縦壁で挿入筋構法，横壁でカバープレート構法が記載されていたが，前回改定の2005年当時，ほとんどの縦壁では乾式構法である縦壁ロッキング構法が採用されており，湿式構法である挿入筋構法の採用比率は非常に少なく，また，横壁ではカバープレート構法の採用実績も少ないため，この二構法を削除した．

　JASS 21：1998に記載されていた二構法に関する記述の抜粋を以下に示す．改修工事・解体工事などで，これら二構法に関する内容の確認が必要とされる場合に参照されたい．

2節　取付け構法

2.1　外　壁
（中　略）
（1）　構法の概要
　それぞれの構法の概要，各構法の取付け方の例，ならびに層間変位に対するパネルの動きを解説図2.1～解説図2.5に示す．
（ⅰ）　縦　壁
（中　略）
③　挿入筋構法
　挿入筋構法は，パネル間の縦目地空洞部にタテカベプレートなどのパネル質量支持を兼ねた取付け金物を介し鉄筋を挿入し，この空洞部にモルタルを充填し，パネルを取り付ける外壁用パネルの取付け構法である．目地鉄筋とモルタルにより取付けできない部分はボルトにより取り付ける．躯体の層間変位に対しては，軽微なひび割れが層間変形角1/300において発生することが試験により確認されている．本構法は，外壁用パネルの取付けにおいて最も追従性能が低い取付け構法であり，その採用にあたっては躯体の剛性が高く層間変位の小さな建物に用いるなどの配慮が必要である．

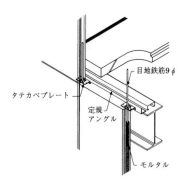

解説図2.3　挿入筋構法の取付け例

（ⅱ）　横　壁
①　カバープレート構法
　カバープレート構法は，パネルを定規アングルなどの下地鋼材とカバープレートにより挟み込んで取り付ける外壁用パネルの構法である．カバープレートが用いられない箇所はボルトにより取り付ける．パネル質量は，3～5段ごとに下地鋼材などに取り付けた自重受け鋼材により支持する．層間変位に対し，パネルがカバープレートと下地鋼材との間でスライドすることにより追従し，層間変形角1/120においてひび割れなどの発生がなく，高い追従性能が試験により確認されている．

付6. JASS 21：1998 より削除した取付け構法 —227—

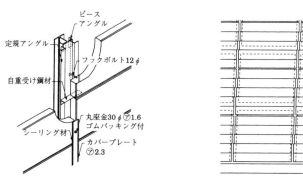

解説図 2.4 カバープレート構法の取付け例と層間変形時のパネルの動き

(後　略)

付7. 風圧力の計算例

　ALCパネルを使用した外壁は，建築基準法の「屋外に面する帳壁」にあたるので，作用する風圧力は建築基準法施行令第82条の5および平成12年建設省告示第1458号に基づいて計算する．以下の計算例に使用している計算式，数値等は，今回設定した条件によるものであり，実際の計算では，平成12年建設省告示第1458号を確認する必要がある．

条　件：特定の建築物を想定し，そのときの計算の条件は以下による．

　建設地域の基準風速は，市町村単位で平成12年建設省告示第1454号に規定されているので，ここでは基準風速 $V_0=34$ m/s とした．また，地表面粗度区分も平成12年建設省告示第1454号に規定され，ここでは，地表面粗度区分Ⅲの地域とした．その場合には，$Z_b=5$（m），$Z_G=450$（m/s），$\alpha=0.20$ となる．H（建物の高さと軒の高さの平均）は19（m）とし，一般的な閉鎖型建築物とした．計算する部位は Z（算定部位の高さ）は16（m）と設定し，さらに隅角部とした．

[計算例]
1．平均速度圧の計算

　平成12年建設省告示第1458号第1項一号および平成12年建設省告示第1454号第一第2項，同告示第二より，$H>Z_b$ であることから

$$E_r=1.7\left(\frac{H}{Z_G}\right)^a=1.7\left(\frac{19}{450}\right)^{0.20}=0.903$$

$$\therefore\ \bar{q}=0.6E_r^2V_0^2=0.6\times0.903^2\times34^2=566\ (\text{N/m}^2)$$

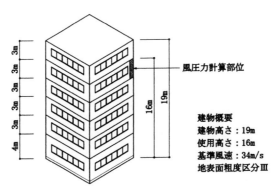

付図7.1　計算例の建物

2．ピーク風力係数の計算
（1）正圧
　〇ピーク外圧係数

　平成12年建設省告示第1458号第3項および表8，表9より，地表面粗度区分Ⅲ，$40>Z>5$，$H>5$ なので

$$C_{pe}=\left(\frac{Z}{H}\right)^{2a}=\left(\frac{16}{19}\right)^{2\times0.20}=0.934$$

　$G_{pe}=2.849$

（G_{pe} は，平成12年建設省告示第1458号表9より，（1）と（3）とに掲げる数値を直線的に補間した数値）

　　　　ピーク外圧係数＝$C_{pe}\times G_{pe}=0.934\times2.849=2.661$

○ピーク内圧係数

　平成 12 年建設省告示第 1458 号第 3 項および表 11 より，閉鎖型であることから

　　　　ピーク内圧係数＝－0.5

○ピーク風力係数

　平成 12 年建設省告示第 1458 号第 3 項より

　　　　$\hat{C}_f$＝ピーク外圧係数－ピーク内圧係数＝2.661－（－0.5）＝3.16

（2）　負圧

○ピーク外圧係数

　平成 12 年建設省告示第 1458 号第 3 項および表 10 より，$H<45$，隅角部，閉鎖型なので

　　　　ピーク外圧係数＝－2.2

○ピーク内圧係数

　平成 12 年建設省告示第 1458 号第 3 項および表 11 より，閉鎖型，ピーク外圧係数 <0 なので

　　　　ピーク内圧係数＝0

○ピーク風力係数

　平成 12 年建設省告示第 1458 号第 3 項より

　　　　$\hat{C}_f$＝ピーク外圧係数－ピーク内圧係数＝－2.2－0＝－2.2

3．風圧力の計算

　平成 12 年建設省告示第 1458 号第 1 項第一号より

（1）　正圧

$$W=\bar{q}\cdot\hat{C}_f=566\times3.16=1789 \ (\mathrm{N/m^2})$$

（2）　負圧

$$W=\bar{q}\cdot\hat{C}_f=566\times(-2.2)=-1245 \ (\mathrm{N/m^2})$$

　凡　例

V_0	：基準風速（m/s）
H	：建物の高さと軒の高さの平均（m）
Z	：計算部位の高さ（m）
E_r	：平均風速の鉛直分布係数
$\bar{q}$	：平均速度圧（N/m²）
$\hat{C}_f$	：ピーク風力係数
W	：風圧力（N/m²）
Z_b	：平成 12 年建設省告示第 1454 号第一第 2 項に規定される値
Z_G	：平成 12 年建設省告示第 1454 号第一第 2 項に規定される値
α	：平成 12 年建設省告示第 1454 号第一第 2 項に規定される値
C_{pe}	：平成 12 年建設省告示第 1458 号表 8 に規定される値
G_{pe}	：平成 12 年建設省告示第 1458 号表 9 に規定される値

付8. 開口補強鋼材およびパラペット部補強鋼材の部材検討例

開口補強鋼材およびパラペット部補強鋼材などは，それぞれに加わる荷重によりその断面が検討され，設計図書に示される．ここでは，参考として，開口補強鋼材とパラペット部補強鋼材の部材検討例を示す．
なお，以下に示す検討例は一般的な窓型の開口を想定したものである．集合住宅の掃出し窓などにおいては異なる部材検討の考え方を用いることもあり，開口の種類に適した考え方を用いることが必要である．

[1] 開口補強鋼材の部材検討例

図のような開口部に与条件として風荷重（$W=2000$ (N/m^2)）が作用する場合の開口補強鋼材を考える．

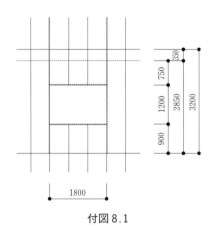

付図8.1

外壁面に開口を設ける場合には，開口部にかかる風荷重および開口部まわりの短尺パネルに作用する風荷重を受けるための下地として，開口補強鋼材を設ける必要がある．

(1) 上部横材の検討
・横材は両側の縦材に支持された単純ばりに等分布荷重が加わった状態を考える．

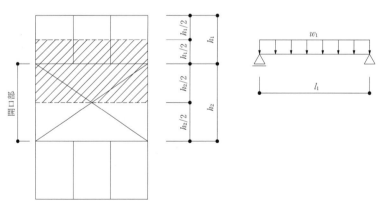

付図8.2

・等分布荷重 w_1 は風荷重 W に負担幅（左図の斜線部分の高さ）h を乗じた値である．
　　$h_1=1.1$ (m)
　　$h_2=1.2$ (m)
　　$l_1=1.8$ (m)

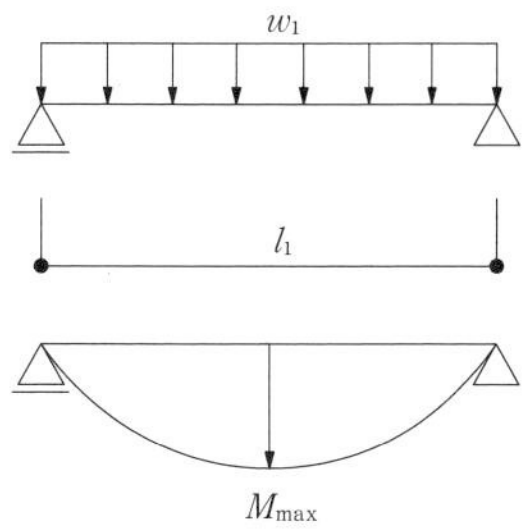

$$h = \frac{h_1}{2} + \frac{h_2}{2} = 1.15 \text{ (m)}$$

$$w_1 = W \times h$$
$$= 2000 \text{ (N/m}^2) \times 1.15 \text{ (m)}$$
$$= 2300 \text{ (N/m)} = 2.3 \text{ (N/mm)}$$

① 曲げモーメントに関して

$$M_{max} = \frac{w_1 l_1^2}{8}$$

$$Z \geqq \frac{M_{max}}{235}$$

付図 8.3

$$\therefore Z \geqq \frac{M_{max}}{235} = \frac{w_1 l_1^2}{8 \times 235}$$

($w_1 = 2.3$ (N/mm), $l_1 = 1800$ (mm) を上式に代入すると,必要な $Z \geqq 3.96$ (cm³) となる.)

② たわみに関して

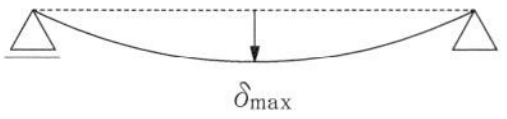

$$\delta = \frac{5 w_1 l_1^4}{384 EI} \leqq \frac{l_1}{200}$$

変形して

付図 8.4

$$I \geqq \frac{200 \times 5 w_1 l_1^3}{384 E}$$

($w_1 = 2.3$ (N/mm), $l_1 = 1800$ (mm), $E = 2.05 \times 10^5$ (N/mm²) を上式に代入すると,必要な $I \geqq 17.04$ (cm⁴) となる.)

したがって,上部横材は L-65×65×6 ($Z = 6.26$ (cm³), $I = 29.4$ (cm⁴))

(2) 下部横材の検討

上部横材と同様にして必要な Z, I を求めると 必要な $Z \geqq 3.62$ (cm³), 必要な $I \geqq 15.56$ (cm⁴) となる.

したがって,下部横材は L-65×65×6 ($Z = 6.26$ (cm³), $I = 29.4$ (cm⁴))

(3) 縦材の検討

縦材は,上・下の取付け部(上部は通常,梁下支持になる)で支持された単純梁に,上下の横材に加わった荷重が,集中荷重 P_1 および P_2 として加わると見なし,同様にチェックする.

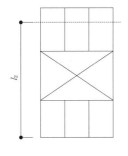 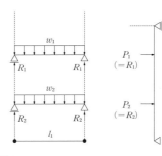

付図 8.5

$$P_1 = R_1 = \frac{w_1 \times l_1}{2} \text{ (N)}$$

$$P_2 = R_2 = \frac{w_2 \times l_1}{2} \text{ (N)}$$

—232— 付　　録

① 曲げモーメントに関して
　・A点，B点の反力を求める．
　　（Ⅰ）X方向の釣合いにより，
　　　　$R_A + R_B = P_1 + P_2 = 2070 + 1890 = 3960$ (N) $= 3.96$ (kN)
　　（Ⅱ）B点を中心とした，回転の釣合いより，
　　　　$R_A l_2 = P_1(l_4 + l_5) + P_2 l_5$
　　　　$\therefore R_A = \dfrac{P_1(l_4 + l_5) + P_2 l_5}{l_2} = 2122$ (N) $= 2.12$ (kN)
　　　　$R_B = P_1 + P_2 - R_A = 3960 - 2122 = 1838$ (N) $= 1.84$ (kN)

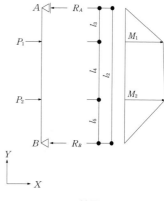

付図 8.6

　・M_{max} を求める．
　　M_{max} は，M_1，M_2 のいずれかである．
　　$M_1 = R_A l_3 = 1592$ (N・m)
　　$M_2 = R_B l_5 = 1654$ (N・m)
　　$M_2 > M_1$ なので
　　$\therefore M_{max} = M_2$

　・$Z \geqq \dfrac{M_{max}}{235}$ より

　　$\therefore$ 必要な $Z \geqq \dfrac{M_{max}}{235} = \dfrac{M_2}{235} = 7039$ (mm³) $= 7.04$ (cm³)

② たわみに関して
　・曲げモーメントの分布状況を以下のように安全側に考え，下式の近似式を用いる．すなわち，曲げモーメント M_{max} を曲げ剛性 EI で除したものを等分布荷重と考え，その時の最大モーメントを計算することにより，たわみの最大値を求める．

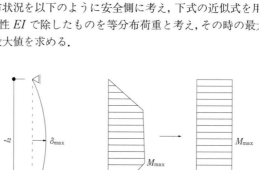

付図 8.7

$$\delta \fallingdotseq \dfrac{M_{max} l_2^2}{8EI} \leqq \dfrac{l_2}{200}$$

変形して，

$$I \geqq \dfrac{200 \times M_{max} l_2}{8E}$$

$M_{max} = 1654$ (N・m)，$l_2 = 2850$ (mm)，$E = 2.05 \times 10^5$ (N/mm²) であるから
$\therefore$ 必要な $I \geqq 57.5$ (cm⁴)

したがって，縦材は L-75×75×9（$Z = 12.1$ (cm³)，$I = 64.4$ (cm⁴)）

[2] パラペット部補強鋼材の部材検討例

図のようなパラペット部に与条件として風荷重($W=2000$ (N/m²))が作用する場合の補強鋼材を考える．

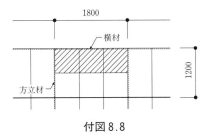

付図8.8

(1) 横材の検討
・横材は両側の方立材で支持された単純梁に等分布荷重 w_1 が加わった状態を考える．
・等分布荷重 w_1 は，風荷重 W に負担幅(図中の斜線部分の高さ) h_1 を乗じた値である．

$h_1 = 1.2 \div 2 = 0.6$ (m)
$l = 1.8$ (m)
$w_1 = W \times h = 2000 \times 0.6 = 1200$ (N/m) $= 1.2$ (N/mm)

① 曲げモーメントに関して

$$M_{max} = \frac{w_1 l^2}{8}$$
$$= \frac{1.2 \times 1800^2}{8}$$
$$= 486000 \text{ (N·mm)} = 486 \text{ (N·m)}$$

$$Z \geq \frac{M_{max}}{f_s}$$
$$= \frac{486 \times 10^3}{235}$$
$$= 2068 \text{ (mm}^3\text{)} = 2.07 \text{ (cm}^3\text{)}$$

② たわみに関して

$$\delta = \frac{5 w_1 l^4}{384 EI} \leq \frac{l}{200}$$

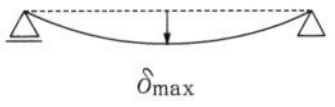

$$\therefore I \geq \frac{200 \times 5 w_1 l^3}{384 E}$$

$w_1 = 1.2$ (N/mm), $l = 1800$ (mm), $E = 2.05 \times 10^5$ (N/mm²) を上式に代入すると
$I \geq 8.89$ (cm⁴)

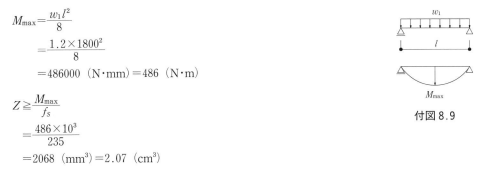

付図8.9

付図8.10

①②より，横材は L-65×65×6 ($Z = 6.26$ (cm³), $I = 29.4$ (cm⁴))

(2) 方立材の検討
・方立材は，脚部を固定支持された片持梁に横材からの荷重が先端に集中荷重として加わった状態を考える．

・集中荷重 P_0 は，横材の端部に作用する支点反力の 2 倍になる．

$h = 1.2$ (m)

$$P_0 = R \times 2$$
$$= \left(\frac{w_1 l}{2}\right) \times 2$$
$$= \left(\frac{1.2 \times 1800}{2}\right) \times 2$$
$$= 2160 \text{ (N)} = 2.16 \text{ (kN)}$$

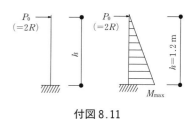

付図 8.11

① 曲げモーメントに関して

$$M_{max} = P_0 \times h$$
$$= 2.16 \times 10^3 \times 1.2$$
$$= 2592 \text{ (N·m)}$$

$$Z \geqq \frac{M_{max}}{f_s}$$
$$= \frac{2592 \times 10^3}{235}$$
$$= 11030 \text{ (mm}^3\text{)} = 11.0 \text{ (cm}^3\text{)}$$

付図 8.12

② たわみに関して

$$\delta = \frac{P_0 h^3}{3EI} \leqq \frac{h}{100}$$

$$\therefore I \geqq \frac{100 P_0 h^2}{3E}$$

$P_0 = 2.16$ (kN), $h = 1200$ (mm), $E = 2.05 \times 10^5$ (N/mm^2) を上式に代入すると

$I \geqq 50.6$ (cm^4)

①②より，方立材は L-75×75×9 ($Z = 12.1$ (cm^3)，$I = 64.4$ (cm^4))

付9． 施工計画書および施工要領書の例

本付録「施工計画書および施工要領書の例」では，施工計画書と施工要領書の例を記述している．
「施工計画書」は施工者が設計図書，施工条件などに基づき，施工計画を総合的に検討して作成するもので，「施工要領書」は専門工事業者が「施工計画書」に基づき，具体的な要領を記述するものである．ここでは標準的な「施工計画書」および「施工要領書」の例を示す．

施工計画書の例

1．総　　　則
1.1 適用範囲
本施工計画書は「○○○○○○新築工事」における ALC パネル工事に適用する．要求性能に応じた品質を確保すると同時に，順調な工事進行を目的として作成するが，ALC パネルに関連する工事については，該当工事施工計画書によるものとする．

・適用図書
本 ALC パネル工事においては，下記の設計図書，仕様書および規格・基準などに基づき施工計画を検討し，施工計画書・施工図を作成する．監理者の承認を得た後，パネルを製造し，専門工事業者が作成する施工要領書に従って ALC パネル工事を行う．
1．質疑回答書
2．現場説明書
3．特記仕様書
4．本工事の設計図書
5．国土交通省大臣官房官庁営繕部：公共建築工事標準仕様書（建築工事編）　平成 28 年版
6．国土交通省大臣官房官庁営繕部：建築工事監理指針（上・下巻）　平成 28 年版
7．日本建築学会：建築工事標準仕様書・同解説　JASS 21（ALC パネル工事）　2018 年版
8．日本工業規格：JIS A 5416　軽量気泡コンクリートパネル（ALC パネル）　2016 年版
9．ALC 協会：ALC パネル構造設計指針・同解説　平成 25 年版
10．ALC 協会：ALC パネル取付け構法標準・同解説　平成 25 年版

1.2 計画の変更・追加
本施工計画書に記載なき事項，または変更の必要が生じた場合は監理者と協議を行い，承諾を得てから専門工事業者などに周知徹底して施工する．

2．一般事項
2.1 工事概要
（1）工事名称　　○○○○○○新築工事
（2）工事場所　　東京都○○区○○ 1-1-1
（3）施　　主　　○○○不動産(株)
（4）設計監理　　(株)○○建築設計
（5）施工者　　　○○建設(株)
（6）工　　期　　平成○○年○○月○○日〜平成○○年○○月○○日
（7）建築面積　　○○○○ m²
（8）延床面積　　○○○○ m²
（9）構造規模　　S 造，地下○階，地上○階，塔屋○階

2.2 建物概要
＜基準階平面図，○面立面図等を例示＞　　　（図省略）

2.3 ALCパネル工事概要

（1） ALCパネル使用部位・構法・種類・数量

外壁	縦壁ロッキング構法	厚さ100 mm	○○○ m²
		厚さ150 mm（○面，意匠パネル—○○模様）	
			○○○ m²
間仕切壁	間仕切壁ロッキング構法	厚さ100 mm	○○○ m²
屋根	敷設筋構法	厚さ100 mm	○○○ m²
床（耐火1時間）	敷設筋構法	厚さ100 mm（○～○階）	
			○○○ m²
（耐火2時間）		厚さ150 mm（○～○階）	
			○○○ m²

＜○面立面図等に範囲を例示＞　（図省略）

（2） シーリング/下地鋼材/補強鋼材種類・数量

シーリング材	パネル間縦目地	○成分形○○○系シーリング	10×10	○○○ m
	横目地	○成分形○○○系シーリング	10×10	○○○ m
下地鋼材	L-65×65×6			○○○ m
補強鋼材	L-65×65×6	（施工図に明記）		○○○ m
	L-75×75×6	（施工図に明記）		○○○ m

2.4 組織（工事監理体制）

○○建設(株)○○○○○○新築工事事務所　ALCパネル工事組織

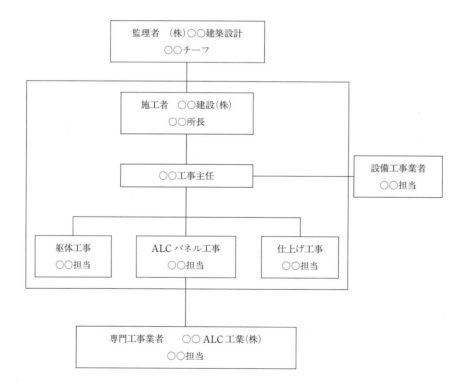

3．関 連 工 事

3.1 関連工事概要

（1）　耐火被覆　　吹付けロックウール（ALCパネル工事の後に施工）　　　○○産業(株)
（2）　建具　　　　ALCパネル用サッシ　　　　見込み70 mm　　　　　　　○○金属(株)

付 9．　施工計画書および施工要領書の例　 — 237 —

		軽量シャッター			○○工業(株)

（3）　笠木　　　　アルミ製　　　　　　　　　　見付 180 mm　　　　　○○金属(株)
（4）　仕上げ　　　外部　　　複層仕上塗材 E アクリルタイル吹付け
　　　　　　　　　　内部　　　事務室　　　せっこうボード張り（変形追従型工法）
　　　　　　　　　　居室界壁　両面木下地グラスウール 25 mm 合板張り（認定番号　SOI-9277）
（5）　屋根防水　　○○○○○○系シート防水　ALC 仕様　　　　　　　○○防水(株)
（6）　シーリング　他部材間　　○成分形 ○○○○系シーリング　　　　○○防水(株)

3.2　工事範囲

（1）　他部材間シーリング　ALC パネル工事に含まない
（2）　下地鋼材　　　　　　かさ上げ鋼材・柱まわり下地鋼材は鉄骨工事とし，定規アングルは ALC パネル工事に含む
（3）　補強鋼材　　　　　　1F シャッターおよび 2F 連窓サッシ用補強鋼材は鉄骨工事とし，その他，アングルによる開口補強鋼材は ALC パネル工事に含む
　　　　　　　　　　　　　　ベランダ立上り部補強鋼材は ALC パネル工事に含む
（4）　基礎部　　　　　　　立上りコンクリート天端は埋込みアンカーの埋込み，こて均しまで基礎工事に含む
（5）　一般部　　　　　　　コンクリートスラブ端部は外壁パネル内面 −100 mm とし，周囲の隙間の絶縁材設置およびモルタル詰めは雑工事に含む
（6）　設備開口　　　　　　施工図に書入れた設備開口は ALC パネル工事に含む．その他，施工図にない開口は設備工事に含む
（7）　端材処理　　　　　　パネル取付け階ごとの所定位置への端材集積作業は ALC パネル工事に含む

4．材料および構法
4.1　要求性能

（1）　耐火性能　　□外壁・間仕切壁　　1 時間
　　　　　　　　　　□屋根　　　　　　　30 分
　　　　　　　　　　□床　　○〜○階　　1 時間
　　　　　　　　　　　　　　○〜○階　　2 時間
　　　　　　　　　　□合成耐火被覆　　壁付き柱　1 時間　　　2 時間
　　　　　　　　　　　　　　　　　　　壁付き梁　1 時間　　　2 時間
（2）　耐荷重性能　□外壁　　風荷重　　　正圧：○○○○ N/m²，負圧：○○○○ N/m²
　　　　　　　　　　□間仕切壁　慣性力　設計用水平震度（K_H）　　　○○
　　　　　　　　　　□屋根　固定荷重　○○○○ N/m²，積載荷重　○○○○ N/m²，
　　　　　　　　　　　　　　積雪荷重　○○○○ N/m²，
　　　　　　　　　　　　　　風荷重　　正圧：○○○○ N/m²，負圧：○○○○ N/m²
　　　　　　　　　　　　　　◇設計荷重　　＜長期荷重＞
　　　　　　　　　　　　　　正荷重：○○○○ N/m²
　　　　　　　　　　　　　　＜短期荷重＞
　　　　　　　　　　　　　　正荷重：○○○○ N/m²，負荷重：○○○○ N/m²
　　　　　　　　　　□床　　○〜○階：固定荷重　○○○○ N/m²，積載荷重　○○○○ N/m²
　　　　　　　　　　　　　　◇設計荷重　　正荷重：○○○○ N/m²
　　　　　　　　　　　　　　○〜○階：固定荷重　○○○○ N/m²，積載荷重　○○○○ N/m²
　　　　　　　　　　　　　　◇設計荷重　　正荷重：○○○○ N/m²
（3）　耐震性能　　□外壁　　最大層間変形角　1/○○○
（4）　遮音性能　　□界壁　　令第 22 条の 3

4.2　材　　料

（1）　ALC パネル

JIS A 5416「軽量気泡コンクリートパネル（ALC パネル）」に適合するものとする.

・製造業者　　　　○○○○(株)　　生産工場　　○○工場（JIS 適合性認証　○○○○○○号）

・種類　　外壁　　　　平パネル　　　　厚さ 100 mm

　　　　　　　　　　コーナーパネル　厚さ 100 mm　　　　L 型 300×300 mm

　　　　　　　　　　意匠パネル　　　厚さ 150 mm　　　　○○模様

　　　　　間仕切壁　　平パネル　　　　厚さ 100 mm

　　　　　屋根　　　　　　　　　　　厚さ 100 mm

　　　　　床　　　　　　　　　　　　厚さ 100 mm

　　　　　　　　　　　　　　　　　　厚さ 150 mm

・階別数量

階	外壁 平パネル	外壁 意匠パネル	間仕切壁 パネル	屋根 パネル	床 パネル	合計
1						
2						
3						
合計						

（2）　下地鋼材・補強鋼材

材質は JIS G ○○○○「○○○○○○鋼材」に適合するものとし，防錆は JIS K ○○○○「○○○○○ペイント」○種または同等品とする.

（3）　取付け金物

「ALC パネル取付け金物等規格」に示されるもの，またはパネル製造業者の指定するものとし，ALC 協会シンボルマークまたはパネル製造業者の刻印または梱包にシールなど表示されているものとする.

（4）　鉄筋

JIS G ○○○○「○○○○○○鋼材」に適合する D 10 とする.

（5）　充填モルタル

セメントは JIS R ○○○○「○○○○○○セメント」に適合するものとする.

砂は有害量のごみ，土，有機不純物および塩化物を含まないもので，最大粒径が 5 mm 未満で適度な粒度分布のものとし，水は水道水とする.

調合はセメント：砂の割合を 1：3.5（容積比）とし，水セメント比は充填に適した流動性とする.

（6）　補修用モルタル

パネル製造業者の指定するものとする.「○○○○○○」

（7）　シーリング材

パネル間目地は JIS A 5758「建築用シーリング材」の耐久性区分○○○○の○○○○系シーリングとする.

（8）　耐火目地材

JIS ○ ○○○○「○○○○○○」または同等品とする.

（9）　さび止め塗料

JIS K ○○○○「○○○○○○」に適合するものとし，スプレータイプとする.

（10）　溶接棒

JIS Z 3211「軟鋼，高張力鋼及び低温鋼用被覆アーク溶接棒」に適合するものとする．

4.3　構　　法

（1）　外壁　　　縦壁ロッキング構法

＜標準的な○通りの断面詳細図などのパラペット部，一般部，基礎部を例示＞　　　　（図省略）

（2）　間仕切壁　　間仕切壁ロッキング構法

＜標準的な上部，下部を例示＞　　　（図省略）

（3）　屋根　　　敷設筋構法

＜標準を例示＞　　　（図省略）

（4）　床　　　　敷設筋構法

＜標準を例示＞　　　（図省略）

4.4　材料および構法の性能

（1）　耐火性能　　□外壁・間仕切壁

　　　　　　　　　　◇パネル厚 75 mm 以上　　　1 時間（平成 12 年建設省告示第 1399 号）

　　　　　　　　□屋根

　　　　　　　　　　◇パネル厚 75 mm 以上　　　30 分（平成 12 年建設省告示第 1399 号）

　　　　　　　　□床

　　　　　　　　　　◇パネル厚 100 mm 以上　　　1 時間（平成 12 年建設省告示第 1399 号）

　　　　　　　　　　◇パネル厚 120 mm 以上　　　2 時間（FP120FL-9120）

　　　　　　　　□合成耐火被覆　　壁付き柱　1 時間（FP060CN-9408）

　　　　　　　　　　　　　　　　　　　　　　2 時間（FP120CN-9409）

　　　　　　　　　　　　　　　　壁付き梁　1 時間（FP060BM-9356）

　　　　　　　　　　　　　　　　　　　　　　2 時間（FP120BM-9357）

（2）　耐荷重性能　□外壁（風荷重）　　縦壁ロッキング構法

　　　　　　　　　　　◇設計荷重　　正荷重：○○○○ N/m²，

　　　　　　　　　　　　　　　　　　負荷重：○○○○ N/m²

　　　　　　　　□間仕切壁（慣性力）　　間仕切壁ロッキング構法

　　　　　　　　　　　◇設計荷重　　　○○○○ N/m²

　　　　　　　　□屋根（固定荷重，積載荷重，積雪荷重，風荷重）　　敷設筋構法

　　　　　　　　　　　◇設計荷重＜長期荷重＞

　　　　　　　　　　　　　　正荷重：○○○○ N/m²

　　　　　　　　　　　　＜短期荷重＞

　　　　　　　　　　　　　　正荷重：○○○○ N/m²，

　　　　　　　　　　　　　　負荷重：○○○○ N/m²

　　　　　　　　□床（固定荷重，積載荷重）　　敷設筋構法

　　　　　　　　　　　◇設計荷重　○～○階　　○○○○ N/m²

　　　　　　　　　　　　　　　　　○～○階　　○○○○ N/m²

　　　　　　　　＊各取付け構法の耐力は「ALC パネル取付け構法標準・同解説」およびパネル製
　　　　　　　　　造業者の資料による．

（3）　耐震性能　　□外壁　　◇縦壁ロッキング構法　　　1/○○○変形時パネル損傷なし

（4）　遮音性能　　□界壁　　◇昭和 45 年建設省告示 1827 号，認定番号　SOI-9277

5．工 程 計 画

5.1　工 事 工 程

（1）　全体工程表

　　　　（表省略）

（2） ALC パネル工事工程表

累積日数	1	2	3	4	5	6	7	8	9	10	11	12	13	14	15	16	17	18	19	20	21	22	23	24	25	26	27	28	29	30	31	32	33	34	35
準備	●—●																																		

ALC パネル工事

- 床：墨・金物、目地モルタル、目地モルタル／パネル敷込み、パネル敷込み
- 屋根：墨・金物、目地モルタル／パネル敷込み
- 外壁：墨・金物、目地シーリング／パネル取付け
- 間仕切：墨・金物／パネル取付け
- 完了検査：●—●

5.2　取付け工程

（表省略）

6．仮 設 計 画

6.1　総 合 仮 設

- ・足場は○○足場（○○○幅）とする．
- ・パネル搬入は前面道路を使用して，○○時から○○時までの間に行う．
- ・ゲート側に，積載荷重○○○ kg のロングスパンエレベーターを設ける（跳出しステージ盛替え後のパネルの搬入や，金物類の搬入に使用する）．

6.2　ALC パネル工事関連仮設

- ・足場の建物側の建地と鉄骨の間隔は○○ cm とする．
- ・No. 2 ゲート付近の建物東側にステージを設ける．図のような積載荷重○○○ kg の跳出しステージとし，パネルの搬入工程に沿って上部階に盛替えていく．
- ・各階のパネル仮置き場所は，図の位置とする．
- ・ALC パネル荷揚げ用に○面枠組足場（幅 90 cm）　3 スパン（下 2 段は除く）を一時解体する．
- ＜仮設配置計画図，荷揚げステージ詳細図等を例示＞　　　　　（図省略）
- ・電源　　　3 相 200 V を準備する．

7．安 全 計 画

7.1　管 理 体 制

- ・体制　　　安全衛生協議会　　　　　毎月第○週○曜日　午後 1 時から　　会議室
  - 安全衛生責任者　　　　　○○建設(株)工事主任　　○○　○○
  - 安全衛生管理者　　　　　○○ ALC 工業(株)　　○○　○○
  - 定例作業打合せ　　　　　毎日午後 1 時から　　会議室
  - 朝礼　　　　　　　　　　毎日午前 8 時から
- ・新規入場者は，新規入場者教育を○○係員によって行う．

7.2 注意事項

- 現場内持ち込み機器類は、持ち込み時に○○係員が検査を行い、検査済証を取り付けてから使用する.
- 電動切断機については、刃部のカバー、反発防止装置を取り付け、電動ドリルは、アース線付きコードを使用する.
- パネル揚重用クレーンの災害防止に対しては、特に注意を払う.
- 保護具は完全着用し、高所作業の場合、安全帯を使用する.

8. 施工計画

8.1 施工条件

- 近隣協定により、以下の制約条件がある.
  1) 作業時間は原則として、午前8：00～午後5：00とする.
  2) 休日作業は原則として行わない. ただし、天候の状況により近隣と協議の上、行うことがある.

8.2 技能者

- パネル取付け工程から、4人1班の2班体制とする.
- エーエルシーパネル施工技能士を配置する.
- 技能者の名簿および資格は、安全書類に記載した上で提出し、施工要領書にも添付する.
- 各班に作業に必要な安全教育および技能講習を受けた有資格者を配置する.

8.3 揚重・運搬・仮置き

（1）搬入経路
- 国道○○○号線○○交差点からの道路は通学路（進入禁止 午前○時～午前○時）なので、○○交差点で左折した道路から進入する.

（2）取込み方法
- トラック（4t車）およびラフテレーンクレーン（○○t）は前面道路上に駐車・設置して、電線を越して荷揚げする.
- パネル8枚（厚さ100 mmの時）以下を1単位とし、専用吊り具（ナイロンベルト等）を使用して荷揚げする.
- ロングスパンエレベーター割当時間に合わせて2ゲートからトラック（11t車）を進入させ、車載クレーンを使用して台車上に荷下ろしする. 以後は揚重チームがフォークリフトを使用してロングスパンエレベーターに乗せ、所定の階へ揚重し、ALC施工班に引き渡す.

（3）仮置き場所および方法
- 各階仮置き場所
  ＜基準階平面図等に位置を例示＞　　　（図省略）
- パネルは1単位ごとに専用台木などを置いて仮置きする.

8.4 取付け

- 外壁の取付け作業にラフテレーンクレーン（○○t）を使用する（建物の外部にパネルを仮置きした場合）.
- 間仕切壁の取付け作業に自走式○○○○クレーン（○t）を使用する. また上部金物取付け、補修などには自走式高所作業車（揚程○m）を使用する.
- 下地鋼材の取付けは現場溶接で行うが、エーエルシーパネル施工技能士などが行う.

8.5 パネル間シーリング

- 材料は○○会社製○成分形○○○○系シーリング（商品名○○○○）とする.
- 縦壁ロッキング構法の縦目地は、バックアップ材またはボンドブレーカーを挿入してシーリングを施工する.
- 気温が5℃以下になると予想される場合および降雨雪の場合は、作業を中止する.

9．検　　査

（1）　躯体・下地の確認
- 立上りコンクリートのレベル　　　　　$-5\,\mathrm{mm} \leqq \varDelta H \leqq 5\,\mathrm{mm}$
- 立上りコンクリートの通り　　　　　　$-10\,\mathrm{mm} \leqq \varDelta W \leqq 10\,\mathrm{mm}$
- コンクリートスラブの止め位置　　　　$0\,\mathrm{mm} \leqq \varDelta L \leqq 10\,\mathrm{mm}$
- 埋込みアンカーのピッチ　　　　　　　$-50\,\mathrm{mm} \leqq \varDelta L \leqq 50\,\mathrm{mm}$
- パネルが取り付く部分の高さ寸法　　　$-5\,\mathrm{mm} \leqq \varDelta H \leqq 5\,\mathrm{mm}$
- かさ上げ鋼材の通り　　　　　　　　　$-10\,\mathrm{mm} \leqq \varDelta W \leqq 10\,\mathrm{mm}$

（2）　受入検査
- パネル　　　　　　　　　　　　　　　納品書
  目視による種類・加工・外観（欠けなど）
- 金物　　　　　　　　　　　　　　　　ALC 協会シンボルマークの確認
  またはパネル製造業者名・金物の種類の確認

（3）　工事検査
- 監理者立会い　　　　　　　　　　　　パネル取付け精度，外観・欠け・キズ
- 施工者
- 専門工事業者自主検査

（4）　完了検査
- パネルの取付け検査
- シーリングの外観検査
- パネル全体の外観検査

施工要領書の例

1. 組　　織

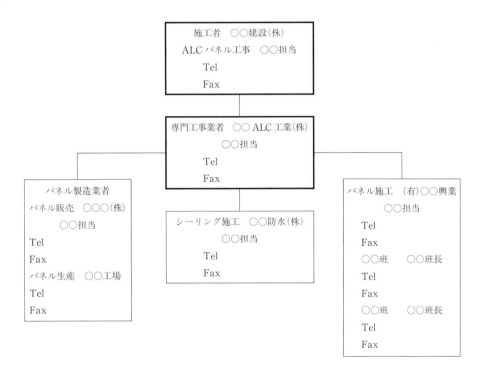

2. 工　程　表
   取付け工程表
   　（図省略）

3. 体　　制
   （1） パネル施工　　　（有）○○興業　　現場責任者　○○担当
   　　　　　　　　　　　○○班　　○○班長　○名　技能士　○○　○○
   　　　　　　　　　　　○○班　　○○班長　○名　技能士　○○　○○
   　　　　　　　　　　　　　　　　　　　　　　　　　　　　○○　○○
   （2） 有資格者および作業員名簿

氏　名	住　所	TEL	年令	血液型	資　格

＊参考 「エーエルシーパネル施工技能士」の技能士カード

4．揚重・運搬・仮置き
　・トラック上のパネルの表示記号から使用階を確認して，荷揚げを指示する．
　・荷揚げしたパネルは，ハンドパレットまたは4輪台車で各階の仮置き場所へ移動する．
　・台木は専用台木を使用する．
　・屋上に荷揚げしたパネルは，シート（施工者貸与）で養生する．

5．施　　工
5.1　フローチャート

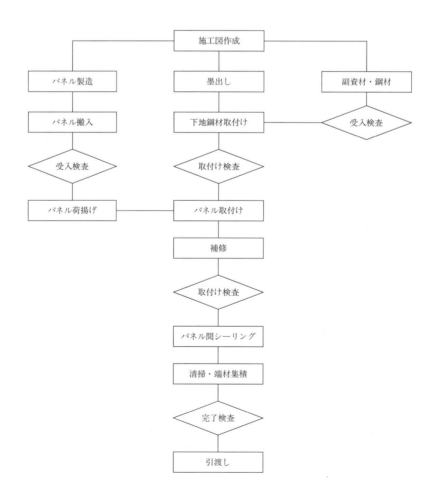

5.2　墨　出　し

施工図に基づき，基準墨からパネル心墨（または面墨，返り墨）を出し，パネル割付け墨を出す．
パネル割付け墨から伸縮目地幅，開口位置などを確認する．

5.3　下地鋼材・補強鋼材

下地鋼材は施工図に基づき，基準墨から追い出して取り付ける．
補強鋼材は所定のサイズの鋼材を使用して，納まりに応じた加工・補強をして溶接固定する．

5.4　加　　工

パネル取付け前に，納まりに応じて下記の加工を行う．

- ・面取り　　　　　　工場で加工されていない短辺などの面取り加工を行う．
- ・当たり加工　　　　取付け金物などが当たる部分を削る．
- ・アンカー孔　　　　工場で加工されていない場合，電動ドリルなどを使用してあける．
- ・座掘り　　　　　　取付けボルト・座金用の孔をあける．

5.5　取　付　け

（1）　外壁パネル　　縦壁ロッキング構法

- ・取付け順序は，1組は⑤通り→D通り，他の1組は①通り→A通りの順とし，建物コーナー部より行う．
- ・パネルの取付けに先立ち，あらかじめパネル上部側には平プレートを，下部側にはイナズマプレートWなどをそれぞれ取り付けておき，ナイロンベルトと電動ウインチでパネルを所定の位置に取り込む．
- ・パネル端部が割付け墨位置にくるようにしながら，水平と垂直を合わせ，パネルの上部側は平プレートにウケプレートをかぶせて，ウケプレートを定規アングルに溶接する．パネルの下部側はイナズマプレートWなどを定規アングルに引掛けて溶接する．
- ・パネル裏面の両端と定規アングルとの隙間に，メジプレートを挟み込む．
- ・パネル取付け後，取付け精度の検査を行い，外部より伸縮目地などに耐火目地材を充填する．

　　　　　　電動ウインチ　　　定格荷重250 kg　　　揚程15 m
　　　　　　ナイロンベルト諸元　　幅50 mm　　　　長さ2 m　　　　吊荷重950 kg

（2）　間仕切壁パネル　　間仕切壁ロッキング構法

- ・取付け順序は，①通り→②通りの順とし建物コーナー部より行う．
- ・パネルの取付けに先立ち，パネル上部側にはイナズマプレートRなどを取り付け，パネル下部側はパネル下端の幅中央部にRFプレートをカットネイルなどで取り付け，ナイロンベルトと電動ウインチで，パネル端部が割付け墨位置にくるように取り込み，仮置きする．
- ・パネル下部側はRFプレートをコンクリートスラブなどにあと施工アンカーなどで固定し，パネル上部側はイナズマプレートRなどを定規アングルに引掛けて溶接する．
- ・パネル取付け後，取付け精度の検査を行い，伸縮目地などに耐火目地材を充填する．

（3）　屋根パネル　　敷設筋構法

- ・敷込み順序は，○通り側から順に行う．
- ・パネルの敷込みに先立ち，小梁およびかさ上げ鋼材に通り心墨とパネル割付け墨を出し，心墨と割付け墨の交差部にスラブプレートを溶接で取り付ける．
- ・最初に敷き込む数枚のパネルは重機を用いて行い，作業スペースを確保する．
- ・パネルは表裏を確認し，かかり代を確保しながら割付け墨に合わせ，目地の通りを揃えて所定の位置に敷き込む．
- ・パネル間の目地交差部に取り付けられたスラブプレートの穴に，所定の長さの鉄筋をバランス良く通し，目地に充填モルタルを充填し固定する．

（4）　床パネル　　敷設筋構法

- ・敷込み順序は，○通り側から順に行う．

　　　　　（敷込み要領等は屋根パネルを参照）

＜標準詳細図等を例示＞　　　　（図省略）

5.6 補　修

- ・補修材料は○○会社製○○○○とする.
- ・補修は原則としてパネル取付け後に行い，欠けなどを補修する.
- ・補修に先立ち，補修面の清掃を行い，シーラーを塗布する.
- ・補修モルタルをこてでパネル面より盛り上げるように塗り付ける.
- ・補修モルタルの硬化の程度を見計らい，金ごておよびノコ刃などで仕上げる.

6．パネル間シーリング

- ・材料は○成分形○○○○系シーリング（商品名○○○○）とする.
- ・主剤と硬化剤は撹拌機で所定の時間練り混ぜる.
- ・パネル間目地は所定の寸法であることを確認し，バックアップ材またはボンドブレーカーを挿入する.
- ・シーリング接着面はプライマーを塗布して，乾燥させてからシーリング材を充填する.
- ・充填後十分にへらなどで押えを行い，表面を滑らかに仕上げる.

7．安 全 事 項

　労働安全衛生法および労働基準法等に定められた安全規則を遵守するとともに，施工者の定める安全規則および注意事項を遵守する.

　安全衛生管理者は○○　○○とし，施工者の主催する安全衛生協議会に出席し，その指導事項については連絡を徹底し，実行するように指導する.

　現場責任者は毎日の定例打合せに出席して，現場の状況・工程を確認して作業計画を行い，ツールボックスミーティングなどで指導事項の連絡・安全作業注意点の指導を行う.

　工事着手前に，作業員名簿を提出する.

　作業は下記の点に注意して行う.

- ・現場内持込み機器類は，持込み時に○○係員の検査を受け，検査済証を取り付けてから使用する.
- ・電動切断機については，刃部のカバー，反発防止装置を取り付け，電動ドリルは，アース線付きコードを使用する.
- ・使用工具・機器は，作業前に点検および整備を行う.
- ・パネル揚重用クレーンの災害防止に対しては，特に注意を払う.
  　　作業半径内への立入禁止措置・合図の徹底・始業前点検の励行・玉掛けワイヤなど工具の点検.
- ・保護具は完全着用し，高所作業の場合は必要に応じて安全帯を使用する.

付 10. 施工図の例

　ALCパネル工事の施工図は，パネルの取付け位置および取付け方法を示すものであり，この施工図に基づきパネルは製造される．したがって，施工図には，パネル製造に必要な寸法・形状・設計荷重などが記載されていなければならない．

　ALCパネル工事の施工図は，一般にパネルの平面割付図，立面割付図および取付け詳細図などで構成される．以下に施工図の一例を示す．本例の建物概要は，下記に示すとおりである．

建物概要
- 1．建物用途　　　店舗併用共同住宅
- 2．構造規模　　　鉄骨造3階建（1階店舗，2，3階共同住宅）
- 3．パネル種類　　外　壁　用　　厚さ100 mm
　　　　　　　　　　間仕切壁用　　厚さ100 mm
　　　　　　　　　　屋　根　用　　厚さ100 mm

　なお，本例に示した施工図の記入事項の他に，パネル番号も記入されることがある．本施工図に記入された事項の他にも，当該建物のALCパネル工事に必要と考えられる事項は，もれのないように記入されなくてはならない．

—248— 付　録

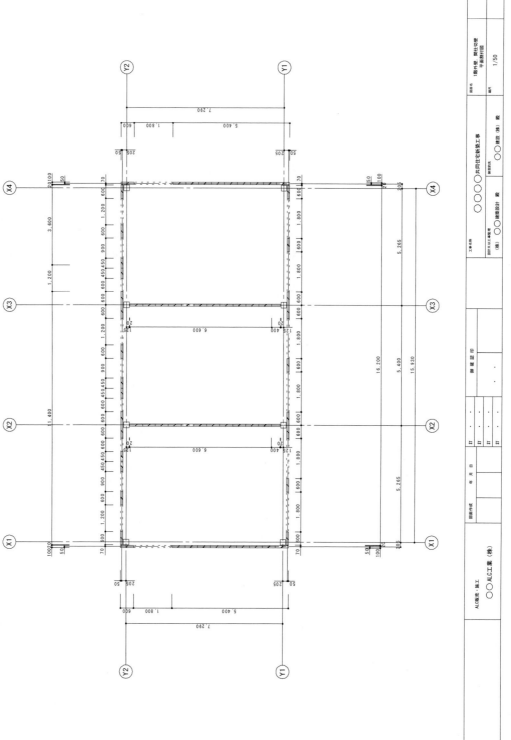

付図 10.1　1階外壁，間仕切壁平面割付図

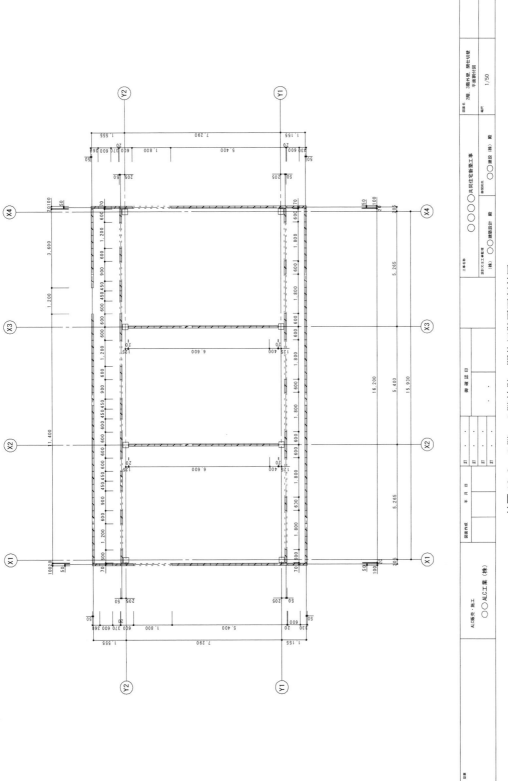

付図10.2 2階,3階外壁,間仕切壁平面割付図

−250− 付　録

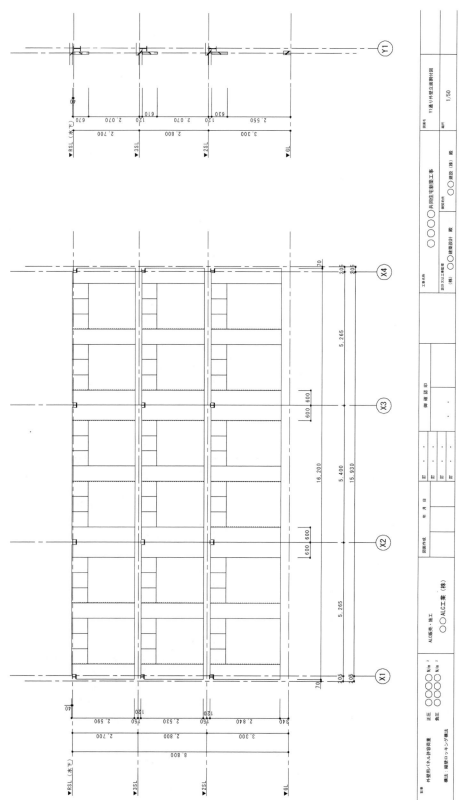

付図10.3　Y1通り外壁立面割付図

付10. 施工図の例

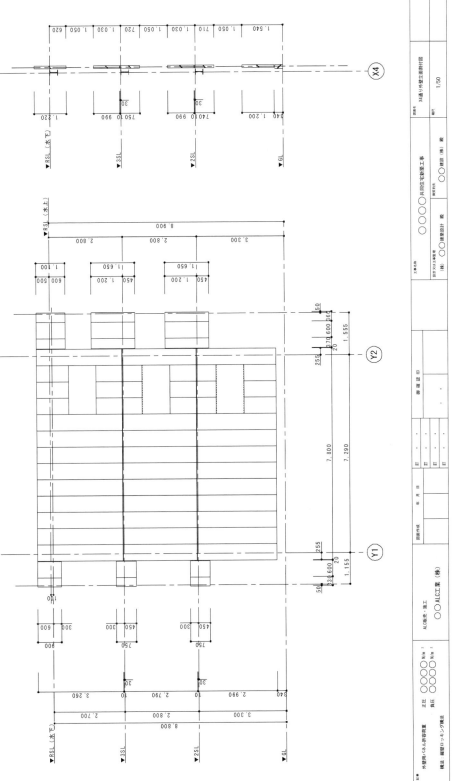

付図10.4 X4通り外壁立面割付図

—252— 付　録

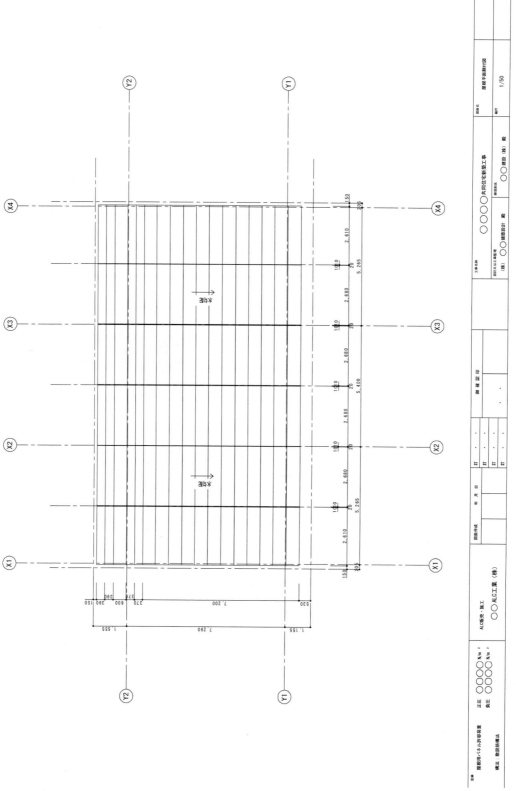

付図 10.5　屋根平面割付図

付10．施工図の例 —253—

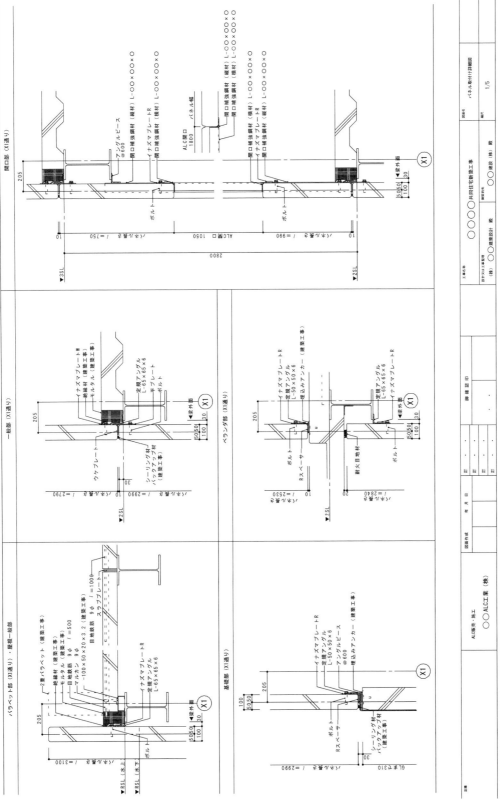

付図10.6 パネル取付け詳細図

付11. 関連工事

ALCパネル工事は，他業種との関連が多くやや複雑である．このため，関連の工事が不適切であれば，建物本来の優れた性能や機能が充分に発揮できないばかりか，パネルや建物の性能低下をきたすことになる．建物がその優れた性能や機能を充分発揮するためには，関連工事に対して正しい設計と施工が不可欠であり，パネルに関連する各種工事を資料として記載した．

なお，ここに記載されている技術はあくまでも標準的な例であり，これに併せて関連するJASSや各種メーカーの仕様書などを参照する．

目　　次
1．仕　上　げ
　（1）　外装仕上げ
　（2）　内装仕上げ
　（3）　床仕上げ
　（4）　天井仕上げ
2．防　　　水
　（1）　屋根防水
3．建具，設備
　（1）　設備機器などの設置
　（2）　ユニットバスなどの設置
　（3）　空調用ダクトなどの取付け
　（4）　サッシの取付け
　（5）　シャッターの取付け
　（6）　ALC用笠木の取付け
　（7）　勾配屋根と垂直壁との取合い部の防水納まり
　（8）　立上り壁などの防水納まり
　（9）　たてどいの取付け
　（10）　ドレンの取付け（縦・横引き）
　（11）　エキスパンションジョイントカバーの取付け
　（12）　看板およびタラップの取付け
4．特殊条件（特別な配慮を必要とする場合の留意点）
　（1）　高温環境
　（2）　高湿環境
　（3）　寒冷地（低温，凍結）環境
　（4）　薬品・酸性ガス環境
　（5）　鉄筋腐食環境（海塩粒子）
　（6）　振動対策
5．分別解体工事

1. 仕 上 げ
(1) 外装仕上げ
(i) 設計上の留意点
① パネルは吸水しやすい材料であることから，耐久性を維持させるために，外壁面には防水性のある仕上げが必要である．
② パネルは表面強度が低いため，石張り，大型タイル，モルタル塗などの重い仕上げは避ける．なお，パネルへのタイル張りの留意点については，「ALCパネル現場タイル張り工法指針・同解説（第3版）ALCパネル現場タイル接着剤張り工法指針（案）・同解説（第1版）」[1]（日本建築仕上学会）を参考にされたい．また，横壁アンカー構法の場合は，縦壁ロッキング構法に準拠する．
③ 鋼板等の成型板を使用する場合は，胴縁を支持する下地を別途取り付ける．なお，取り付ける成型板が軽量で低層に使用する場合は，パネルにボルトで胴縁を取り付ける場合がある．
④ パネルは，放湿性，通気性があるのでパネル両面を密閉する仕上げは避ける．
⑤ 仕上げ塗材で仕上げる場合は，JASS 23：2006（吹付け工事）[2]解説表2.3.1「JIS A 6916 建築用下地調整塗材の品質」による下地調整が必要である．
⑥ 特殊な条件での使用にあたっては，「5節 5.5 特殊な条件の計画」に従い充分な注意が必要である．
⑦ 吸水性を少なくしたパネルを使用する場合にも，一般パネルに準じた仕上げを計画する必要がある．なお，寒冷地で使用する場合には，室内側の湿気の浸入防止に充分に配慮し，透湿性の高い塗料を選定するなど配慮が必要である．
⑧ 斜め外壁は垂直壁面より降雨に対し厳しい条件となるため，アスファルト・シングル葺とするなど屋根に準じた防水を行う必要がある〔付図11.1.1〕．
⑨ 隣棟間隔が狭い場合は，シーリング工事による防水性能が充分確保できないため，別途，隣接する建物との取合い部に，雨どい・雨押えなどを設ける必要がある〔付図11.1.2〕．

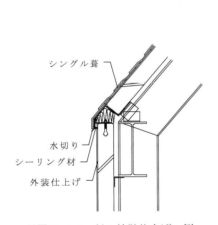
付図11.1.1 斜め外壁仕上げの例

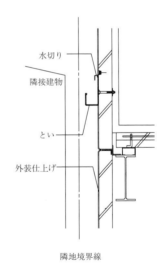
付図11.1.2 隣棟間隔が狭い場合の例

—256— 付　　録

（ii）　外装仕上げの種類

外装仕上げの選定の目安を付表11.1.1に示す.

付表11.1.1　外装仕上げの種類と適用する構法

種　　　類			縦壁ロッキング構法	横壁アンカー構法	備　　考
仕上塗材仕上げ	薄付け仕上塗材	外装薄塗材 E（樹脂リシン）	△	△	防水性能を確保するため，特に充分な下地処理が必要.
		可とう形外装薄塗材 E（弾性リシン）	△	△	
		外装薄塗材 S（溶液リシン）	△	△	溶液系のためセメント系等下地調整塗材の選定に注意が必要.
		防水形外装薄塗材 E（単層弾性）	△	△	透湿性が比較的低いため，下地の調整，乾燥に注意が必要.
	厚付け仕上塗材	外装厚塗材 E（樹脂スタッコ）	△	△	厚塗りのため乾燥養生に注意が必要.
	複　層仕上塗材	複層塗材 CE（セメント系吹付タイル）	○	○	
		複層塗材 Si（シリカタイル）	○	○	
		複層塗材 E（アクリルタイル）	○	○	
		可とう形複層塗材 CE（セメント系吹付けタイル（可とう性，微弾性，柔軟性））	○	○	
		防水形複層塗材 E（ダンセイタイル（複層弾性））	△	△	透湿性が比較的低いため，下地の調整，乾燥に注意が必要.
		防水形複層塗材 RS	△	△	
		防水形複層塗材 CE	△	△	
		防水形複層塗材 RE	△	△	
張り仕上げ	成形板仕上げ		△	△	軽い成形板はパネルにボルト止めされた胴縁に取付け可能である.
	タイル張り仕上げ		△	△	「ALC パネル現場タイル張り工法指針・同解説（第 3 版）ALC パネル現場タイル接着剤張り工法指針（案）・同解説（第 1 版）」（日本建築仕上学会編）を参照する.
	モルタル塗り仕上げ		―	―	ひび割れ発生により防水性が劣るため，好ましくない.
	石張り仕上げ		―	―	重量が大きいため，好ましくない.

［記号］　○：適している　　△：備考欄記載内容など注意の上，使用する　　―：適用外

※おのおのの詳細な内容については，仕上材製造業者へ確認する.

① 仕上塗材仕上げ
　仕上塗材で仕上げる場合は，JIS A 6916：2014「建築用下地調整塗材」[3]，JASS 23：2006（吹付け工事）による下地調整材を用いた下地処理が必要．ただし，シーリング材上には，硬質な下地調整材（セメント系下地調整材）による下地処理は行わない．
　詳細については，塗料製造業者やシーリング材製造業者へ確認を行う．
② 成形板仕上げ
　鋼板などの成形板を使用する場合は，パネルにボルト止めされた胴縁に取り付けることができる．ただし，重量の大きい物は好ましくない〔付図 11.1.3〕．

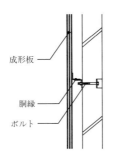

付図 11.1.3　成形板仕上げの例

③ タイル張り仕上げ
　パネルに現場でタイル張りする場合は，タイルの剥落などの事故を避けるため，下地処理，接着モルタルの塗厚などに充分注意するほか，日本建築仕上学会「ALC パネル現場タイル張り工法指針・同解説（第3版）　ALC パネル現場タイル接着剤張り工法指針（案）・同解説（第1版）」（2010 年 4 月）により適切に行う．
④ モルタル塗り仕上げ
　パネルに比べてモルタルの強度が大きいために，硬化・乾燥収縮・反りなどの影響でひび割れ，剥離が生じやすいので使用は避ける．
⑤ 石張り仕上げ
　パネルは表面強度が低いため，石張り仕上げは避ける．
(ⅲ) 施工上の留意点
① 外壁用パネル工事完了後，仕上げ工事を開始するまでの間，パネルの濡れ，汚れ，破損などを防止するため適切な養生を行う必要がある．素地のまま長時間放置されると，仕上げ工事に悪影響を及ぼしたり，パネルにひび割れが生じたり，耐久性を損なうおそれがある．
② パネルの表面が，雨水などにより著しく濡れていないことを確認する．仕上塗材仕上げの下地は，乾燥していることが必要で，乾燥が不充分な場合には塗膜の付着性低下，塗膜のひび割れ・ふくれ・はがれなどの原因となることがある．
③ 仕上塗材で仕上げる場合には，JASS 23：2006（吹付け工事）の解説表 2.3.2「適用下地：ALC パネルの欄」による下地調整が必要である．
　パネルは多孔質で吸水性が大きいため，下地調整塗材が省略されたり，塗布が不充分で塗膜の連続性が確保されないと，パネル自体の耐久性が低下するおそれがあるとともに，下地のキズ・不陸が修正できないなどの不具合が生じる場合がある．
④ 下地のキズ・不陸が見えるような薄吹きは避ける．
⑤ パネル表面に付着している油，泥，塵埃などは除去する．
⑥ 仕上塗材仕上げの場合，目地部および意匠パネルの意匠溝部は膜厚が確保しにくいので，施工の際に塗厚の確保に注意する必要がある．
⑦ 吸水性を少なくしたパネルを使用する場合にも，一般パネルと同様に仕上げが必要である．

（2） 内装仕上げ
（ⅰ） 設計上の留意点
① 耐久性の維持や粉落ち防止，美観上の目的のため，内壁面には仕上げが必要である．
② パネルは表面強度が低いため，石張り，大型タイル，モルタル塗などの重い仕上げは避ける．また，軽量骨材を用いたモルタルの中にはALCに不適なものがあるため，注意を要する．
③ パネルは，放湿性，通気性があるので，パネル両面を密閉する仕上げは避ける．
④ パネル内壁面を仕上塗材で仕上げる場合は，JASS 23：2006（吹付け工事）「解説表2.3.1　JIS A 6916 建築用下地調整塗材の品質」による下地調整が必要である．室内条件が特殊な建物での使用にあたっては，「5節　5.5　特殊な条件の計画」に従い，充分な注意が必要である．
⑤ 浴室など水まわりは，アスファルト防水などの防水処理が必要である．また，住宅などではユニットバスとすることが望ましい．
⑥ パネルを長屋または共同住宅の界壁に使用する場合は，例示仕様（昭和45年建設省告示第1827号），大臣認定（SOI-9277）などに従って設計する必要がある〔付図11.1.4〕．

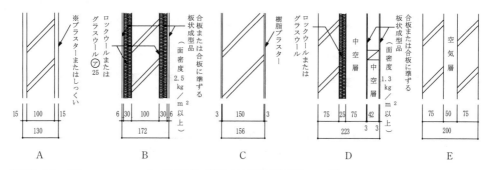

付図11.1.4　界壁の仕様の例

付 11. 関連工事 —259—

（ⅱ）内装仕上げの種類

内装仕上げの選定の目安を付表11.1.2に示す.

付表11.1.2 内装仕上げの種類と適用する構法

種　　　類			外壁		間仕切壁		備　　　考
			縦壁ロッキング構法	横壁アンカー構法	間仕切壁ロッキング構法	縦壁フットプレート構法	
仕上塗材仕上げ	薄付け仕上塗材	内装薄塗材 E（じゅらく）	○	○	○	○	
		内装薄塗材 W（繊維壁，京壁，じゅらく）	△	△	△	△	セメント系下地の場合，耐アルカリ性材料を使用する.
	厚付け仕上塗材	内装厚塗材 C（セメントスタッコ）	△	△	△	△	目地の動きに注意が必要.白華を生じやすい.
	複層仕上塗材	複層塗材 CE（セメント系吹付タイル）	○	○	○	○	
		複層塗材 Si（シリカタイル）	○	○	○	○	
		複層塗材 E（アクリルタイル）	○	○	○	○	
		可とう形複層塗材 CE（セメント系吹付けタイル（可とう形，微弾性，柔軟形））	○	○	○	○	
		防水形複層塗材 E（ダンセイタイル（複層弾性））	△	△	△	△	透湿性が比較的低いため，下地の調整，乾燥に注意が必要.
		防水形複層塗材 CE	△	△	△	△	
		防水形複層塗材 RE	△	△	△	△	
	ペイント塗り		△	△	△	△	合成樹脂エマルションペイントは適するが，エポキシ系ペイントは割れのおそれがあるので注意が必要.
左官仕上げ	モルタル	ALC 用モルタル（既調合）	—	—	—	△	目地の動きに注意が必要.
		普通モルタル（ALC 仕様）	—	—	—	△	下地調整後，保水剤混入の貧配合のモルタルを塗る.塗厚は薄塗とする.
	プラスター	石膏プラスター	—	—	—	△	耐水性に劣るため，水がかりでの使用は避ける.
		樹脂プラスター	—	—	—	△	目地の動きには注意が必要.
張り仕上げ	ボード張り	変形追従型工法	○	○	○	○	ボード製造業者の仕様に従う.
		木胴縁工法	—	—	—	△	縦壁フットプレート構法のみ適用可能.
		接着材による直張り工法	—	—	—	△	縦壁フットプレート構法のみ適用可能.

［記号］ ○：適している　△：備考欄記載内容など注意の上，使用する　—：適用外
※おのおのの詳細な内容については，仕上材製造業者へ確認する.

(iii) 施工上の留意点
① 外壁仕上げに準ずる．
（3） 床仕上げ
（i） 設計上の留意点
① パネル表面の摩耗，汚れなどを防止するために，床には仕上げを行う．
② パネルへの衝撃および集中荷重を分散させるために必ず下地を設ける．下地は，根太組下地〔付図 11.1.5〕，モルタル塗り下地〔付図 11.1.6〕，セルフレベリング材下地などがあり，仕上材の種類に合わせて選定する．なお，モルタルやセルフレベリング材には ALC に不適なものがあるため，適合性を確認されたものを使用する．
③ ベランダなど，雨がかりとなる箇所では，屋根に準じた防水処理をする．

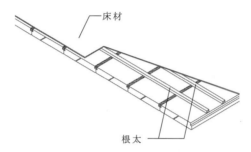

付図 11.1.5 根太組下地の例

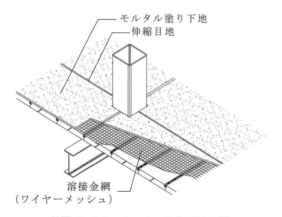

付図 11.1.6 モルタル塗り下地の例

（ⅱ）　床仕上げの種類

　床下地の選定の目安を，付表 11.1.3 に示す．

付表 11.1.3　下地の種類と適合性

種　類		適合性	備　考
根太組下地	転ばし根太組	○	衝撃や集中荷重に対して安全性が高い．
	大引き根太組	○	衝撃や集中荷重に対して安全性が高く，配管などのスペースに使用可能．
モルタル塗り下地	ALC 用モルタル	△	既調合タイプで，普通モルタルに比べ低強度，低収縮である．塗厚は 15 mm 以下とする．
	普通モルタル	△	保水剤を混入した貧配合モルタル，塗厚は 15 mm 以下とする． 軽量骨材を用いる場合には，ALC に不適なものがあるので，注意を要する．
セルフレベリング材下地	セメント系 SL 材	△	耐水性，面精度に優れ，住宅などの小面積に適する．塗厚は 15 mm 以下とする．ALC への適合性が確認された仕様とする．
	せっこう系 SL 材	△	耐水性が劣るため，水がかりや湿気の多い場所には使用しない．ALC への適合性が確認された仕様とする．塗厚は 15 mm 以下とする．
下地なし		―	表面仕上材の劣化や剥離などのおそれがあり，好ましくない．

［記号］　○：適している　　△：備考欄記載内容など注意の上，使用する　　―：適用外
※おのおのの詳細な内容については，床仕上材製造業者へ確認する．

（ⅲ）　施工上の留意点

①　パネル表面に付着している油，泥，塵埃などは除去する．

②　根太組下地では，根太の浮き上がりを防止するため接着剤と金物を併用する．また，根太および大引きは，パネル長辺方向に対して直角に敷く．

③　モルタル塗り下地では，パネルや梁のたわみおよびモルタルの乾燥収縮による亀裂を防止するため，溶接金網（ワイヤメッシュ）を固定しながら全面に敷き込む．また，大梁上部のモルタルには必ず伸縮目地を設ける〔付図 11.1.6〕．

④　各種下地と仕上材の組合せの目安を付表 11.1.4 に示す．

付表 11.1.4　下地の種類と仕上材の適合性

下地の種類 ＼ 仕上材の種類	フローリング	たたみ	カーペット類	ビニル床シート	ビニル床タイル	磁器質タイル
根太組（大引・根太組）	○	○	○	○	○	―
モルタル塗り	―	○	○	○	○	○
セルフレベリング材（セメント系）	―	○	○	○	○	△
セルフレベリング材（せっこう系）	―	○	○	○	○	―

［記号］　○：適している　　△：注意が必要　　―：不適である
※おのおのの詳細な内容については，床仕上材製造業者へ確認する．

―262― 付　　録

（4）　天井仕上げ

（ⅰ）　設計上の留意点

① 美観の確保，また粉落ちを防止するために，天井を設けることを原則とする．天井を設けない場合には，透湿性がある仕上げを施し，目地にシーリング材を充填するなどの粉落ち防止の適切な処置が必要である．

② 天井を設ける場合には，梁に吊り木受けを取り付け，それから吊ることとする．

③ 天井仕上げは，なるべくパネルのもつ放湿性を妨げない仕上材と工法を選定する．やむを得ず天井面に透湿性の低い仕上げを行う場合には，パネルの床上面および屋根上面に透湿性のある仕上げを行うか，もしくは天井裏に換気設備を設ける．

④ 仕上塗材やペイント塗りで天井面を仕上げる場合には，目地からの粉落ちを防止するため，パネル間の目地および梁との接合部にシーリング材を充填する．

（ⅱ）　天井仕上げの種類と選定の目安

　　天井仕上げの選定の目安を，付表11.1.5に示す．

付表 11.1.5　天井仕上げの種類と適合性

種　　類		適合性	備　　　考
ボード張り仕上げ（吊り天井）		○	梁などの構造躯体から吊り金物で天井を吊る方法で，パネルの放湿性を妨げず天井裏を配管，配線などに有効利用できる一般的な工法である．
塗材仕上げ	薄付け仕上塗材	○	耐アルカリ性，透湿性，付着性，不燃性などに優れている．
	厚付け仕上塗材	―	剥落の恐れがあるので，不適である．
	複層仕上塗材	△	耐アルカリ性，防水性などに優れているが，エポキシ系ペイントは剥離のおそれがあるため，使用は避ける．
	軽量骨材仕上塗材（軽量塗材）	△	吸音，断熱，防露，不燃性に優れるが，吸水性，吸湿性が高い．
	ペイント塗り	○	合成樹脂エマルションペイントが適する．エポキシ系ペイントは剥離のおそれがあるため使用を避ける．

［記号］　○：適している　　△：備考欄記載内容など注意の上，使用する　　―：不適である

※おのおのの詳細な内容については，仕上げ材製造業者へ確認する．

（ⅲ）　施工上の留意点

① パネル表面に付着している油，泥，塵埃などは除去する．

2．防　　水

（1）　屋根防水

（ⅰ）　設計上の留意点

① 屋根面には外壁以上に水密性が要求されることから，メンブレン防水または葺屋根工法による防水を行う．

② メンブレン防水の場合の水勾配は，構造躯体でとる．1/50を目安とし，モルタルの塗厚によって勾配を設けることは避ける．

　　なお，パネル面には水たまりが生じないように，水勾配に対してパネル長辺方向が直交するように割り付ける．

③ メンブレン防水は，露出防水を原則とする．雪下しを行う場合は防水層を傷つけるので，メンブレン防水は避ける．

④ パネルは放湿性，通気性があるので，両面を密閉するような仕上げは避ける．パネルの裏面（天井面）が密閉される場合，パネルの表面側には葺屋根工法，または脱気装置を設けたメンブレン防水を採用する〔付図11.2.1〕．
⑤ 外壁に縦壁ロッキング構法を採用し，外壁の延長としてのパラペット部などは，屋根面に立上り部をつくり，原則として二重パラペットとする．
⑥ 葺屋根工法は，吹上げ荷重に対して葺き材および取付け方法などの強度検討を行う．

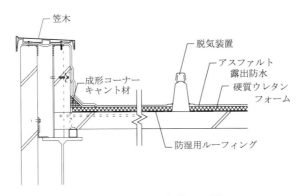

付図11.2.1 脱気装置の例

(ⅱ) 屋根防水の種類
　屋根防水の選定の目安を，付表11.2.1に示す．

付表 11.2.1 屋根防水の種類と適合性

防水層の種類・種別・記号				留意点
メンブレン防水 (JASS 8：2014)	アスファルト防水層	アスファルト防水工法	絶縁露出仕様 AM-MS	アスファルトプライマーの塗付け量は，ALC 下地では吸込みを考慮して 0.4 kg/m² とする．
			断熱露出仕様 AM-MT	パネルの短辺接合部には絶縁用テープを張り付け，この部分に対する防水層の接着を防止する．
	改質アスファルトシート防水層	トーチ防水工法	密着露出仕様 AT-MF	パネルを下地とする場合，防水層が疲労破断するおそれがあるため，接合部の増張り用シートを両側に 100 mm 程度ずつ張り掛けて補強する．
			断熱露出仕様 AT-MT	パネルの短辺接合部には，断熱材の張付けに先立ち絶縁用テープを張り付ける．
		常温粘着防水工法	絶縁露出仕様 AS-MS	パネルを下地とする場合，接合部は絶縁用テープで処理する．
			断熱露出仕様 AS-MT	パネルの短辺接合部には，断熱材の張付けに先立ち絶縁用テープを張り付ける．
	合成高分子系シート防水層	加硫ゴム系シート防水工法	接着仕様 S-RF	パネルの目地処理は短辺接合部の動きが大きいと予測されるため，幅 50 mm 程度の絶縁用テープを用いて処理する．
			断熱接着仕様 S-RFT	
		塩化ビニル樹脂系シート防水工法	接着仕様 S-PF	プライマーは，なじみがよいニトリルゴム系またはエポキシ樹脂系の接着剤を用いる．
			断熱接着仕様 S-PFT	パネルの目地処理は，短辺接合部の動きが大きいと予測されるため，幅 50 mm 程度の絶縁用テープを用いて処理する．
	塗膜防水層	ウレタンゴム系高伸長形塗膜防水工法	絶縁仕様 L-USS	パネル表面は，目止めを行う．その材料は，特記による．
		ウレタンゴム系高強度形塗膜防水工法	絶縁仕様 L-USH	
葺屋根工法	金属板平形屋根スレート		—	垂木と野地板で下地を組み，その上に金属板や平形屋根用スレートなどを葺く工法で，勾配屋根やパネル下面が密閉となる仕上げに適する．
	シングル		—	アスファルトシングルおよび特殊合成樹脂と無機質充填材で構成される不燃性シングルなどを防水層の上に化粧材的に葺く工法で，勾配屋根や斜め外壁の防水に適している．

※おのおのの詳細な内容については，屋根防水製造業者および屋根材製造業者へ確認する．

(iii) 施工上の留意点
① パネル表面に付着している油，泥，塵埃などは除去する．
② パネルの乾燥が不充分であると，パネル内の湿分が水蒸気膨張し，ふくれ現象や防水層の接着不良などを生じるおそれがある．したがって，パネル敷込み後は降雨，降雪などによりパネルが過度に吸水しないように，シート掛けをするなどの養生を行う．
③ パネル接合部に段差や目違いがある場合は，モルタルで平滑に処理する．
④ メンブレン防水では，パネルの短辺目地部は増張り，絶縁テープ張りなどの処理方法が防水工法ごとに異なる．詳細は JASS 8：2014（防水工事）[4]を参照する．
⑤ メンブレン防水では，パラペットの立上りと屋根パネルとの入隅部は，成形コーナーキャント材・増張りの有無など，処理方法が防水工法別に異なる．また，外壁の延長としてのパラペット部などでは，屋根面に立上り部を造り，原則として二重パラペット方式とする．
⑥ 陸屋根，片流れ形式の屋根では軒先，けらばなど防水層端部は，金物押えとシーリング材の併用とするなど，漏水防止に注意する〔付図 11.2.2〕．

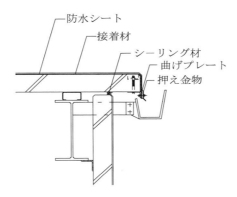

付図 11.2.2　防水端部の例

⑦ 垂木受けなどを設ける場合は，アンカーの位置・間隔などに配慮する．
軒先など吹上げ荷重の大きな部分では，アンカー本数を割増しするなどの注意が必要である．

3．建具，設備
(1) 設備機器などの設置
① パネルへ局部的な荷重が加わることを避けるため，設備機器の重量は構造躯体へ直接固定した柱脚などに支持させる〔付図 11.3.1〕．
② 梁に振動が伝達するとパネルに悪影響を及ぼすため，柱脚部に防振対策を施す〔付図 11.3.1〕．
③ 柱脚部まわりなどのパネル加工をした部分では，アングルなどの補強鋼材を設ける．

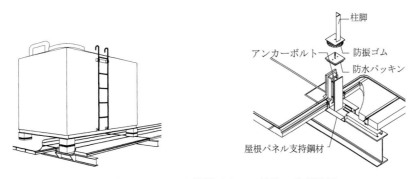

付図 11.3.1　設備機器などの柱脚の取付け例

（2） ユニットバスなどの設置
① ユニットバスなどの重量に合わせた設計荷重のパネルを使用する．
② ユニットバスの脚部には荷重を分散させるため，アングルやプレートなどを設ける〔付図11.3.2〕．

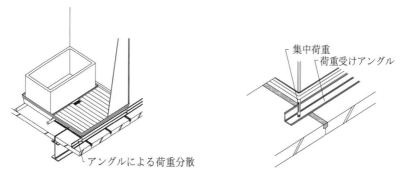

付図11.3.2　重量物のアングルによる補強例

（3） 空調用ダクトなどの取付け
① パネルへ局部的な荷重が加わることを避けため，ダクトなどの重量を支持する吊りボルトや支持鋼材は梁などの構造躯体に直接支持させる〔付図11.3.3〕．

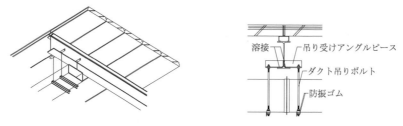

付図11.3.3　空調用ダクトの梁からの取付け例

（4） サッシの取付け
① 外壁開口部に取り付けるサッシは，ALCパネル専用サッシとし，パネル幅・割付けに合わせた開口・サッシで計画する〔付図11.3.4〕．
② サッシ下部の水切りとパネルとの取合い部はシーリング充填不足となりやすいため，入念に充填する．
③ パネルとサッシとの取合い部であるサッシ枠内には，一般的にモルタルを充填する．

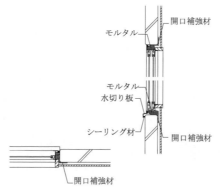

付図11.3.4　ALC用サッシの取付け例

（5） シャッターの取付け
① パネルへ振動を直接作用させないため，シャッターレールなどはパネルに取り付けず，補強材を設け固定する．
② シャッターおよびシャッターケースの重量をパネルに負担させないため，軽量鉄骨などで下地を設け，その下地に支持させる〔付図 11.3.5〕．

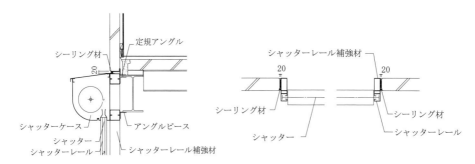

付図 11.3.5　軽量シャッターの取付け例

（6） ALCパネル用笠木の取付け
① 笠木はALCパネル専用の金属製笠木を用いる．モルタルやテラゾー現場塗り（人砥ぎ）などの塗り笠木は避ける．
② 外壁が縦壁ロッキング構法の場合は，笠木のジョイント位置はパネル目地に合わせる．
③ 笠木の下地をパネルに取り付ける場合は，強度にあったALC用アンカーなどを用い，パネルのへりあきに注意し取り付ける．また，アンカー部にもシーリング材などで防水処理を行う〔付図 11.3.6〕．なお，二重パラペットとする場合，下地アンカーは内壁（防水立上り壁）側に固定する．
④ 笠木は雨水の浸入を防ぐため，防水層を天端全面に巻き込み，外装仕上材をパネル天端まで施した後に取り付ける．
⑤ ベランダのパネルにユニット笠木（手摺付笠木）を設ける場合は，補強鋼材で支持する．詳細は「アルミ手摺付笠木の設計・施工マニュアル―ALCパネル編―」[5]（日本アルミ手摺工業会）を参照する．
⑥ オープン形式の場合には，防水層や外装仕上げを施した後に笠木を取り付ける．

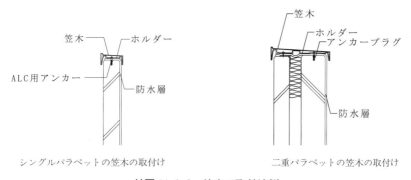

付図 11.3.6　笠木の取付け例

（7） 勾配屋根と垂直壁との取合い部の防水納まり
① セットバック，勾配屋根など斜面の仕上げは，屋根に準じた防水を採用する．
② 勾配面と垂直面が交差するクリアランスには，ロックウールなどを充填のうえ，水切り金物でカバーし，シーリング処理を行う．モルタル塗りは，亀裂が入るおそれがあるため避ける．
③ 壁面に雨水が達しないよう，水切りと壁面との間隔は充分に取る〔付図 11.3.7〕．

④ 水切りは垂直壁に固定せず，勾配屋根の下地鋼材などに固定する〔付図11.3.7〕．

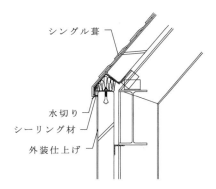

付図11.3.7 勾配屋根と垂直壁の水切りの取付け例

(8) 立上り壁などの防水納まり
① パネルに水切りを直接取り付ける場合は，パネルに合ったALC用アンカーなどにより取り付けたうえで，シーリングなどの防水処理を行う〔付図11.3.8〕．
② パネルに溝掘りする場合，パネルの内部鉄筋損傷防止のため，深さは10 mm以内とする〔付図11.3.8〕．

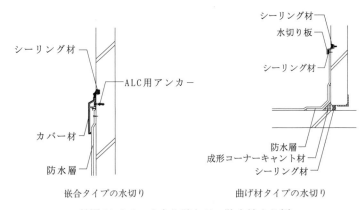

付図11.3.8 立上り壁などの防水納まり例

(9) たてどいの取付け
① 外壁に直接たてどいを取り付けると，躯体の変形時にパネルと同様の動きが生じるため，原則として内どいとして計画する．
② やむを得ず外どいとする場合は，支持材を貫通させ，躯体や下地に直接取り付けるなどの配慮が必要である．また，パネルと貫通ボルトや支持材との取合い部は，クリアランスを設け，パネルの変形追従性能に影響を及ぼさないようにする〔付図11.3.9〕．なお，パネルと支持材の取合い部は，シーリングなどを充填する．
③ 比較的大口径で重量のあるといの場合は，固定金物を柱に直接支持させる．
④ 住宅用などの軽量で小径のといはALC用アンカーにより固定することもある〔付図11.3.10〕．

付11. 関連工事 —269—

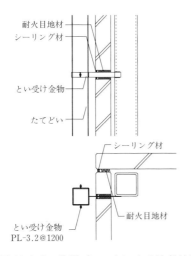

付図 11.3.9 貫通プレートによる取付け例

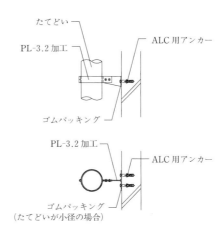

付図 11.3.10 アンカーによる取付け例

(10) ドレンの取付け（縦・横引き）
① ドレンは ALC 専用品を採用する〔付図 11.3.11〕．
② パラペットの構造を考慮したドレンを計画する．外壁がはね出した構造のパラペットの場合，躯体の変形に対しパネルが追従するため，直接外壁に取り付ける横引きドレンは好ましくなく，その場合には屋根に取り付ける縦引きドレンとすることが望ましい．特段の配慮をした場合は横引きドレンとすることができる〔付図 11.3.11〕．
③ 屋根用パネルへの加工は耐力上好ましいことではない．欠込みなどの極力少ないドレンを選択する．大きな加工が予想される場合は，デッキコンクリートなど他部材にするか，あるいはパネルを両端支持できるよう，ドレンまわりに補強鋼材を設ける必要がある〔付図 11.3.12〕．
④ パネルを欠込み，切断した部分には補強鋼材を設け，パネルを支持する．

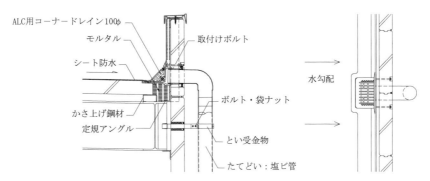

付図 11.3.11 ALC 用ドレンの取付け例（独立したパラペットの例）

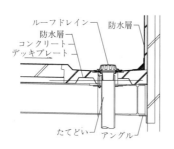
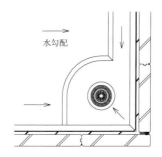

付図 11.3.12　縦引きドレンのデッキによる取付け例（縦壁ロッキング構法の例）

(11)　エキスパンションジョイントカバーの取付け

エキスパンションジョイントとは建物を構造的に分割し，相対変位に追従可能な接合部の手法および工法を意味し，本仕様書でのパネル間に設ける隙間を意味する伸縮目地とは異なる．

エキスパンションジョイントカバーとは，エキスパンションジョイントに設けたクリアランスを覆う仕上材のことである．

① エキスパンションジョイントに設けたクリアランスを覆うエキスパンションジョイントカバーをパネルに固定する場合，その使用条件により，パネル端部への補強や取付け方法を検討する必要がある〔付図 11.3.13〜11.3.16〕．

② ALC 専用アンカーによる場合は，あらかじめその仕様，打込み間隔などの検討が必要である．

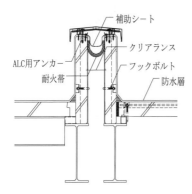

付図 11.3.13　屋根における取付け例

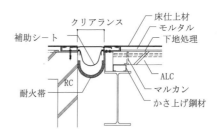

付図 11.3.14　床における取付け例

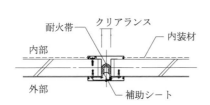

付図 11.3.15　縦壁における取付け例

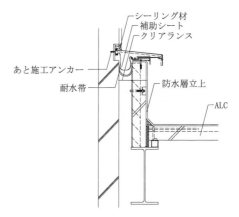

付図 11.3.16　RC 壁と屋根における取付け例

(12) 看板およびタラップの取付け
① 重量や強風時の風荷重など，パネルに局部的な荷重が加わることを避けるため，柱などの構造躯体に支持させる．
② 看板およびタラップの支持材とパネルとの取合い部には，クリアランスを設ける〔付図11.3.17, 11.3.18〕．
③ パネルとの取合い部は漏水が発生しやすい部分であり，シーリングなど防水処理を施す．

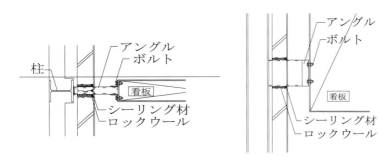

付図 11.3.17 看板の取付け例

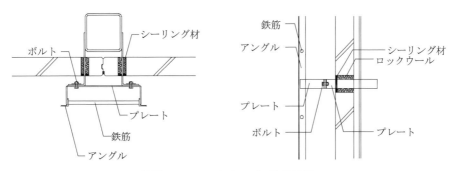

付図 11.3.18 タラップの取付け例

4．特殊条件（特別な配慮を必要とする場合の留意点）
（1） 高温環境
　パネルは高温下である煙突や溶鉱炉には使用できない．また，低湿度で高温に常時さらされると乾燥・収縮によりひび割れが生じるおそれがある．ごみ焼却場，ボイラー室などにおいてパネルを使用する場合，次の対策が必要となる．
① 断熱材などで保護し，パネルが高温に直接さらされないようにする〔付図11.4.1〕．
② 換気などにより，高温の空気を排除する〔付図11.4.2〕．

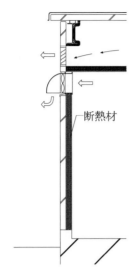
付図 11.4.1　断熱材使用の例

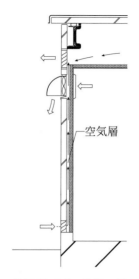
付図 11.4.2　換気の例

（2）高湿環境

　パネルは室内が常時高湿になるような環境にさらされると，吸湿して断熱性や強度の低下をきたす．また，寒冷地では凍害のおそれがある．温水プールや内部湿度の高い工場などでパネルを使用する場合，次のような対策が必要である．

（i）外壁の場合

① 水分の浸入防止のため室内側に防湿層を設けるか，室内側を透湿抵抗の大きな仕上げとする〔付図 11.4.3, 11.4.4〕．
② 浸入した水分を外部に放出しやすくするため，透湿性の高い外装仕上塗材を用いる．
③ 高湿空気を排除するため，換気設備を設ける．

付図 11.4.3　壁体の構成例

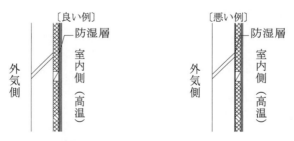
付図 11.4.4　防湿層の入れ方の良否

④ 結露のおそれがある場合は，断熱材などを用いて結露が生じないようにする．
⑤ 防湿層などは弱点をつくらないように確実に施工する．
(ⅱ) 屋根の場合
① 天井に防湿層を設けパネルへの水分の浸入を防ぐとともに，天井裏に換気設備を設け，高湿空気を排除する〔付図11.4.5〕．

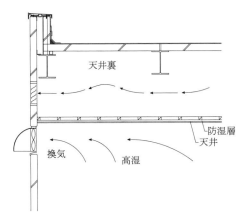

付図 11.4.5　換気の例

(3) 寒冷地（低温，凍結）環境

　凍害は，適切な処置を施すことによって，その発生を防ぐことができる．吸水したパネルが凍結融解を繰り返すような条件にさらされると，凍害を受けることがある．パネルの凍害は，その外壁のおかれる条件により違いがあり，凍害の原因となる水の浸入経路により分けると，外部から浸入する水による凍害と，内部からの水による凍害がある．

　外部から浸入する水による凍害とは，降雨・融雪水などが外壁面からパネルに浸入することによって起こる凍害であり，外装材の剥離が典型的な現象である．この場合，シーリング部分などに欠陥があると，その部分に大きな劣化が生ずる．この凍害は，日本海側などで冬期間の気温0℃以下となり，かつ積雪が多い地域で，適切な処置を施さない場合に発生することがある．

　内部からの水による凍害は，内部結露などで室内側あるいは開口部まわりなどの冷橋となる部分からパネル内部に浸入し，水分が集中することによって起こる凍害であり，この水分の集中は，氷点下で内部の温度差が大きい条件で加速される．塗膜表面に水分が集中すると塗膜のふくれ，剥離が起こり，パネル内部に水分が集中した場合には，パネル自体の大きな剥離を生ずる．このタイプの劣化は，北海道などの冬期の気温が特に低下する地域で，適切な処置を施さない場合に発生することがある．

　パネルの凍害は，いくつもの複雑な要因が影響しておりその対策は一概にはいえないが，パネルの特徴を生かした適切な納まりや外装材の選択が必要で，融雪水や結露水などの水分をパネルに浸入させないことが重要となる．以下に凍害の発生原因と対策について説明する．なお，寒冷地におけるALC外壁仕上げの劣化現象およびその対応策については，「ALC外壁仕上塗工事設計・施工マニュアル―寒冷地対策―」[6] (鎌田英治監修，工文社) に詳しく解説されているので，参照されたい．
(ⅰ) 基礎まわり〔付図11.4.6〕
① 布基礎の立上り (h) は，積雪や屋根からの落下雪も考慮し，できるだけ高くする．
② パネル面より布基礎を外側に出さないようにする．
③ 布基礎とパネルとの取合い部のシーリング処理を確実に施す．
④ 犬走りに水勾配を設ける．

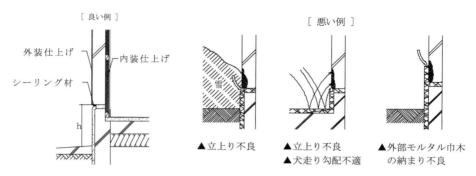

付図 11.4.6　布基礎の例

(ii)　サッシまわり〔付図 11.4.7, 11.4.8〕
① パネルへの浸入水を防止するため，サッシ取付けに先行して，腰壁パネルの小口に防水プライマーを塗布する．
② 窓は二重窓や複層ガラスを使用する．
③ 寒冷地におけるサッシの選定は，できるだけ断熱サッシを採用する．
④ サッシの水切り板の出寸法は，パネル外面よりも 20 mm 以上持ち出せるもので，さらに両端に水返しのついたものを採用し，巻垂れやつららを防止する．
⑤ サッシ枠とパネルおよび内装とパネルの隙間には発泡ウレタンを充填する．
⑥ サッシの下枠は，室内側に結露受けのあるものを採用し，膳板との取合い部からの水の浸入を避ける．
⑦ 連窓の場合，方立内部の結露を防止するため，発泡ウレタンを密実に充填する．また，水切り板は連続とするか，または水切り板のジョイントにシーリング材を充填する．
⑧ モルタルによる額縁は避ける．

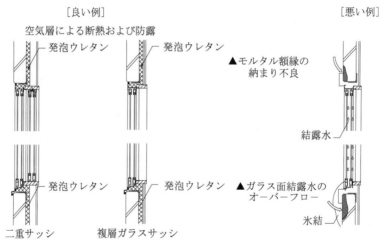

付図 11.4.7　窓まわりの例

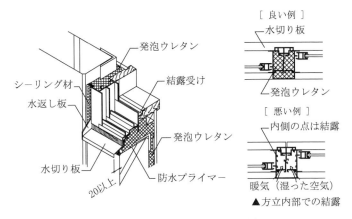

付図 11.4.8　サッシまわりの例

(iii)　換気扇まわり〔付図 11.4.9〕
① 換気扇はパネルに直接支持することなく，開口補強鋼材などを介して躯体で支持する．
② 換気扇は熱交換型（壁面埋込み型）を採用し，換気を図る．
③ 屋外フードは勾配の大きなものを使用する．
④ パネルとの取合い部は，全周にシーリング処理を確実に施す．

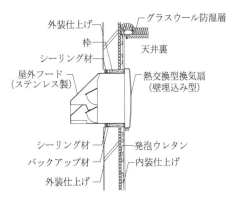

付図 11.4.9　換気扇の例

(iv)　換気口まわり〔付図 11.4.10〕
① フードの水切りの出は，壁面より 20 mm 以上取る．
② パネルとの取合い部のシーリング処理を確実に施す．
③ 屋外フードは勾配の大きなものを使用する．

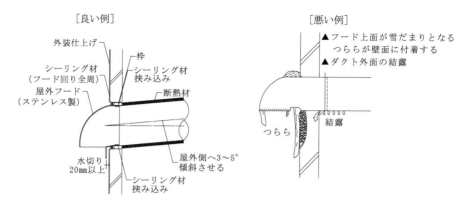

付図 11.4.10　換気口の例

（ⅴ）　ベランダまわり〔付図 11.4.11〕
① ベランダには上端に笠木，下端に水切りを設ける．
② 笠木の出寸法は 20 mm 以上とする．
③ 防水の立上りは，小口の外端部まで十分に巻き込む．
④ ベランダの軒天には熱橋防止のため，断熱材を使用する．

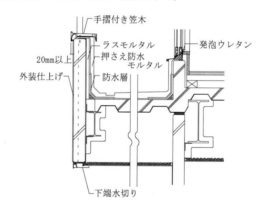

付図 11.4.11　ベランダの例

（ⅵ）　パラペットまわり〔付図 11.4.12〕
① パラペット上端には，ALC 専用笠木を使用し，出の寸法は 20 mm 以上とする．
② 防水の立上りは，小口の外端部まで十分に巻き込む．
③ 防水立上り部には成形コーナーキャント材を入れ，増張りを行う．

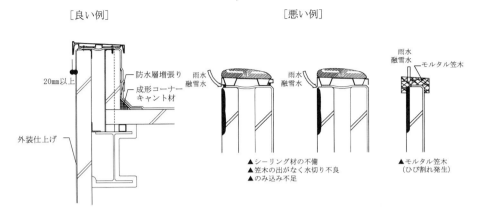

付図 11.4.12 パラペットの例

(vii) 軒先まわり〔付図 11.4.13〕
① 軒の出は，巻垂れやつららを防止するため，500 mm 以上とする．
② 軒天には熱橋防止のため，断熱材を使用する．

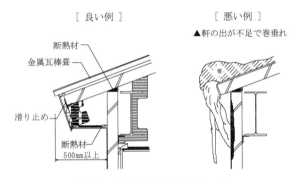

付図 11.4.13 軒先まわりの例

(viii) 屋外階段〔付図 11.4.14〕
① 屋外階段との取合い部は，踊り場に水返しを設け，さらに水切り板で覆い，巻垂れやつららを防止する．

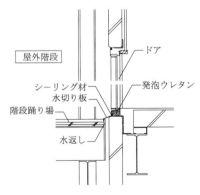

付図 11.4.14 屋外階段の例

(ix) 下屋取合い〔付図11.4.15〕
① 折板などの下屋との取合い部は水切り板で覆い，巻垂れやつららを防止する．
② 下屋と外壁との取合い部には，積雪量を考慮して水切り板を立ち上げ，シーリング処理を確実に施す．

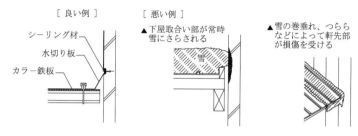

付図11.4.15 下屋との取合いの例

(x) 貫通梁など
① 熱橋の防止のため断熱処理を施す．

(4) 薬品・酸性ガス環境
(i) 酸性ガス（炭酸ガス）
　酸性ガスのうち，人間生活にとってもっとも身近なのは，炭酸ガス(CO_2)による影響である．炭酸ガスは大気中に約400 ppmあり，人の呼気中にも，炊事・暖房用・動力用熱源の排気中にも多量に存在する．これらの排気が直接室内に放出され蓄積されるとき，1000 ppm以上は公衆衛生上好ましくないといわれているが，2000 ppmを超えると湿ったALCに炭酸化の影響が出始め，収縮亀裂などの問題が生ずることもある．
　通常の大気中で，気乾状態のALCも長期間には徐々に炭酸化が進行するが，このような場合には，機械的性能には余り影響がなく，問題はない．しかし高含水率のときに高濃度の炭酸ガスにさらされると，急激な炭酸化が起こり，顕著な収縮亀裂を生ずるおそれがある．このような事態が予測されるときには，高濃度の炭酸ガスを排出する充分な換気など，適切な処置を行う．例えば，ビールや酒の醸造工場の発酵室などはこの例である．適切な処置ができない場合，パネルの使用は避ける．

(ii) 薬品
　化学物質の中には，ALCの構成物質と反応して強度を低下させるものがある．化学物質は限りなく種類が多く，予想外の影響を及ぼすものもあるので，特殊な化学物質と接触する可能性があるときは，それに応じて適切な表面保護処理をしなければならない．適切な表面保護処理ができない場合，パネルの使用は避ける[2]．

(5) 鉄筋腐食環境（海塩粒子）
　海岸地域などにおいては，飛来した海塩粒子が水分とともにパネルに浸入し，内部の補強鉄筋を腐食してパネルの表面がひび割れ・剥離などを生じるおそれがある．このような場合，パネルに浸入する塩化物を遮断するため，パネル表面に防水性の高い仕上材を施すなどの対策が必要である．
　ALCは，補強鉄筋入りのパネルとして使用されている．鉄筋を取り囲んでいるALCには，防錆能力がなく，鉄筋の防錆処理が必要である．しかしながら，どのような環境にも耐え得る防錆処理を行うことは困難で，高温多湿で腐食性ガスやミストが予想される場合には（メッキ工場，海塩粒子など），ALCの表面に対して適切な保護処理を考えなければならない．適切な表面保護処理ができない場合，パネルの使用は避ける．

(6) 振動対策
　常時大きな振動を受ける場合は，パネルの使用は避ける．なお，軽微な振動を受ける場合でも，下記の注意が必要である．

① パネルと柱，梁などの接触部には，防振ゴムを挟むなどの配慮が必要である．
② パネルの取付け構法は，建物の動きに追従しやすい縦壁ロッキング構法または横壁アンカー構法などを採用する．なお，横壁アンカー構法を用いる場合は，パネルの積上げ枚数3枚以下ごとに自重受け金物を設けることが望ましい．

5．分別解体工事

パネルを使用した鉄骨建築物の分別解体工法には，手作業による分別解体工法と，機械作業および手作業併用による分別解体工法の2種類の工法があり，現場の状況によって選択する．詳しくは「建築物等に使用されるALCパネルの分別解体工事施工指針（案）・同解説」[7]（日本建築仕上学会）を参照されたい．

手作業による分別解体工法　　　　　　　機械作業および手作業併用による分別解体工法

① シーリング切断

① 機械解体

② 外壁パネル外し

② 機械作業による粗選別

③ 屋根パネル外し

③ 手作業による選別

付写真 11.5.1

参 考 文 献

1) 日本建築仕上学会：ALCパネル現場タイル張り工法指針・同解説（第3版）　ALCパネル現場タイル接着剤張り工法指針（案）・同解説（第1版），2010
2) 日本建築学会：建築工事標準仕様書・同解説　JASS 23　吹付け工事，2006
3) 日本規格協会：JIS A 6916　仕上塗材用下地調整塗材，2006
4) 日本建築学会：建築工事標準仕様書・同解説　JASS 8　防水工事，2014
5) 日本アルミ手摺工業会：アルミ手摺付笠木の設計・施工マニュアル―ALCパネル編―，2017
6) 鎌田英治監修：ALC外壁仕上塗工事設計・施工マニュアル―寒冷地対策―，工文社，1988
7) 日本建築仕上学会：建築物等に使用されるALCパネルの分別解体工事施工指針（案）・同解説，2003

建築工事標準仕様書・同解説 21

ALC パネル工事

1975年 1 月25日	第 1 版第 1 刷
1989年 5 月 8 日	第 2 版第 1 刷
1998年 9 月25日	第 3 版第 1 刷
2005年10月25日	第 4 版第 1 刷
2018年 9 月15日	第 5 版第 1 刷
2022年 6 月15日	第 4 刷

編　集
著作人　一般社団法人　日本建築学会

印刷所　昭和情報プロセス株式会社

発行所　一般社団法人　日本建築学会

108-8414　東京都港区芝 5－26－20
電　話・(03) 3 4 5 6－2 0 5 1
Ｆ Ａ Ｘ・(03) 3 4 5 6－2 0 5 8
https://www.aij.or.jp/

発売所　丸 善 出 版 株 式 会 社

101-0051　東京都千代田区神田神保町2－17
神田神保町ビル

Ⓒ日本建築学会 2018

電　話・(03) 3 5 1 2－3 2 5 6

ISBN978-4-8189-1549-7 C3352